CASE-STUDY SERIES

Reporting
from the Field—for TV
and Digital Platforms

大小屏
现场直播报道
案例教程

宋晓阳　刘威　著

中国广播影视出版社

图书在版编目（CIP）数据

大小屏现场直播报道案例教程 / 宋晓阳 , 刘威著
. -- 北京：中国广播影视出版社，2021.10（2023.2 重印）
ISBN 978-7-5043-8695-3

Ⅰ . ①大… Ⅱ . ①宋… ②刘… Ⅲ . ①电视新闻—现场报道—案例—教材 Ⅳ . ① G222.2

中国版本图书馆 CIP 数据核字 (2021) 第 175982 号

大小屏现场直播报道案例教程
宋晓阳　刘　威　著

责任编辑	任逸超
封面设计	焦莽莽
责任校对	张　哲

出版发行	中国广播影视出版社
电　　话	010-86093580　010-86093583
社　　址	北京市西城区真武庙二条 9 号
邮　　编	100045
网　　址	www.crtp.com.cn
电子信箱	crtp8@sina.com

经　　销	全国各地新华书店
印　　刷	河北鑫兆源印刷有限公司

开　　本	787 毫米 ×1092 毫米　1/16
字　　数	301（千）字
印　　张	20.75 印张
版　　次	2021 年 10 月第 1 版　2023 年 2 月第 3 次印刷
书　　号	ISBN 978-7-5043-8695-3
定　　价	68.00 元

（版权所有　翻印必究·印装有误　负责调换）

《融媒体主持传播案例教程大系》
编委会

主　编

高贵武　中国人民大学视听传播系主任、教授、博士生导师

副主编

卜晨光　北京语言大学新闻传播学院副教授、硕士生导师、博士
巩晓亮　华东师范大学传播学院副教授、硕士生导师、博士

编　委（以姓氏笔画顺序为序）

王一婷　浙江传媒学院播音主持艺术学院副教授、硕士生导师
仲梓源　中国传媒大学播音主持艺术学院副教授、硕士生导师、博士
米斯茹　四川师范大学影视与传媒学院副教授、硕士生导师
孙　璐　浙江传媒学院播音主持艺术学院副教授
李亚铭　陕西科技大学设计与艺术学院副教授、硕士生导师
李伯冉　辽宁师范大学影视艺术学院副院长、副教授、硕士生导师
李　晶　北京体育大学新闻传播学院讲师、硕士生导师、博士
吴　岩　吉林艺术学院播音系主任、副教授、硕士生导师
宋晓阳　中国传媒大学播音主持艺术学院副教授、硕士生导师
林小榆　暨南大学口语传播系主任、副教授、硕士生导师
周子云　中华女子学院文化传播学院副教授、博士
金　叶　浙江传媒学院播音主持艺术学院副教授、硕士生导师、博士
张　艳　北京广播电视台新闻广播主任播音员
赵若竹　中国传媒大学播音主持艺术学院副教授、硕士生导师、博士
荀　瑶　黑龙江大学新闻传播学院副教授、硕士生导师
战　迪　深圳大学传播学院副教授、博士生导师、博士
施　斌　吉林大学广播电视艺术系主任、副教授、硕士生导师、博士
彭　松　华中科技大学新闻与信息传播学院副教授、硕士生导师、博士

把人的世界和人的关系还给人自己

（代序）

中国人民大学新闻学院 高贵武

"这是一个最好的时代，也是一个最坏的时代。"用英国著名作家狄更斯100多年前在《双城记》里所说的这句话来描述中国当今的传媒行业乃至中国当下的主持传播可谓再恰当不过。

随着新媒体时代的到来，特别是新的媒体技术发展的日新月异，中国的主持传播也迎来了前所未有的发展机遇。传媒技术门槛的降低，不仅使每一位普通民众（俗语所称的草根）都有了走向舞台中央，成为主持传播主体的机会，也空前刺激了民众个体自我呈现和公共表达的欲望，使主持传播无论在传播主体、传播平台、传播手段，还是传播内容和传播形式方面都出现了令人眼花缭乱的繁荣和喧嚣，更大大丰富了主持传播的内涵和外延。除了原有的传统广播电视播音员、主持人和出镜记者，网络主播（包括各类短视频平台和直播平台上的秀场主播、带货主播、游戏主播、电竞主播和各类垂直内容的主播）、B站UP主、Vlogger（短视频博主）等新的主持传播主体更是层出不穷。只要拥有一部能够联网的智能手机，不分年龄、不拘职业、不限地域、无关学历、不分专业，每个人都可以自己的个人身份面向公众进行信息传播和生活分享，主持传播进入"人人皆可成为主播"的繁荣阶段俨然已成事实。由于无时不在、无处不在的新媒体特性加持，主持传播的影响力更是让传统媒体时代的播音员、主持人们瞠目结舌、望尘莫及。仅仅依靠个人影响力，粉丝量早已超过很多地方电视台受众人数的带货主播李佳琦短短几个小时的直播就可以售出数亿元价值的货品，而单枪匹马、来自中国西部农村的李子柒在美国主流视频网站上轻松便可拥有几百万的粉丝，其受众规模和影响范围、在受众当中的舆论领袖价值和品牌经济效应更是让许多专业的媒体机构和媒体人都相形见绌……

一方面是新媒体主播的数量规模和影响力越来越大,另一方面是传统主流媒体的主持传播却似乎正遭遇着前所未有的尴尬。自从2015年浙江卫视选秀节目《中国好声音》的主持人华少在网络上发文《主持人还有将来吗》对主持人的未来表示担忧之后,"去主持人化""主持人边缘化"便一直是社会上不绝于耳的热议话题。特别是随着一些传统媒体主持人的纷纷离职转行,一些真人秀类综艺节目非固定主持人的设立以及主持人角色相当程度上由参与节目的艺人担当之后,主持人角色的弱化以及主持人未来该何去何从更是引起了不少人的焦虑。除了这种被称为节目主持人角色功能的弱化与转移现象和越来越多非科班出身(指所学专业非播音主持)的主持人出现在主持人岗位,令社会大众对主持人未来更加担心的还有虚拟主持人和人工智能主持人的出现。从2001年世界上第一个虚拟主持人安娜诺娃在英国出现,到2018年年底中国首个人工智能主播在新华通讯社上岗,虚拟主播与人工智能主播的发展速度和规模以及人工智能主播与真人主播间技能和观感相似程度更是早已超出人们的一般想象。于是,"主持人要下岗了""主持人要被人工智能取代了"这样的声音再次甚嚣尘上,层出不穷。

非科班出身主持人的增多和人工智能主持人播报功能的不断完善也让专门从事播音主持专业教学和人才培养的大专院校再次受到了质疑和挑战,"主持人是培养不出来的""播音无学"似乎又一次成了不证自明的事实。社会质疑和主持传播生态的发展同样给曾经以培养专业广播电视播音员、主持人为主的播音主持专业带来了巨大压力,迫使该类专业纷纷通过调整方向和优化课程体系来适应新的社会变化和社会需求。于是,有的学校开始将原来的播音主持专业调整为口语传播,将学生的就业出口不再局限在传统的广播、电视媒体,而是拓展到了更为广阔的航空航运播音、文化场馆解说、新闻发言人、公共演讲、商业谈判、脱口秀表演、有声朗读等行业;有的则在既有的专业基础上增加了综艺主持、网络主播等方向;有的甚至开始面对眼下如火如荼发展中的电商直播,在酝酿和筹备建立新的直播带货专业。

主持传播,其较早的样态是传统广播、电视媒体中以播音员、主持人为传播主体,带有鲜明个人化特征和交际性特色的一种人格化传播方式。随着媒体自身和媒体环境的变化,媒体的形态和边界也在不断发生变化。除原有的机构媒体或专业媒体,越来越多平台媒体和自媒体的出现也在不断丰富和拓展媒体的概念和渠道。媒体从业者,包括主持传播的主体也不可避免地发生变化并衍生出了许多新的样态,如前面提及的新闻发言人、网络主播等便是这种发展的结果。因此,从这个意义上来说,与其说新媒体的发展为主持传播带来的是严峻的挑战和生存危机,是造成主持人边缘化或主持人要被取代的主要原因,倒不如说恰恰是新媒体的发展为主持传播创造了更大的发展空间,为其内涵与外延的拓展,为主持传播的空前繁荣创造了更为有利的时机和条件。至于播音员或主持人到底能不能被取代,其实并不取决于主持传播的某种形态或形式,而在于这种形态或形式是否真正体现了主持传播的人格化实质和人际性特质,发挥出了人在传播中的意义和价值。正如中国著名主持人白岩松 2019 年在第三届中国主持传播论坛的演讲中所指出的那样:主持是技术,人才是真正的内容。作为主持传播主体的人的价值才是主持传播的核心所在,也是无法被取代的。

作为人类社会的纽带和人类所有活动中最具人性的行为之一,传播始终是人与人之间的信息交流和情感沟通。苏格拉底早就断言,真正的"交流必须发生在灵魂与灵魂之间,交流双方必须同时亲身在场"。卡西尔在其名著《人论》中也明确提出:"要理解人,就必须实际上面对着人,必须面对面地与人来往。"就连专注精神交往理论的马克思也毫不讳言:"面对面交流是实现全面的人性所必需的。"从人类传播的历史发展来看,尽管传播技术的发展在不断拓展着人与人交流的物理时空,却也在通过先进的技术保障在努力缩短和消弭着传受双方的心理和情感距离,在试图通过营造自然社会中人与人之间面对面的交流状态,将人类传播重新恢复到原初时代的全通道的人际交流状态,从而真正实现人类传播向"亲自在场"

和"面对面"的回归。而事实上，无论是即时互动，还是虚拟现实和增强现实等新技术的运用，从一定角度来讲，无不是在试图通过新的技术手段来营造和复现那种因大规模机械复制式传播而失掉的人类传播本该有的人际性。在对从莎草纸到互联网之间2000年的社交媒体历史进行审视之后，英国学者汤姆·斯丹迪奇同样得出了这样的结论："21世纪的互联网在很多方面与17世纪的小册子或18世纪的咖啡馆相通，和19世纪的报纸或20世纪的电台和电视台却大相径庭。简言之，新媒体和老媒体很不一样，但和'真正老的'媒体相差无几。中间插进来的老媒体时代只是暂时现象，并非正常情形，媒体经过了这段短暂的间隔——可称为大众媒体插曲——后，正在回归类似于工业革命之前的形式。"

  主持传播的出现在人类传播朝着人性化方向发展的道路上无疑有着举足轻重的意义。因为其传播主体是以人格化方式出现的独立主体，因为其传播样态和传播符号方面所呈现出的类"人际交流"和"面对面"的传播特点，主持传播对机构化的大众传播而言最具革命性的贡献就在于：它是以一种"面对面"的方式改变了传播中传者与受者之间的交互界面，并以人格化的桥梁建构起了媒体与受者之间的情感关系。毫无疑问，关系乃是一切传播得以成立的基础。对视觉文化理论作出突出贡献的英国学者约翰·伯格早在《观看之道》一书中提出："我们从不单单注视一件东西，我们总是在审度物我之间的关系。"任何关系也不是天生的，而是需要被构建的。专事人际传播及社会交换理论的美国学者迈克尔·罗洛夫则进一步指出："人际关系是被形成的，而不是天生的。"自从有了主持传播这种人格化的传播方式，受众之于内容的接触与接收便不再是单纯的"人—机"交互，而是具有了"人—人"交互的特色，这也意味着受众所接触的信息会因为主持传播主体与受众间建构起来的关系而多了被注视的可能。有了"人—人"交互的界面，受众从媒介接触的也不再是冰冷的机器和抽象的符号，而是充满了情感和温度的具体的人，受众与传媒之间的关系也不再是取与予之间的简单信息交换，而是有了情感的托付，有了真正的精神层面的交往。

正是在这个意义上，人工智能主持人尽管可以在信息传播上有着更高的效率，但因为其"人—机"交互界面的原因，实际上对真正的主持传播并不会构成真正的威胁，更谈不上替代。美国著名未来学家约翰·奈斯比特在其《大趋势》一书中早有预言："我们周围的技术越多，就越需要人的情感。"专门研究媒介进化理论的美国媒介环境学派第三代代表人物莱文森更是把媒介未来的发展趋势称为媒介演进的人性化趋势，同样强调将信息传播逐步转化为有温度的信息体验的过程。事实上，正如瓦尔特·本雅明认为正是大规模的机械复制反倒突出了艺术品原作的独特性和唯一性一样，恰恰是人工智能主播的涌现从一个侧面更加突出了真人主持人的权威性和重要性，就像凯文·凯利在其《科技想要什么》一书中所说的那样："没人能模仿你，那就是你最受人重视的地方。"

2018 年 8 月，诺贝尔经济学奖获得者托马斯·萨金特在世界科技创新论坛上表示：人工智能其实就是统计学，只不过用了一个很华丽的辞藻。媒介环境学派第二代的重要代表人物尼尔·波斯曼在其《技术垄断：文化向技术投降》一书中更是明确表示："人工智能没有也不会产生能够创造意义、具有理解力和情感的动物，人就是这样的动物。"事实上，正如美国《连线》杂志创始主编凯文·凯利在其科技三部曲之一的《必然》一书中所言："人工智能时代的到来最大的益处在于，各种人工智能将帮助我们定义人性。"人工智能主播的出现除了可以提高主持传播的效率，将主持传播主体从大量的工具性工作中解放出来，其真正的价值和意义则是为主持传播提供了重要的参照系，倒逼主持传播可以向着更能体现其人的价值和人际性的人格化方向进化，真正体现人的价值和意义。对于主持传播而言，技术发展是催化剂，是试金石，又是照妖镜。在主持传播从"真人秀"到"机器人秀"的发展历程当中，技术始终扮演着重要的角色，它不仅作为主持传播人格化的基础和保障而存在，而且通过不断检验和淘汰的方式促使主持传播的人格向着更人性、更完善的方向进化。至于说节目中原有的主持人角色是否是由科班出身的专业人士或名曰"主持人"的传播主体来担任,也并未从根本上形成对主持传播的威胁和弱化。相反,不管传者的角色由谁担任或以什么方式、在多大程度上来担任,传播中人与人交流的实质性局面并没有被改变和弱化。如果非要说是有某些弱化的迹象存在,这种弱化真正弱化的也只是传播者因职业角色而造成的某些职业机械感,其目的恰恰是要通过弱化传播主体因为某些职业性而造成的疏离感来在传受之间营造更为自然、亲密的人际性和交流感,是为了像马克思在《论犹太人问题》一文中所说的那样:"把人的世界和人的关系还给人自己。"

　　媒介环境和媒介形态的变化,包括新媒体技术的发展一方面似乎已彻底改变了主持传播的一切;而另一方面,主持传播的核心和实质实际上似乎又从未改变。新媒介技术的发展无疑为主持传播的发展提供了更大的便利,促进了主持传播在平台、渠道、方式、格局、符号等方面的改变,也通过更加实时的互动和更加多元的交流方式为传受者之间的人际性沟通创造了更大的可能性,使传统媒体主持传播者期盼已久的"面对面"及时互动局面更容易实现,使传统媒体主持传播中被分解的功能与任务越来越集中到主持传播的个体身上,为主持传播者在角色功能和话语方式等方面提出了新的要求。但无论主持传播的形态和方式,甚至主持传播的角色与任务发生多少变化,主持传播作为信息传播的定位和职能不会变,主持传播者作为传播中与受众建构关系界面的性质不会变,主持传播中所体现出的人与人之间信息和情感的交流实质不会变,主持传播者在传播中所要坚持的原则和承担的责任不会变,主持传播在践行这些原则和履行这些责任时所要求的专业核心素质和与人打交道的沟通能力同样不会变。这种不变用豪厄尔斯在其《视觉文化》一书中的话来说就是"各种媒体的实体性内容并没有因为数字技术的使用而改变"。

　　事实已在反复证明,即使是在新媒体当中,那些具备了过硬传播素质和能力的传播者同样能够游刃有余。而即使是有着千万级流量的网络红人,如果不具备良好的传播责任和传播素质同样容易翻车,而那些仅仅靠着挑战传播伦理和社会道德底线来博眼球一夜暴红的网络主播们也终将被网民所唾弃。因此，越是在媒体实践飞速发展的时候，努力提高传播者的综合素质，提升这些主持传播者的专业能力，积极发挥主持传播者的意见领袖作用、营造风清气正的媒体环境就越成了亟待解决的当务之急。

  新媒体的发展速度是史无前例的，依托或衍生于新媒体平台与技术的主持传播的发展速度同样快得超乎人的想象。据CNNIC于2020年上半年所公布的第45次统计报告，中国的网民数量已经超过9亿，雄居世界第一。随着网络直播近年来在中国的突飞猛进，专门从事人格化传播的网络主播使我国主持传播的数量在世界上稳居第一也是无可争议的。由于新媒体发展的速度过快，加上新媒体中新生事物的层出不穷，更由于在媒体的快速发展中并无现成的经验和知识可以借鉴，新的主持传播者们也急需专业的知识和训练来提升他们的能力和素质。从事主持传播教学和科研以及人才培养的研究者和教育者们，则急需对这些新的现象进行深入的研究和剖析，并从现象中归纳提炼出规律性的东西，将其上升到知识层面，再反哺到新的教学体系当中，这同样对大专院校等高等教育机构提出了新的挑战。

  可喜的是，在主持传播不断迎来新的发展和变化之际，一批年轻有为的青年学者也早已勇立潮头，以他们敏锐的跨学科视角和厚重的理论学养对这些新的问题和现象进行了及时的关注和深入思考，并愿意把他们智慧的结晶以教材的方式呈现出来，于是就有了这套要跟大家见面的《融媒体主持传播案例教程大系》教材。这套教材立足融媒体主持传播发展的社会现实，重点关注融媒体环境下主持传播的崭新发展动态和前沿关键问题，从融媒体现场报道、融媒体体育赛事解说、新闻发言人、网络直播、电子商务主持、文化场馆解说、有声读物创作等多个角度对主持传播发展方方面面的问题做了深入探讨和大胆探索。因为是就一些新现象和新问题所做的探索性的研究尝试，能够借鉴和参考的国内外相关研究成果相对有限，这套教材中肯定还存在不少稚嫩和不完善的地方，需要更多方家的指正和接受实践的检验。也因为是对新问题和新现象的及时探索，因应了社会的迫切需要，这套教材不仅显示出了青年学者们敏感的学术思维和可贵的学人担当，更为提升全社会特别是草根主持传播者的传播水平，满足全社会对主持传播知识和技能的渴求，贡献出了学者应有的力量。

近 20 年前，我在做博士论文时，无意中开始以跨学科的视野从传播学角度关注了传统广播、电视媒体中的播音、主持等人格化传播样态，并斗胆以主持传播的概念对这种介乎大众传播与人际传播间的人格化传播样态进行了概括和探究。20 年来，随着其内涵和外延的不断丰富，主持传播实践中涌现出的新样态和应用的范围越来越广，其影响力也越来越大，有不少年轻学者也纷纷以更加开阔的理论视野加入到了对这一独特传播现象和传播形态的研究当中，并已经取得了相当丰富的研究成果。从 2017 年开始，我也有幸与全国同行一起开创了中国主持传播论坛，创办了《中国主持传播研究》集刊，使更多关注主持传播的学界、业界的才俊们有了更多学术交流的机会。值此以主持传播命名的系列教材出版之际，本套教材的责任编辑任逸超老师盛情邀我担任此套教材的主编并嘱我为其作序。我虽深知自己在这块领地上的耕耘仍尚粗浅，为此套教材作序颇有些自不量力，但想到能为青年学人的勇敢进取鼓与呼，能为他们的成果产生积极的社会意义助一臂之力，也是我的夙愿和义不容辞的责任，便只有恭敬不如从命了。

是为序。

2020 年 8 月于北京时雨园

前 言

总台记者 蒋 林

认识晓阳老师是在 2013 年的 5 月，那一年我因为芦山地震的报道，第一次"被认识"；那一年我 35 岁，从演播室新闻主播转型为现场报道出镜记者的第五年；那一年我与晓阳老师有了业务交流。

她担心我飘浮，我忌惮她的毒舌。

2015 年 9 月 3 日，在完成"9·3 胜利日阅兵"报道工作后，我接到的第一个电话就是她的，她是来跟我复盘直播报道的。

她说：你今天的三段装备方队的直播，我都看了，最后一场状态最好，但第一场 6：17《朝闻天下》时段的直播，你语速明显比后两场慢，你不会是因为紧张吧？

我说：是的，紧张。

她说：没想到，你直播，还会紧张？

我说：任何一个陌生领域，一个气场上给我绝对压力的首次尝试，都会让我紧张，所以第一场直播，我需要控制肢体上的紧张，我需要保证自己不出现明显的失误，我几乎调动了自己储备的所有技巧来把这场直播"顺下来"，可能也是因为这个原因，语速比平时略慢吧！

她说：太对了，你的临场处理就是我平时教学生的"急话、慢说"……记得那天业务讨论电话打了很久。

看到晓阳老师这本新书的初稿时，我的感觉是，下一本什么时候出？能不能拉上案例当中的很多同行、同事、朋友，咱们来个业务复盘大会吧！跟能聊工作、业务的人畅谈是件非常享受的事情！

其实，这些年，很多时候我把晓阳老师当作工作中的一位"家庭医生"，我们一起"把脉"现场的表达、选择、判断，即便是有些内容的生成只是现场刹那间的应激反应。但每一个结果，一定有原因，在我们完成报道之余，跟喜欢业务、可以探讨业务的人一起参与现场表达的"逻辑反推"与"思维模型的建构"，或许会让我们的工作更多一分职业快乐。

这本书，做的就是这样的工作。

2021 年 7 月 13 日 于成都

目 录

第一章 突发事件现场报道 001

第一节 突发事件的报道特点 002
一、突发事件的含义 002
二、突发事件报道的特点 002
三、融媒体环境下电视新闻突发事件报道现状 004

第二节 突发事件报道的基本原则与流程 006
一、突发事件报道的基本原则 006
二、突发事件报道的基本流程 008

第二章 自然灾害新闻现场报道 013

第一节 地震灾害现场报道 014
第二节 台风、洪水灾害现场报道 039
第三节 强降雪灾害现场报道 055

第三章 事件事故类新闻现场报道 063

第一节 事件事故类新闻报道概说 063

  一、事故事件类新闻现场报道的方法 063
  二、事故事件类新闻现场报道的注意事项 066
 第二节　事件事故类新闻现场报道 067

第四章　公共卫生事件现场报道 097

 第一节　公共卫生事件概说 097
  一、公共卫生事件的特点 097
  二、公共卫生事件报道的特点 099
  三、公共卫生事件报道的三个阶段 100
 第二节　2020 年新冠肺炎报道 101

第五章　策划型新闻现场报道 125

 第一节　策划型新闻现场报道概说 125
  一、策划型新闻现场报道的特点 125
  二、策划型新闻现场报道的方法 127
  三、策划型新闻现场报道的注意事项 128
 第二节　各类策划型新闻现场报道 129
 第三节　系列型新闻现场报道 161

第六章　移动视频直播的兴起与报道方法 187

 第一节　移动视频直播的兴起 188
  一、腾讯新闻开启移动视频直播大幕 188
  二、新京报"我们视频"：成功转型发力于视频直播 189
  三、央视新闻：小屏直播逐渐与大屏直播并驾齐驱 191

第二节　大小屏直播报道的差异 ... 196
一、报道时长 ... 196
二、报道内容 ... 197
三、报道者与观众（用户）之间的关系 ... 197
四、从"为你们"转变为"为你"的"一对一"报道 ... 198
五、"遮挡"与"外露"的差异 ... 198
六、窗口有无限制 ... 199

第三节　移动视频直播的报道方法 ... 200
一、策划"粗"线条，直播有"悬念" ... 200
二、代入感与四个"注意" ... 201
三、信息增量，直播利器 ... 203
四、适当重复，打好"结子" ... 203
五、突发情况，灵活处理 ... 204

第七章　策划型移动视频直播报道法 ... 207

第一节　走进丁真的世界——蒋林对话丁真 ... 208
第二节　直播连线采访报道——杨东昊对话丁真 ... 213
第三节　重特大新闻报道
——庆祝新中国成立70周年之吕小品的小屏直播报道 ... 236
第四节　周期性新闻选题的报道
——孙继文在北京南站的小屏直播报道 ... 242
第五节　大型直播活动报道
——李小萌《回家的礼物》小屏直播报道 ... 250
第六节　校园新媒体的前沿阵地
——中传电视台东街1号LIVE的"艺考"直播 ... 265

第八章 突发事件移动视频直播报道 ... 273

第一节 移动视频直播之火灾报道 ... 275
第二节 移动视频直播之地震报道 ... 282
第三节 移动视频直播之台风报道 ... 286
第四节 移动视频直播之洪水泥石流报道 ... 294
第五节 移动视频直播之事件事故类报道 ... 303

后记（一） ... 307

后记（二） ... 310

第一章 突发事件现场报道

如果说"经济学"是社会学科的"皇冠",那么,在电视新闻报道领域,"突发事件现场报道"就是皇冠上最闪耀的那颗钻石。突发事件发生后,如果需要记者做现场直播连线报道,其前期准备时间极其有限,特别是当来自官方的有效信息相对匮乏的情况下,一场高质量的报道更多地依赖于记者细心观察、谨慎判断、快速反应、有效表达。所以说,突发事件报道是检验出镜记者专业能力的试金石。王跃军、杨春、蒋林、何盈、王春潇、张鹏军等一批优秀的出镜记者,因其在突发事件中的突出表现,而被广大观众所熟知、喜爱。

突发事件中的不确定因素,不断地激发着记者的报道潜能,帮助记者完成跨越式的成长。芦山地震报道中的蒋林、埃及街头游行队伍中的杨春、福建建宁水灾报道中的王春潇、黑龙江七台河矿难报道中的王跃军、浙江温州楼房倒塌事故中的何盈、甘肃白银强降雨引发山洪报道中的张鹏军,很多出镜记者因某一突发事件的优秀表现为人所知,成为其职业生涯中最浓烈的一笔。

本书的开篇,我们重回那一个个令人印象深刻的突发事件现场。从他们坚定的语气、稳健的步伐、灵活的应变、深度的挖掘中,探寻报道规律,总结报道经验。

第一节 突发事件的报道特点

一、突发事件的含义

什么是突发事件？通俗的理解就是突然发生，毫无征兆的事情。2007年11月1日《中华人民共和国突发事件应对法》施行，该法案就突发事件给出了具体解释：突然发生，造成或可能造成严重社会危害，需要采取应急处置措施予以应对的自然灾害、事故灾害、公共卫生事件、社会安全事件。我国政府从公共管理的角度，将其分为四类：自然灾害、事故灾难、公共卫生事件、社会安全事件。本书中有关电视新闻现场报道中突发事件的报道分类依据以上划分进行分类。

第一章至第四章主要阐述突发事件现场报道的特点、自然灾害新闻现场报道、事件事故新闻现场报道、公共卫生事件新闻现场报道；第五章是策划型新闻现场报道。

自然灾害部分的报道案例主要围绕：地震、台风、洪水、强降雪等我国常见的自然灾害为主。事件事故灾害的报道案例将关注最近几年发生的矿难、火灾以及引起社会高度关注的安全事故、交通事故等。公共卫生事件报道案例则主要分析2020年暴发的新冠肺炎疫情的相关报道。社会安全事件因其特殊性，在这里就不展开讨论。我们把重点放在自然灾害、事故灾难、公共卫生三个方面，抽丝剥茧，庖丁解牛。

二、突发事件报道的特点

1. 零准备时间

突发事件的"不确定性"往往让记者措手不及。当新闻媒体准备开启直播报道时，留给记者的准备时间相对较少。媒体为了能够占领信息首发高地，有时要求记者刚刚到达现场，就要启动直播，有些时候，记者的直播连线报道、电话连线报道是在前往现场的途中就已经开始了。这样的报道行为对记者的日常积累、相关领域的知识储备、信息的快速搜集与整理、良好的心理素质、即兴口语的表达能力都提出了较高的要求。

事实证明，记者应对突发事件的准备工作，功夫在日常。当突发事件发生时，随时可以调取这些储备，为直播连线报道助力。2013年，还是成都电视台出镜记者的蒋林因4·20芦山地震报道一夜成名，当大家感慨一位市级台的出镜记者如何高质量地完成报道时，还不知道他自2009年以来，已经有四五年的现场直播报道经验了。正是由于日常报道中的积累，使得他在地震发生仅仅五个小时之后，便身在核心新闻现场，跟央视新闻频道连线了十几分钟。在谈及那次报道时，蒋林说，我们报道组在芦山城区遇到了一家三口正在接受一位医生的治疗，在跟医生聊天的时候，知道他们这些医生要到芦山县人民医院集结，接受后续工作安排。听完医生这些话，加上我自己在芦山城区的所见所闻，我判断我的报告现场应该是那里。

2. 报道难度大

突发事件的另一特点就是"复杂性"。无论是什么类型的突发事件，事情的发生、发展、后续往往裹挟着各种各样的情况，记者在很短的时间内，弄清楚所有新闻事实的来龙去脉是件难事。例如，地震的发生往往会伴随着塌方、海啸等次生灾害。除了造成人员伤亡外，还会出现交通中断、通讯瘫痪、食物短缺等棘手问题。接下来，基础设施功能的恢复也是报道内容。根据经验，灾难发生后，还会有长期的基础设施建设、经济支援等灾后重建工作。2013年笔者曾参与报道了甘肃岷县、漳县地震，第一时间赶到现场后发现，救援人员正在全力寻找失踪人员，医护人员争分夺秒地抢救危重伤员，当地的群众和干部一起搭建临时安置点，同时进行有限食物的分发工作，这样的非常时期，民众更是"不患贫而患不均"。随着我国救援工作开展得越来越专业化，灾后民众心理问题的疏导也纳入救灾工作中来。一些基础设施的恢复与建设是灾后救援的重中之重，道路塌方、抢通与保通、安置点所需物资供给、食物补给等都是需要优先考虑的报道选题。政府部门还要预防余震可能造成新的人员伤亡，劝说那些想回家拿财物的灾民……整个救援现场可谓千头万绪，考验着现场指挥者的智慧，也考验着记者的判断能力。最先报道什么？重点关注什么？持续跟进什么？怎样才能在报道新闻的同时给灾区救援帮上忙？这些问题几乎同时出现在记者的脑中，需要在复杂环境下做出判断与选择。我们发现，一个突发事件可能由多个原因引发，产生多个结果，众多因素共同影响着事态的发展。

如此复杂的新闻现场要求我们的记者理清头绪，对信息价值做出准确判断和排序，在形成报道框架后，将有效信息结合现场的进程报道出来，使得重要信息得以最大化地呈现。

3. 有规律可循

虽然突发事件不可预知，报道突发事件却是有规律可循的。在同一类型的突发事件中，往往有着相同或者类似的报道思维和操作手法。记者通过多年的报道，掌握这些规律，根据现场情况，对接下来事态发展可以做出预判和合理推断，这样可以有效帮助记者完成相关报道，一旦出现新情况，可快速找到应对策略。比如发生在山区的地震，一旦有人员死亡，死亡原因通常是被泥土掩埋窒息所导致。那接下来，记者报道的重点将从"灾情"向"救援"转移，包括人员安置、救援物资的配送、道路保通情况等。这样的地震现场由于被困人员被泥土掩埋，生还几率相对较小。了解不同地理环境发生的地震，对记者来说尤为重要，这决定了其报道内容和报道方向的选择。

三、融媒体环境下电视新闻突发事件报道现状

2016年移动端泛资讯类短视频、移动视频直播兴起，许多传统媒体纷纷转型，行业中把电视称为"大屏"，手机称为"小屏"。很多电视新闻记者一边做大屏直播报道，还要兼顾小屏直播。看似都是对着镜头说话，可是，"卡"在智能手机手掌大小屏幕中的电视新闻记者出现了"水土不服"。

大屏的现场报道如何专业操作，大家早已有了对标作品和标杆式的记者。可是，小屏直播怎么做才是专业的呢？大小屏两种报道如何区分？区分的依据是什么？很多电视新闻记者百思不得其解。一边是大屏直播的精益求精，另一边是小屏直播的深入探索，电视新闻记者来到了专业探索的十字路口。

面对这样的媒体现状，奋战在电视大屏做直播报道的记者们丝毫没有停下努力的脚步，一条条优秀的新闻报道出现在我们的面前。面对新媒体的挤压，如今大屏的现场报道发力点更加注重以下方面：

1. 信息准确、调查验证

如今，人人都是信息的发布者，但并非每个人都是"记者"。新闻记者对信息的处理能力来自专业化的培养和对新闻报道原则的坚守，这可不是普通民众所具备的能力。当突发事件发生时，网络上的信息呈井喷式的暴发，其中也掺杂着许多虚假信息，经常会出现谣言比真相跑得快的情况。想要制止谣言，最好的办法便是通过权威的渠道将信息公开。"有图有真相，有现场给真相"，传统大屏报道长期以来建立起的权威性和专业性，在信息真假难辨之时，显得尤为重要。"鉴证、验证"的媒体职责明显地落在了电视记者的肩上。大屏出镜记者在新闻现场的报道则更能让受众看到事实真相，将谣言扼杀在传播源头。

2. 聚焦重点、深度挖掘

突发事件报道中，大屏的报道优势显而易见，主要体现在聚焦重点、深度挖掘上。2016年兴起的移动视频直播对大屏直播造成一定的冲击。小屏直播因其设备的便携性、直播流程简单且快、直播成本低、人员的机动性、分发的多平台等优势，一时之间成为新闻机构的宠儿。

受直播程序、播出窗口、节目编排等因素的影响，大屏现场报道虽在时效性上无法与手机直播竞争，但是在信息的高密度、内容的整合性、关注点的集中、深度调查上具备传播优势。对于那些喜欢信息干货的受众来说，大屏直播短短几分钟就可以获取更多的信息，无须浪费过多时间。在没有了"首播"压力之后,大屏直播的出镜记者则可利用更多的时间挖掘新闻细节,梳理新闻线索,整合新闻信息,配合小屏直播为受众带来更有"深度"的报道。

3. 大小组合拳、融合报道强

时任央视驻叙利亚记者徐德智大小屏相结合的直播报道一度成为微博热搜话题,对电视媒体来说,大小屏兼顾是值得探索的发展方向。大兴安岭毕拉河森林火灾发生时,央视新闻中心地方部内蒙古站站长刘晓波在返回大本营的路上,用手机拍摄了一段工作视频,这段视频后来放在了大屏的新闻报道中,引起广泛关注。小屏拍摄的画面在大屏直播时作为素材使用,可以有效弥补大屏现场报道在时效性上的缺憾。

移动端时代,日常生活中人们通过手机获取信息。其中,新闻资讯的获取大多是通过抖音、快手、腾讯新闻等视频平台或者是微博、微信等社交平台。但是,电视新闻报道在某些领域中仍然占据重要地位,比如国庆70周年的报道、每年的两会报道等。2020年新冠肺炎疫情暴发以来,央视新闻频道每晚21:30播出的《新闻1+1》成为全国人民了解疫情发展、听取权威发布的重要渠道。一些特殊的新闻现场只有电视记者才可以深入其中,这些都决定着电视新闻的重要性。

第二节 突发事件报道的基本原则与流程

一、突发事件报道的基本原则

1."人"永远是报道的核心

无论是自然灾害,还是事件事故,都有可能出现人员伤亡。所以,突发事件中,"人"永远是记者报道的核心。比如,地震发生后,在黄金72小时的救援过程中,以"人"为核心展开的报道是新闻报道初期的基本准则。轻重伤员的救治与转移、生命迹象的搜寻、失踪人员的寻找、被困人员的抢救等内容,是事件发生后的重要报道内容。黄金72小时后,灾民安置、安置点的食品供应和医疗设备、灾区的饮水安全、通信设备是否正常、与外界的通讯是否通畅、给家人打电话报平安等，这些都是围绕着"人"所做的报道。

2015年年底深圳发生山体滑坡事件，央视新闻中心地方部浙江站的记者刘烨在现场做报道时，向观众介绍了被塌方体压扁的一栋四层建筑，生命探测仪探测到了生命体，救援人员从塌方体上面和斜面同时开始挖掘，现场全力组织营救工作。张鹏军在甘肃白银县降雨引发的山洪报道中，真实地再现了村民老刘力图保护家园，不听劝阻没能及时撤离，导致自己身处险境，最终被成功营救的过程。将新闻报道聚焦在"人"的身上，是记者做突发事件报道的基本原则，也是新闻报道社会价值的体现。

当然，在围绕"人"展开的报道时，记者需要注意避免对其造成"二次伤害"，与受伤者、灾民交流时语气要温和，特别是对那些失去亲人的被访者。不要拍摄血腥镜头，注意保护被访者个人隐私，切记不要反复追问那些带有伤害性的细节，尽可能少地让被访者回顾痛苦经历等。

2. 现场、现场，还是现场

在突发事件报道中，抓住现场，呈现现场，用现场说话是报道的关键。记者到达现场后，要对现场的情况快速作出判断。

首先，最大限度地接近核心现场。核心现场的画面才是受众最想看到的画面。在无法直接到达或拍摄核心现场时，可通过无人机航拍、图片或者是通过画图等方式更多地提供核心现场的信息。

其次，选择典型背景作为出镜地点。现场报道虽然是通过记者的嘴巴告诉受众这里发生了什么，但是，记者身后的场景本身也是信息，这些现场画面同样具有传播价值。

最后，突发事件的不可预知性也决定了出镜现场可能发生多种变化，记者在现场要能快速做出预判与应对，根据实际情况对出镜现场做出调整。

3. 核心信息的权威发布

突发事件的现场，信息扑面而来。这些信息鱼龙混杂，真假难辨。记者越接近核心现场，信息甄别难度越大。此时，每一条发布的信息，记者都需要认真核实。核心信息需要通过官方认证，或者引用官方发布的权威信息，切忌道听途说。特别是有关人员伤亡的数据，这些公布的数字是否准确，不仅仅是新闻事实是否准确的问题，也关系到社会舆论方向的问题，更关乎一个个家庭的悲欢离合。

二、突发事件报道的基本流程

突发事件的报道从播出形式上可分为直播型报道和录播型报道。突发事件发生后，采用何种形式进行报道需要通盘考虑。采用录播型报道方式主要是受直播窗口、事发地点信号、新闻现场是否具备直播条件等因素影响。一般来说，突发事件发生后，电视台的基本原则还是"能直播，不录播"，尽可能给受众带来第一时间的最新报道。在此，我们就最常见的直播进行操作流程的梳理。

（一）直播前：随时做准备

突发事件的直播报道最大的困难就是准备时间短。记者想要在突发事件报道中有上佳表现，充足的准备工作必不可少。我们把直播前的准备分为两个层面。

1. 准备在日常

突发事件报道水平高低，功夫在日常。

作为一名记者，想要在突发事件报道中有所表现，需要在日常生活中主动学习相关领域的专业知识，例如地震中有关震级、烈度的定义及区别；火灾中消防队员灭火工具的专业名称，不同建筑体发生火灾时采用的是哪种灭火手段等；对暴雨、台风、泥石流等灾害天气报道时需要对气象常识有所了解。这些专业知识的储备，可以帮助记者在报道时，知其然，更知其所以然。

除了自我提升之外，对记者来说，同行也是老师。原央视新闻中心地方部北京站记者张颖曾就这一问题跟笔者谈道："记者不仅仅要自己做报道，还要看同事、同行怎么做报道。2015年蒋林加入央视，我通过各种机会去了解他是如何做报道的。通过向同行学习，有时候可以解决自己的专业困惑。我在做鲁甸地震前就学习了他芦山地震的相关报道。"

突发事件各不相同，但同一类型的报道也有着其内在报道规律，总结这些规律，能帮助自己在遇到突发事件时，以更快的速度抓住报道要点，准确判断新闻价值。

报道要做好，物资少不了。

对突发事件来讲，特别是重特大突发事件，记者要做好打持久战的准备。虽然目前国内在报道一些突发事件时，相关后勤保障比较充足，对于有经验的记者来说，重特大突发事件的前三天，是需要记者全力以赴投入报道的时候，恰恰这个时候也是后勤保障跟不上的时候。因此，出发前自己尽量做好三到四天的物资储备，以便自己可以高效完成"关键期"的报道工作。例如，在一个登山包里准备好工作用品、生活用品、野外生存用品等。这样在突发事件发生时，既能保证自己第一时间出发，也能保证出发后能"火力全开"地展开工作，减少后顾之忧。

2. 直播前的准备

突发事件发生后，留给记者的准备时间有限。有经验的记者会把时间"挤出来"，在赶往现场的路途中，就是最好的准备时间。在此期间，我们可以做哪些准备呢？

首先，想尽一切办法，联系可能在现场的熟人。这些人，包括公安人员、消防人员，当地政府宣传部门的工作人员，甚至可以是某位在现场的"网友"。通过他们尽可能多地提前了解现场情况，为接下来的报道工作做好准备和预判，尽量对现场的情况有一个动态的了解。

其次，与台里的直播编辑保持联系，一方面了解频道、节目的直播编排，另一方面也可以从大本营获取更多信息，让自己在随后的报道中能够做到"点面结合"。

第三，充分利用微博、朋友圈、抖音等社交平台，从网友发出的现场照片或视频中获取新闻线索，为自己的第一报道点积累素材。

第四，有些灾难的报道工作，记者在去新闻现场的路上就可以开始了，比如说地震，在赶往地震现场途中，"交通情况"就是一个报道点。原央视新闻中心上海站站长刘庆生在报道鲁甸地震时，就是一路奔赴现场一路报道，从进入灾区的通行证到安置点的水处理设备，从通信设备到安置点的消杀工作，这位资深记者目光聚焦之处都是地震临近黄金72小时救援时最好的新闻选题。

（二）直播不可预测

紧张，是直播时很多记者都无法逃避的生理反应，而克服紧张的最好办法就是把注意力全部放在内容上。

任何一场直播开始前，记者都会针对自己在直播中所要报道的内容进行基本的梳理，打一个腹稿或者是写一个大纲。白岩松老师曾经在传媒大学的一次讲座中提到，直播前不要写"逐字稿"，一旦直播开始，你的表情就会告诉观众你在背词，而不是在做报道。

直播最大的魅力就是不可确定性，即便是记者做好充足的准备，一旦直播开始，一切都不可预测。蒋林在2013年4月20日下午1点22分与央视新闻做直播连线的时候，有过这样一个插曲。当他报道中提到，医护人员把像纱布这样的医疗物资从医院的窗户里扔下来后，进行集中收捡这个信息点之后，他走出了画面，按照之前的计划此时他开始转场。可是，就在这个时候，几位救援人员抬着一副担架从医院的大门口走过来，进入直播画面中，摄像记者第一时间捕捉到。蒋林发现摄像没有跟着他走过来，而是追着救援人员开始拍摄的时候，他以极其专业化的方法将报道内容自然地落到了这几位救援人员身上。现场"不确定因素"的出现和恰当的处理方式使得蒋林的这段现场报道堪称经典之作。

计划没有变化快，无论直播前做了多么周详的策划，只有当直播真正来临的时候，才是最重要的时候，一切以直播那时那刻为准。在直播的过程中，记者专注于自己所报道的内容，同时，还要做到"眼观六路，耳听八方"。对直播中突然发生的"新情况",快速捕捉,及时补位。在不影响整体报道的情况下,将最新内容进行有效传播。

(三)直播需要持久力

突发事件报道,由于事件本身的特殊性,相关报道的战线也会拉得很长。很多突发事件,民众大多在事件刚刚发生的一段时间内高度关注,两三天之后当其他事情发生时,民众对该事件的关注度会随之降低。事实上,很多突发事件会持续几天、几个月甚至是几年。就拿地震来说,媒体的报道高峰期集中在黄金72小时救援,可是对一家新闻媒体来说,灾后的民众安置、家园重建也是后续报道的关注点。

再如中小学集体食物中毒事件,医疗部门第一时间的快速抢救是报道重点,但随后漫长的调查取证、责任认定等相关报道,也是媒体关注的重点。通过对此类事件的全方位报道,可以为今后校园食品安全的把控起到防微杜渐的作用。21世纪过去的20年中,一些重特大突发事件至今影响着世界政治格局以及经济发展,2001年美国"9·11"恐怖袭击、2011年日本"3·11"大地震,这些载入史册的突发事件至今还在产生着影响。

第二章 自然灾害新闻现场报道

我国是一个自然灾害频发的国家,夏季在长江流域、黄河流域经常发生洪涝灾害,东南沿海则常有台风灾害突袭,内蒙古、东北地区在冬季会出现暴雪灾害天气,四川、云南横断山脉常出现地震灾害,这些自然灾害破坏力强、破坏基础设施、造成一定的人员伤亡以及财产损失。

一般来说,自然灾害新闻报道对出镜记者的综合业务能力、快速应变能力提出较高要求。这一类报道的特点是:时常伴有较大人员伤亡、造成较大财产损失、报道时间持续较长、报道地域范围较大、涉及相关部门较多、报道内容庞杂、记者需储备相关专业常识。

第一节 地震灾害现场报道

【案例一】四川芦山：直击芦山县人民医院搭急救帐篷，伤员爆满

播出时间：2013年4月20日 13:22—13:32

播出平台：央视新闻频道

视频来源：央视网

http://tv.cctv.com/2013/04/20/VIDE1366442280997442.shtml

出镜记者：央视总台记者蒋林（报道时是成都电视台记者）

视频文案：

主　播：蒋林，你好。听说你现在已经赶到了芦山县的人民医院，那么，给我们介绍一下，现场受伤人员的情况以及救援的情况。

记　者：好的。您现在所看到的画面就是我们在这个地方发回的卫星直播的信号。和我们今天早上11:00到达芦山县人民医院相比，我先来说一个变化。现在咱们站在这个位置上往后面看，在通道上整齐划一的有1、2、3、4、5、6、7、8，有8排白色帐篷，都是当地的应急抢险部门调运的之前的应急储备，临时搭设起来的，在我们今天到这儿的时候，才搭了几顶帐篷。为什么要搭这样的帐篷？现在大家应该能够通过我们的画面感觉到，现在的芦山县是大太阳，很多的受伤群众，特别是在早上，如果他有这种受伤，有这种虚脱的话，如果这样的太阳下一直直晒，对他的后续的抢救会更加的危险，所以，赶快搭帐篷给大家一个庇荫的地方，这是非常重要的。

那么，和今天早上我们两个小时来之前，有一些好的变化，先跟大家说，咱们吃颗定心丸。我们看到这个帐篷与之前来了一辆车，大家冲上去先抢救伤员不太一样，现在已经有了基本的分工。比如，我们旁边的这个帐篷是急诊一号棚，我这边的是急诊二号棚，已经开始有了这样急诊，比如说一个医生，两位医生，带上几位护士，带上骨科和脑外伤科的工作人员组成了一个应急的抢险队，他们就是一个应急抢险的小分队。

那么，我们再来看一下里面的一个情况。再往里面看，我们可以看到医院现在是把整个大楼里面的，所有的救治的力量全部转移到了相对安全的、室外的设施当中来。我身旁的这些建筑都是庐山县人民医院之前的病区，现在，我们可以看到窗口上还会有医护人员把他们需要抢救用的一些纱布，可以从楼上直接扔下来的东西，出于安全的目的，同时也出于最快速的方式，直接先抛到楼下，然后大家再来做集中的收捡。而我身后有两个篮球场，这么大的空间当中，大量的都是用于抢险的帐篷，随时都会有新的被我们抢险队救出来的伤员，会被送到急诊的大棚里面来。那么，现场的治疗能力是相当有限的，所以，今天在现场我们看到了这样一幕，就是伤员在这个地方先做一个预处理和紧急的处置，随后他们会被用各种车辆，我们看到有民用车辆，有小货车，有各种车辆把他们运到现在的雅安市的二医院、四医院和军区的37医院。通过这样的接力的方式来完成对于重伤者的抢救。其实，这个地方只是抢救的第一棒，更多的伤员刚才源源不断地被我们的车辆运往雅安，那么，现在这样的生命通道已经打通。但是，我们在刚才过来的时候，早上连线也说，国道318线会有不少的地方受到这种落石和阻路的影响，所以，大型车辆通行，现在还会有点困难。

  现在，我们给大家看一个小的短片，这是我们今天早上11点，赶到震中所在的雅安市的芦山县所记录到的城区的一些情况。而我想跟您说的是，就在我们采访的过程当中，我们还经历了两次体感非常明显的余震，其实这场地震给大家生活所带来的紧张和恐慌，还没有完全地消散，我们先来看一看稍早之前的情况。

记 者：当时您在哪儿？

受伤男子：当时我在家里。

记 者：您住几层楼？

受伤男子：我们住的是老房子，新房子还没住。

记 者：发生地震的时候是房顶，有这个东西垮塌下来吗？

受伤男子：就是垮塌了。全部垮塌下来了。

记 者：您家里的房子，现在是什么情况？倒了吗？

受伤男子：倒了。

记 者：我看你身上有很多（地方）被砸伤，脑袋上也被砸到了，当时家里有几个人？

记 者：当时家里面有我老婆、我孩子还有我老爸。

记 者：除了你以外，其他人安全吗？

受伤男子：我孩子在那里。还是（伤得）挺厉害的。

受伤男子的妻子：她爸为了保护她，抱出来的时候，房子垮塌的时候，她仰着头的，就把她砸伤了。

记 者：我看一家三口跑出来的时候，因为很着急，都没有穿鞋。

受伤男子的妻子：孩子穿的是拖鞋，然后她爸爸抱着她的时候就掉了，然后我们在睡觉，起来的时候就什么都没穿就起来了。

记　者：现在我们是在芦山县公安局的大院里面，我们现在看到有这样整装待发的警官。其实，他们并不是当地的警员，而是从离这很近的天全县，大概40公里以外的天全县临时抽调过来的。那么，我看到不少的队员，他们今天早上在得到出发命令出发的时候也很着急，他们的装备包括头盔，有的人连鞋都没有穿好，只穿的是拖鞋，但是第一时间的这种支援是他们现在所要做的。我现在所在的位置就是芦山县人民医院，我们来关注一个细节，现场正在搭设这样的临时帐篷，因为现在这个地方的太阳还是挺毒辣的，所以，如果就在这样的大太阳底下去就医，可能会有一部分原本已经受伤或者相对比较虚脱的病人会出现中暑的情况，所以，现在无论是他们的家人，还是现场的医护人员，都会想方设法地找到这种遮阳的方法。

记　者：我们现在这些帐篷是哪来的？是咱们原本就储备的吗？还是调集的？

工作人员：应急救灾物资。

记　者：这个地方现在是病区里面转移出来的病人，原本住院的，还是收治的地震伤员？

工作人员：（这个区域全部）是地震伤员。

记　者：我们现在所在的区域，就是刚刚搭设起了帐篷，然后有大量的输液瓶和点滴液，虽然现场可能还没有办法进行一个临时的秩序上的统一，但是我们看到很多的地震伤员，已经在这个区域开始接受包扎和救治。而他们当中有不少人腿部被砸伤，或者是头部被砸伤。在整个现场抢险的过程当中，比如说担架等很多的设备是不够用的。

现在我们看到的伤员是因为病情比较严重,可能是要转院,是吗?这个是刚刚赶到现场的一辆救援抢险车辆。有更多的伤员被陆续地送到了医院。

我现在所处的位置是芦山县人民医院。现在这里已经变成了一个临时抢险组。我们看到急救车送来了一位相对处于昏迷状态的病人,现在我们的救护人员正在进行现场的急救。这块草地成为一个临时的抢救生命的现场,现在我面前的这位伤者出现了鼻孔流血,他的面色已经失去了血色,所有的与生命赛跑的抢救工作,仍然在紧张地进行。

您现在看到的就是我们从这次地震震中雅安市的芦山县发回的现场直播报道。在我们进行直播的过程当中,现场的救护车不断地在穿梭,接受过初步预诊的很多伤员会送到下一个帐篷。我们往前面去看。就在我们进行直播的过程当中,又有一辆救护车来到了现场。现在的救护车有两种用途:一种用途是把附近接收到的伤员,赶快运到这个地方来进行一个初步的诊治,而我们现在看到的就是从成都市新津县驰援过来的救护车,它在现场已经奔波了几圈了。现在这辆车的作用是把一部分已经接受过清创处理、情况比较稳定的伤员,或者说需要更专业的医疗设备到大医院去进行手术治疗的伤员,通过这样的方式送往雅安市的第二人民医院、第四人民医院和解放军的第37医院。

其实在现场会有很多这样的车辆,他们有的是外地驰援过来的救护车,当地的救护车,甚至还有一些当地的民用小货车,当地的运营车辆。现场的每一辆车它的作用和救护车是一样的,就是抢救生命。而伴随着时间的推进,我们看到雅安市的芦山县人民医院的临时病区开始有了更多的分工,比如我身后的帐篷是一个清创室,我们刚才说的那边有急诊的一室、二室,我们身后的大帐篷中,还有一个是刚刚组建的临时的妇产科。其实,在地震当中很多的孕妇受到惊吓,她们的状况也会很危险,所以,为了能够提供更多的救治,我现在开始分科室,开始更专业的救护。其实,这些也是保证伤员在地震发生后,能够更好地去维护他们的生命。

现在抢险现场非常忙碌,不断地会有伤员送来,不断地会有伤员被送走,送到其他大医院去接受救治。而我现在所了解到的,刚才大家在画面当中,我不知道大家有没有感受到,实际上在今天的主震结束之后,时不时地还会发生余震。那么,这一个小时的余震不是很明显,但是他们说今天早上9点到10点,有一个时间段,余震也会非常的明显,甚至现在在我们抢险的过程当中,还会有余震袭来,所以,对于现场来说,紧张的氛围还没有缓解,而抢险和救援生命就是现场最重要的事情。好的,以上是我们发回的现场直播报道。

案例分析:

蒋林做这段直播连线时,还是成都电视台一位出镜记者;如今,他已经是中国电视新闻现场报道行走的"教科书",这样的评价在媒体人中,他是独一份。他是一位新闻"老戏骨",在最有报道能力、专业底蕴的年纪,蒋林出现在中国各大新闻现场,展现了中国电视新闻现场报道的专业水平和能力。

芦山地震报道是蒋林的"成名作",全国的电视观众正是通过芦山地震一系列报道认识了"连线哥"蒋林。凭借扎实的现场报道功底,2014年

1月蒋林从成都台转战央视，2015年则是其职业生涯的关键一年，从"东方之星"旅游客船倾覆到天津滨海新区爆炸事故，从9·3阅兵到深圳山体滑坡，蒋林的身影经常出现在各重特大新闻现场，其报道能力几乎无可挑剔。善于学习的网友把他的报道整理出来，大家称其为现场报道的行业标杆，行走的"教科书"。一个拥有2000多场现场直播报道经验的记者，为中国电视新闻报道作出了突出贡献。

该段现场连线长达10分钟，这在电视新闻报道中也算是体量相当大的报道了。在刚刚发生地震的医疗救援现场，信息源头错综复杂，现场环境相对比较混乱的情况下，蒋林可以把重要信息一一排序完整，其报道难度可想而知。

报道现场，还是解释现场？

看过蒋林报道的人，一定有这样的感受，他的报道清晰易懂，看一遍就明白。笔者注意到蒋林的报道策略是解释现场，而不是一般意义上的报道现场。这段报道一开始他说，这里有1、2、3、4、5、6、7、8，8排帐篷，这个信息是现场可以看到的，接下来他解释到，帐篷是哪儿来的，为什么要搭建帐篷。因为天气原因，需要将伤员安置在较为阴凉的地方予以救治。看到有人从医院大楼里往下扔物资，为什么这么做？原来是在条件有限，物资紧张、保证安全的情况下尽可能地物尽其用。蒋林对现场的一些非"常规"行为给出合理解释，帮助受众了解现场。面对现场众多的信息，选择什么内容进行报道呢？从蒋林的报道中，我们注意到无论现场信息多么繁杂，所有的内容只围绕"救援"展开，围绕救援中的"人"展开。有了这样的核心思维，看似多而杂的信息，内在逻辑却是一条有主题的"暗线"在支撑。

灾难现场采访难度大。记者一方面希望通过对亲历者的采访还原事件，另一方面，还需要注意采访中不能违背新闻伦理，不能因采访而让亲历者受到二次伤害。因此，选择什么样的人进行采访、如何提问、问到什么程度，对记者来说都是考验。在这段报道中，蒋林采访了受伤的一家三口。从人物选择上,他选择了受伤较轻、意识清醒的父亲和并未受伤的母亲作为采访对象。在提问上也比较有节制,更多的是问房屋受损情况,而并未提及在逃跑时的心理情况,从而避免让其再次陷入惊恐的情绪中去。蒋林通过一个细节的呈现让受众充分感受到了当时情况的紧急,就是这一家三口逃出来时,都光着脚,没穿鞋。有了这个细节,受众从中方可窥探一二。

从整个报道的表达上来看,蒋林使用最多的是短句。一句一个事实,一句一个信息解释。这样的表达在突发事件有什么优势呢?第一,短句的表达让事实呈现清晰明了,节奏明快,符合突发事件的现场环境;第二,短句的表达让句子与句子之间的结构较为"松散",方便记者在现场随时加入最新的内容;第三,短句子的表达,使得语言逻辑结构以"小逻辑"的方式呈现,观众随时进入,立刻知晓记者在说什么,最大程度上保证了信息传播的完整。

恰当的语气也是蒋林这段报道中值得肯定的地方,试想这样的现场,有些记者就会出现某种生理上的"亢奋",语气急促,节奏加快,让地震后还没有回过神来的人倍感焦虑。看看蒋林的这段报道,通篇传达出来的是"给我们一个安心丸"。他不在语气状态上渲染所谓的紧张气氛,而是运用沉稳语气让我们切身地感受到,在地震发生后,医疗救助系统正在一步步地恢复,他的报道传递出的是有序、安心的情绪。

这段报道属于"双动态"报道,何为"双动态"?蒋林所处的现场是一个动态现场,他的报道行为又是一个动态行为,在突发事件现场直播连线中出现这样的双动态报道比较少,特别是如此大体量的报道更是难得一见。动态现场意味着记者在直播时想要报道的信息点,踩点的时候可能存在,但直播的时候可能没有了。还有就是直播前没有考虑到的一些因素,直播时有可能突然出现,比如穿着橙色救援服的一队人抬着担架突然出现在画面中,蒋林敏锐地发现摄像的新动作,他快速改变报道内容就是一个例证。毋庸置疑,蒋林的这段现场报道堪称突发事件的经典之作。

报道小贴士：

1. 突发灾难事件报道，救援的"黄金72小时"，报道紧紧围绕灾难中的"人"展开，此时没有什么比救人更重要。

2. 现场情况比较混乱的情况下，对信息传播的准确性要尤为注意，不确定的信息不报道，避免为后续报道设置障碍，更要避免不实信息的传播造成民众情绪恐慌，信息来源要保证准确。

3. 在报道现场的同时要注意解释现场，对现场的"非常态场景"给出解释，能有效帮助受众解答疑惑，疏导舆论。

4. 语言表达尽量结构简单，语意表达清晰明了。语言逻辑更多地使用"小逻辑"，降低受众理解信息的难度，提高信息传播效率。

记者简历：

蒋林：中央广播电视总台记者，被学界、业界誉为"行走的教科书"，2013年还是成都电视台主持人的蒋林因与央视新闻频道做直播连线报道芦山地震而一举成名。2014年进入央视新闻中心的他，曾参与报道过"东方之星"旅游客船倾覆、天津滨海新区爆炸事故、9·3阅兵、建国70周年报道等一系列重特大新闻事件。蒋林因优秀的报道能力获得"央视十佳记者"称号。

【案例二】云南鲁甸：四台净水车运抵震区 今早启用

播出时间：2014年8月6日 11:41—11:46

播出平台：央视新闻频道

视频来源：央视网

https://news.cctv.com/2014/08/06/VIDE1407297243128141.shtml

出镜记者：原央视新闻中心地方部上海站记者刘庆生

视频文案：

主　播：云南鲁甸发生地震以后，饮用水也是受到了污染，居民饮水困难。今天4台净水车运到了震区，开始启用了。详细情况我们现在马上来连线正在龙头山镇的本台记者刘庆生。庆生,你好。

记　者:你好,主持人。

主　播:这些净水设备投入使用以后,是否能够缓解一些当地的饮用水的问题?

记　者:我想之前一直在关注此次地震报道的朋友们,一定会关注前天的一条新闻,就是在震区有救援官兵在用浑水煮面。这条新闻可以说当时牵动了很多人的心。大家可以看,这条河就是穿越这条小镇的一条景观的小溪,当地的居民告诉我们,这条河是从井里抽出来的井水,形成的景观河。原本是清幽幽的,但地震之后就变得特别的浑浊。他们还说,水质应该没问题,但主要是地震之后可能是整个水都受到了污染。那么在前两天这里的自来水断了之后,很多老百姓就用这里的水进行简单的沉淀之后饮用,甚至有不少老百姓用来洗澡。所以,的确是有用浑水来煮面。那张照片牵动了很多人的心。好在今天早上我们发现,城东地区联勤部已经是开进了4辆这样的净水车,大家一看这是一台野战的净水车,整套设备就相当于像一个小的自来水的处理工厂一样,经过它的处理之后,水就囤积在这样两个大的水罐里。你看现在有不少居民到这儿来取水,这是今天早上刚刚通的水。经过卫生防疫部门的检测,水现在是完全能够达到国家饮用水的标准,可以说,这样很好地缓解了一部分饮用水的压力。

那么现在整个的(净水)量是多少?每天能够产生100到120吨这样的饮用水,一次就能保证3000到5000人一天的饮用。同时联勤部还会有下一步的净水设备,包括一些简单的净水药品在居民区进行发放。同时联勤部说还有淋浴车,还有一些后勤保障车辆的后续都将相继地进来。我想，水的问题，如果能够得到一定解决的话，可以说是在当地解决了一个大问题。

但是，现在灾区还有另外一个问题，特别不容忽视的，是什么？垃圾问题。大家看我们这条街上，每户门口都堆着这样的垃圾，这是少的。你看也有在贴标语了，这是疾控中心的战士正在贴"不要随地大小便"。可以说在地震之后，整个的卫生防疫工作现在压力非常大。刚刚我去镇政府的一个临时办公点去进行了一些采访，当地（政府部门）告诉我们，原本镇子的垃圾清运是靠清运工，那么地震之后这些清运工各自忙各自家里的事，基本就不上班了，而很多原来垃圾清运车辆现在也都进不来，根本就进不到镇子里来。所以现在所有垃圾都没法清运。同时，大量救灾人员进入，等于镇子里的人员比以前增加了好几倍，垃圾也增加了，但是，垃清运工作现在几乎是停滞的，几乎停滞的，我可以这样说。那么只是各个驻地简单地把自己的垃圾清一下，堆在那里，具体谁来收？收了以后怎么有序地通过车辆给运出去？运出去以后怎么进行一个无害化的处理？现在这个工作还没有完全地开展起来。这是我刚刚得到的情况。现在镇政府也在做努力，镇政府的工作人员正在组织一些志愿者，希望志愿者的力量能够再多投入一点到垃圾清运（工作）上面来。

现在据我们了解到的信息是现在14军的防化团已经进入到灾区。他们会进行一个专业的消杀。同时，比如说像武警边防总医院，他们也有消杀人员和防疫人员在进行这种消杀工作。包括刚才也看到了成都军区的卫生防疫部门现在也在这儿进行消杀工作。现在震区的温度可以说是非常高，大家可以看见我们都穿着短袖短裤，而且每天还一身汗，这么高的温度，大灾之后如何防大疫，可以说是摆在我们面前，摆在所有救援人员面前的一个非常重要的课题，这是我们在震区了解到的情况。主持人。

报道分析：

刘庆生是位新闻"老戏骨"。

鲁甸地震发生在 2014 年 8 月 3 日，他的这段报道是 8 月 6 日，72 小时黄金救援期即将结束的时间。这一天新闻频道上、下午播出的《新闻直播间》中，刘庆生分别在 10 点 29 分、11 点 41 分、15 点 17 分、16 点 27 分做了直播连线，从进入灾区的车辆管控、净水车开始提供饮用水、震区防疫工作展开到供电设备恢复。从其报道选题可以清晰地发现，刘庆生的"问题式"的报道视角与众不同。

1. 智慧表达回应社会热点

本段报道一开始，刘庆生是这样说的，"我想之前一直在关注此次地震报道的朋友们，一定会关注前天的一条新闻，就是在震区有救援官兵在用浑水煮面。这条新闻可以说当时牵动了很多人的心。"报道一开始他之所以这么说，是因为几天前，一张救援人员用浑水煮面的新闻图片引起民众的高度关注。是否真有此事，我们的后勤工作为什么没有跟上？面对这样的质疑，刘庆生在报道中用"牵动了很多人的心"这样的"软处理"方式。直播报道时，他用手撩起河水，河水看上去很浑浊，他一边说一边解释。他的直播报道既要回应民众，还需要避免出现节外生枝，这对于记者来说，既有压力，也有难度。

2. 说常识，讲现状

报道一开始把"救援官兵浑水煮面"的事说清楚了，水为什么是浑水？浑水现在如何处理？最新的进展如何？刘庆生身后嗡嗡作响的净水车，此时发出的轰鸣声恰恰是最好的"眼见为实"，从"浑水"到"清水"的动线设计，堪称经典之作。这段报道及时回应社会热点，有效引导社会舆论，解答大众疑问，为抗震救灾创造良好的舆论环境。

3. 复杂内容简单处理

污水处理过程相对比较复杂，完成这样的报道需要具备一定的专业常识。但在这段报道中，报道的重点不是怎么把浑水过滤成干净的水，而是如何保证让民众喝上干净的水。记者在这段报道中，巧妙地运用了打比方，"净水车相当于一个小型的自来水处理厂"，简单明了地让受众得到想要的答案——灾区的水可以放心地喝了。刘庆生在报道中还说："这个饮用水达到了国家标准。"这句话让观众吃了一颗定心丸。

4. 抽象内容具体说

"污水处理车每天处理 100 吨到 120 吨水。"信息点这么说，观众理解起来有点难，这样的表述过于抽象了。这到底是多少水呢？能解燃眉之急吗？记者将这一数据进行了具体化表达，"能保证 3000 到 5000 人一天饮用"。于是，观众对"水量"这一信息就很容易理解了。

5. 直面灾后重建工作

地震发生后，原有的日常生活完全被打乱，灾区在恢复重建过程中，一定会暴露出不少管理上的问题。发现问题并报道问题，火候拿捏的尺度对记者来说是一个考验。既不回避问题，又要顾及相关部门的工作压力，不给救援添乱，要帮忙，刘庆生的做法是：报道问题，并报道出相关部门解决问题的方法。

报道小贴士：

1. 记者深入灾区现场，接近核心地区，容易处于信息"真空状态"。民众最关注灾区什么？外界对灾区发生的一切，持什么样的态度？记者需要及时与总部沟通，及时回应公众关切。

2. 灾后重建暴露出来的问题，拿捏好尺度，注意舆论引导，为灾区救援创造良好的舆论环境。灾难发生后，救援工作是第一位。灾区重建时，由于管理缺位、责任缺失出现的问题，记者可以选择在后期予以报道，报道时注意词语的使用以及报道体量的大小。

记者简历:

刘庆生,中央网信办网络传播局重点新闻传播处处长。曾任《焦点访谈》制片人、中央电视台上海记者站站长。当记者20年期间,参与了众多重大突发事件的报道,3·14拉萨骚乱、5·12四川地震、日本福岛核电站泄漏、8·12天津港爆炸,等等。除了应急报道,他还专注于舆论监督和深度调查,推动了多项公共政策的出台。2016年调任中央网信办传播局,负责全网重大主题宣传的策划组织管理工作。

【案例三】云南普洱:景谷县至震中道路基本畅通

播出时间:2014年10月8日 17:47—17:52

播出平台:央视新闻频道

视频来源:央视网

https://news.cctv.com/2014/10/08/VIDE1412762513374897.shtml

出镜记者:央视总台记者蒋林

视频文案:

主　播:接下来我们继续关注的是云南普洱景谷6.6级地震的相关情况。我们的记者蒋林今天早上乘坐成都军区运输机抵达普洱,再乘车赶往的震中永平镇。那么接下来相关的最新消息我来连线他。蒋林,你好。一路上交通情况怎么样?震区的情况又怎么样?

记　者:好的,实际上这一路上我们首先关注到的是交通。因此在这段直播的最开始跟大家说一个好消息,现在无论是空中的航路,还是地面的交通基本都是顺畅的,这应该是我们现在最需要的一个消息。

　　　　接下来再说一下地面交通,我们今天早上最早是乘坐成都军区空军的飞机降落在思茅机场。从思茅到达镇中的永平镇大概还有两个多小时的山路,基本上是在山路中行驶，我们最开始甚至都感觉不到地震的痕迹。因为当地的原始森林的植被会特别的好，我们在临近永平镇将近可能要达到五六公里的时候，才能够看到破碎的山石、一些道路的垮塌点。整个道路交通情况相对来说是有保障的。那么，我们现在请导播帮我叠出一些画面，这是我在赶往现场的时候所记录到的，目前整个线路当中唯一一个可能成为交通咽喉堵塞点的地带。我们请导播切出这个画面……好，现在我们所看到的画面，就是我们在最开始抵达……现在所看到的画面，就是我在最开始抵达现场的时候，那么，我给大家做一个讲解。这个是我们看到的一个滑坡体，滑坡体距离公路非常近，而就在滑坡体的上方，我们可以看到有一台工程机械，它实际上是处在一个停滞的状态上，为什么？因为在这台工程机械的正下方，就是我们说到的国道323线，而整个山体当中是有大量的山石，而接下来，我们伴随着这个画面慢慢地拉开，您甚至可以看到在这些破碎的山石当中，还有原来山体上的一些大树，如果这台工程机械继续去清理这些破碎的山石的话，那么，这些山石就会堵塞在路上。

好的，刚才看到的就是我们所记录的一个道路上的垮塌点，这个垮塌点距离我们所在的永平镇的直线距离，大概只有不到5公里远。

在昨天晚上发生了地震之后，当地的交通部门在地震后半个小时，就已经派出了工程机械连夜在进行抢通。在过去的这将近一天的时间里，现场处在一个边抢通边通行的状态。如果有车队，特别是救援物资抵达，比如说像帐篷、棉被，像灾区最急需的物资，车队抵达的时候，工程机械就会暂停，防止他们的作业会威胁到下方通行的车辆，在车辆过去之后，再抓紧时间进行一个临时的交通管制，继续抢通工作。实际上，这条路都是处在一个可以通行的状态当中。

那么，接下来我们再来说到一个小的细节，就是我们怎么来到现场？那么在今天早上的时候，7:33分，我们是乘坐了成都军区的空军的一个运输机抵达了思茅机场，我们也请导播帮我叠出这样的一个画面。在这个画面当中，我们其实可以看到这样的几个细节，首先我们可以看到的是运输机的一个驾驶舱，在我们飞行的过程当中，我们比平时的运输机的飞行高度下降了1000米。而在抵达震中上空之后，我们实际上围绕着整个震中有一个大概侧向的空中盘旋，在空中画了一个大圈，而我们的正下方就是震中的所在地。通过飞机的舷窗，包括通过飞机的下方的一个观察窗，飞机上的工作人员，包括空机的工作人员是在进行一个地面的观察。那么这一次我们现在所得到的消息是，震中的受损情况可能没有我们最开始所想象得那么严重，从空中再去进行进一步的评估，也是我们今天来到现场非常重要的一个工作。

那么，再跟大家说一个非常重要的消息，就是为了保证我们接下来的救援抢险工作的顺利进行，成都军区的空军目前已经在思茅机场，这个军民两用的机场设置了一个前线的指挥部，指挥部负责去协调军方的运输机，以及进行航拍的直升飞机和民航飞机之间的航路调配，包括下一步救援物资的抵达，都会通过这样一个前线的指挥部进行协调，能够保证所有的物资及时地运到灾区。

那么，以上就是我们刚刚抵达灾区所带来的一些情况，稍后我们会有更多的信息进行一个紧急的编辑，我们也希望在下一档的直播的过程当中，把我们沿途所了解到的更多的情况为大家带回，文静。

主　播：谢谢蒋林，我们期待你更多更加详细的，包括这个画面能让我们了解到震区中心的情况。另外，你也注意安全。

报道分析：

这段报道的经典之处莫过于蒋林对于出现技术故障，插片声音无法正常播出的时候，及时给出的现场同步解说了。这一临场的快速反应，可以看出蒋林在直播前，小片拍摄工作的充分参与以及整个团队的默契配合。

"我们请导播切出这个画面……好，现在我们所看到的画面，就是我们在最开始抵达，那么，我给大家做一个讲解。这个是我们看到的一个滑坡体，滑坡体距离公路的距离非常的近……"从这一段的内容衔接中，我们不难看出，蒋林通过耳机在得知插画面播出时没有声音后，快速地即兴组织语言，在没有办法看到播出画面的情况下，对先前拍摄的画面在直播时做了现场画面解说。更难能可贵的是，通过画面我们可以看到几乎做到了声画同步，语言表达与镜头的运动方向以及运动速度都能保持基本同步。能够在直播中对突发情况做出积极应对，保证播出安全，得益于蒋林在前期小片拍摄过程中的充分参与，以及对自己报道内容的完全掌握。

从蒋林的眼神和手势可知，在该段报道过程中，虽然我们观众看到的是画面，听到的是蒋林的现场解说，而在镜头的背后，蒋林除了完成报道之外，还在通过眼睛、手势等不断地与导播交流，可谓一心多用的真实体现。从这个层面来说，蒋林的现场经验是相当丰富的，在遇到突发情况后，整个团队的配合也是相当默契的。

这段报道是蒋林到达现场后的第一段连线，第一段连线最难的是：

1. 准备时间短。

2. 有效信息少。

3. 信息汇总尚不充分，对现场情况还没有摸透。

事实上，地震发生后，观众对来自灾区的第一场连线有较高的心理期待。面对这样的心理期待，记者如何做好第一场连线呢？首先，就是充分地做好准备，准备足够多的有效信息，而这些信息要在到达现场前就着手了。从蒋林的该段报道来看，其报道的内容主要是"路上的信息"，两段插片分别从空中和地上来呈现通往灾区的交通情况和整体受灾情况。这些信息都能很好补充现场信息不足的缺憾。与此同时，对于灾难报道来说，交通信息本身就是非常重要的报道内容。其次，就是对接下来的报道做预告。这样一方面满足观众的求知欲，另一方面也为自己的第二场连线做好铺垫。

最后是肢体语言的使用。蒋林在讲到飞机盘旋的时候，配合以手势的动作，让我们从另一个角度看到了飞机的飞行姿态，通过肢体语言对飞机飞行状态进行可视化呈现，更加清晰地理解了"有一个大概侧向的空中盘旋，在空中画了一个大圈"到底是怎么回事。这样的表达更符合电视报道的特点，对航拍的内容也给出了相应的解释。

报道小贴士：

如何拍摄好并使用好插片？

1. 对新闻现场的关键信息保持高度敏感，不要错过拍摄时机。

2. 新闻现场时间转瞬即逝，垫片的拍摄应追求的是"快速、准确、少而精"，拍摄不要追求大而全，什么都想要，什么都舍不得扔，这反而会给后期编辑增加负担。

3. 垫片的拍摄，不只是"摄像"的工作。记者在条件允许的情况下要跟拍，能够在拍摄的过程中同时完成现场解说的工作。

4. 如果不能跟拍，要交代拍摄内容，直播前对拍摄好的垫片一定要浏览一遍，做到心中有数。

5. 在需要使用垫片的时候，通过语言给导播明显的操作信号。

【案例四】甘肃岷县漳县：永星村受灾严重

播出时间：2013 年 7 月 22 日 23:13—23:18

播出平台：央视新闻频道

视频来源：央视网

https://tv.cctv.com/2013/07/22/VIDE1374506638918310.shtml

出镜记者：原央视记者刘威

视频文案：

主　　播：刚才我们听到电话里在永星村支教的这些大学生们，他们相对还是安全的，但是他也提到了粮食等其他的物资还是缺乏。现在村民的情况是怎么样的？救援进展又进行到了什么样的程度？我们来连线一下，今天晚上在永星村采访的本台记者刘威。刘威，你好。

记　　者：肖艳，你好。

主　　播：我想问一下，根据今天晚上你采访了解到的情况，现在的永星村，先问一下伤亡人数有没有变化？另外你们在采访的时候，了解到的物资缺乏的情况有没有得到改善，救援的进展情况又怎么样？

记　　者：好的，现在情况是这样的。先跟大家说三个最新的信息，我们今天晚上8点，在连线的时候，关注的那一位失踪村民的救援仍在继续，并且第二波的救援队已经赶到了这里，接替第一波的救援队仍然在寻找他的踪迹。我们不管现在天色有多晚了，但是大家的救援都没有停下来，我们也希望能够得到好消息。

　　第二个信息就是我们在前几次连线当中跟大家说的所缺的食物，现在正在送往永星村的路上，大约一小时之后，就可以送到这里了。

　　第三个就是大家一直很关心的那六个大学生，我们通过村民了解到，在今天下午的时候，村民们已经用摩托车把他们送到了安全的地方。所以也请大家放心，他们现在的生命应该没有受到威胁。

　　我们今天下午6点半左右进入永星村之后，就发现这里的受灾情况的确非常严重。整个村子主要是以土木结构的房屋为主，所以，地震来了之后，所有的房屋几乎已经是全部垮塌，没有办法进行居住了。在晚上8点左右，整个安置点的帐篷已经搭建了起来。我们现在来看一下安置点的情况。现在，村民就住在帐篷里边，有的已经睡觉了，我们声音稍微小一点。他们现在把稻草铺在地上，然后上边铺上一些纸壳和木板进行防潮，他们从倒塌的房屋里抢出了一些被褥盖在身上，希望他们今天晚上能睡得好。这里有很多孩子和老人，刚才在我们直播前有一个非常让我感动的地方，灾民们看到我在这里已经直播了大概有4个小时时间了，他们就把自己仅有的一瓶水给我让我喝，几经推托，最后他们才把水收回去。所以，尽管他们现在的处境非常的困难，但是，他们的这种善良也让我们非常感动。

　　在安置点有一个非常好的消息，就是距离帐篷不远的地方，有一个临时的救援帐篷，在这里，可以对一些轻伤员进行救治。

　　目前，我们了解到的情况是整个永星村的伤亡情况没有太大的变化，死亡人数是24人，重伤是50多人，重伤员都已经到了梅川镇的医院进行治疗，一些轻伤、晚上有身体不适的一些村民，就会到帐篷里边来，在临时的医疗点进行治疗。我们来看一下，这里边的情况到底是怎样的。

　　现在我们可以看到的是在这个帐篷里面大概有4到5个村民在进行救治，现在解放军第一医院的医生们正在对一个伤员进行救治,我们来采访一下他们,问一下这个情况到底是怎样的。

记　者：你好,现在救援的情况怎么样?

医　生：现在是送上来的伤员我们处理完,现在最主要是两个挤压伤的,我们现在要马上送到底下,就是河头乡小学我们设的一个帐篷医院,通过综合治疗进一步处置。

记　者：现在在救援的时候,有什么困难吗?

医　生：救援的时候,关键是路不太好,车上不来,我们都背的东西,基本上清创东西用完了,这是比较困难的。

记　者：现在最缺什么?

医　生：最缺清创的东西,清创和消炎的东西。

记　者：比如说有哪些?

医　生：就是纱布、绷带、碘伏、消毒的这些东西,还有清创缝合的,其他没有。

记　者：刚才您说的两位重伤员,是通过什么办法把他们运下去?

医　生：我们现在是有一辆车,现在往下送,底下有个救护车在等着我们,能抬就抬出去。

记　者：好的。我想大家通过镜头也已经看到了,治疗点这里的条件也是比较简陋,电源不足,这里停水、断电。他们用蜡烛来进行照明,这就有一个安全隐患了,我们看到这下边铺的都是稻草,现在上面点的蜡烛,非常容易发生火灾,所以我们也希望后面的救援队伍,在过来的时候,能够带一些应急的电力设备,至少保证这样的医疗点能够有电可以使用。好的,肖艳,我这里的情况就是这些。

报道者说:

该段报道是笔者于2013年7月22日甘肃岷县漳县地震发生当天,在现场发回的第四段现场报道,连线的是央视新闻频道当天最后一档节目《24

小时》，时间接近半夜了，所以，我对这一段报道的内容做了以下设计：

1. 第一天的救援接近尾声，虽仍在寻找失踪人员，但应该对第一天的救援工作有一个简单的小结，让观众知道第一天的救援成果。

2. 在黄金72小时的救援时间里，伤员的救治始终摆在第一位，正好临时医疗帐篷已经搭建好了，需要让观众知道救援情况。

3. 根据前期与《24小时》节目组的沟通，帮助节目组在现场了解到6位支教大学生的情况。

在整段连线开始之后，我没有按照主播提问的顺序来安排信息的输出，而是按照现场信息的"优先级"完成了整段的报道。

为什么这样安排，接下来向大家一一解答。

连线的第一部分，是对三个最新信息作了更新：①失踪人员的情况。②食物供给的情况。③大学生的情况。

首先，报道失踪人员的情况是为了让我的报道有连续性。《24小时》的连线已经是当天在该地点的第四次连线了，而当我到达永星村时，对这位失踪人员的寻找就一直在持续，前面的三档连线中，也在不断地更新这一信息，这位失踪人员找到没？是否还幸存？这是当时大家最关心的问题，同时为了让一直收看新闻频道的观众能对这一信息有最新的了解，我将这一信息放在了最重要的位置。

其次，就是食物的供给情况。当时因为道路阻断，食物供给是一个难题，这一信息也是我在到达现场后，在每次连线中不断向外界传递的信息。在灾区一天不吃东西大家还能坚持，但如果第二天仍然没有食物，那对老人、小孩和伤员将造成严重的影响。食物有没有运到？运送中有没有困难？这在当时是一个非常重要的信息，我需要对之前所做报道予以回应。事实证明，对这一信息的不断发布是有效果的，永星村在第二天就接收到各地援助的食物，可以满足全村人近一周的口粮，这极大地缓解了当时村民自救的压力。

最后是关于六位支教大学生的信息。其实我到达现场的时候并没有遇见六位支教的大学生，当时他们已经安全转移，我需要配合节目组进行信息核实，当时我找到了运送大学生下山的工作人员，他们告诉了一些信息。这三个信息在当时的情况下，远比现场的场景更为重要，我将这三个信息放在第一信息层级。

报道的第二部分，我带大家看了临时安置点的情况。这是震后灾民们过的第一夜，这一夜大家能不能睡个安稳觉？一些生活基础设施是否完善？需要向观众介绍。因为已经是当晚的11点多，不少村民已经睡着了，选择什么样的帐篷进行介绍是记者在现场需要考虑的。我当时主要考虑两个因素：①帐篷里虽然没有伤员，可是我做报道的时候，尽量做到不打扰他们的休息。②这个帐篷距离我的下一个报道点——"医疗帐篷"不能太远，要方便我转场。

选择好帐篷之后，这段报道主要是"现场环境描述"。在这里，我没有设计采访环节，因为一旦涉及采访，就需要有预采访环节，那样的话，为了配合我的工作，村民会有近一小时的时间无法休息。

这段报道前期准备时，出现了让我意想不到的一幕。就在我直播开始前的一分钟，离我最近的一个帐篷，一位村民从她的被子里拿出了半瓶水让我喝。当时的永星村缺水断电，没有人知道食物会什么时候送到，这半瓶水是村民之前一直放在自己被窝里的，这半瓶水也是我报道的这个帐篷里近十个人仅有的半瓶水。实话讲，直播前所有的紧张，一下子被村民的温暖举动冲没了。在推托之后，我用手指了指这瓶水，示意我的摄像，我在直播时要讲这瓶水的"故事"。做出临时增加报道内容的决定几乎是一瞬间的事情，我是希望来自灾区的报道不仅仅是传递信息，也希望观众感受到灾难新闻的温度。

第三部分的报道是一个过渡。我需要从临时安置点转场到临时医疗点，沿途无信息可说，面对这样的信息低谷，我是这样处理的。我把伤亡人数的信息，作为一个过渡信息放在了这里。这次地震报道中，死亡人数和伤亡人数截止到当天下午再也没有发生变化。人员伤亡信息在每一次的连线过程中，随着时间的推移，其信息的重要性不断在下降。而救援信息的重要性在不断上升。基于此，对伤亡数字的信息等级我做了一个降级处理。

第四部分的报道是在临时医疗点里完成的。这部分设计了一个直播出镜采访环节。在医疗点做采访会有一个问题，就是记者的采访会不会干扰到医生的救援？当时，我们是这样处理的。首先，在被访者的选择上，我们选的是医疗队的总指挥，他的工作主要是安排、指挥医疗救援工作，而不是做具体救治工作。

其次，对这位总指挥的采访，我们采用了预采方式。预采访的过程中，记者要注意什么问题有：

1. 被访者能否提供有效信息。
2. 被访者的语言表达能力如何。
3. 被访者理解能力如何，能不能听懂记者的提问。
4. 被访者的心理素质如何，会不会因面对镜头，在直播状态下紧张到无法流畅表达。

在这次的预采访中，我注意到被访者的语言有点啰唆，这对于直播来说，显然不合适。于是，在直播前，我与被访者就提问和他的回答进行了沟通，目的是为了确保信息的有效传播。直播时，被访者因为紧张，把我们之前沟通时最强调的事情忘记了，当我发现后，快速地打断了他的回答，追加了一个问题，使得被访者的回答更为具体：

记　者：现在在救援的时候有什么困难吗？

医　生：救援的时候，关键是路不太好，车上不来，我们都背的东西，基本上清创东西用完了，这是比较困难的。

记　者：现在最缺什么？

医　生：最缺清创的东西，清创和消炎的东西。

记　者：比如说有哪些？

医　生：就是纱布、绷带、碘伏，消毒的这些东西，还有清创缝合的，其他没有。

原来的沟通中，我问最缺什么？医生需要回答具体需要什么，结果医生说了清创物品，可观众是不明白什么叫清创物品的，于是，我快速地进行了追问：比如说有哪些？提醒他给出具体说明，让后续救援物资的运送有的放矢，提高效率，切实解决灾区实际问题。

最后，给大家一点灾区报道的小建议：

1. 在同一地点多次进行直播连线，最重要的就是信息的衔接与信息的更新。在同一频道播出时，要保证持续关注该频道的观众能够看到信息的连续性，对前一时间段的信息要有所承接，简单总结上一次连线时报道的大致内容。同时对最新的消息给予及时的补充。

而在同一地点为其他频道进行报道时，由于其他频道可能只是偶尔的一次连线，对其观众来讲，要对之前的所有内容进行一个简单的概括与总结，让该频道的观众明白在这一报道点都发生了什么。同一地点服务于不同频道的报道，内容上要有所区别，不能简单、重复使用同样的内容进行报道。

2. 必要的安全提示，让报道不止于报道，而是呈现现场的同时，服务于救援。例如节目中对火灾隐患的发现起到了安全警示的作用。

记者简历：

刘威，原央视新闻中心地方部青海站记者，现四川电影电视学院教师。

2008年11月，进入中央电视台《新闻1+1》节目工作，其间参与采编节目近350期，报道领域广泛。采编的节目中《官不大事大，煤不黑人黑》《处理？作秀》荣获中央电视台优秀新闻评论一等奖；《最后的晚餐还要等多久》《零容忍，不论天上与人间》荣获中央电视台优秀新闻评论二等奖；《以国家的名义》荣获中央电视台优秀新闻专题三等奖。

2012年12月，进入中央电视台地方部，被派往青海记者站做出镜报道记者。2013年获地方部业务比赛出镜报道第三名。在甘肃岷县漳县地震期间，成为第一组进入核心现场的外省直播团队，在地震发生后的第十个小时完成了直播报道。并在接下来的一周里，成为永星村唯一一组央视驻扎团队，发回永星村独家报道40多条，完成直播15场；"兰州教师打人事件"调查，走基层"关注中国西部农村学前教育""湟中县低保抓阄"调查等节目也受到台新闻中心领导表扬。

2014年进入四川电影电视学院任职，担任"出镜记者现场报道""播音创作基础"等课程的教学工作。与此同时，担任四川报业集团"封面直播"、南方报业集团"南方+"小屏直播业务指导教师。任教期间，获得第七届"视友杯"中国高校电视教学类二等奖，四川省第二届电视主持新秀大赛"优秀指导教师"，并主持四川省重点教研项目《基于新媒体环境下的出镜记者现场报道课程的理论探索与实践创新》。

第二节 台风、洪水灾害现场报道

【案例一】浙江："杜鹃"影响钱塘潮 观潮需谨慎

播出时间：2015年9月29日 11:24—11:29

播出平台：央视新闻频道

视频来源：央视网

https://tv.cctv.com/2015/09/29/VIDE1443498360769279.shtml

出镜记者：总台记者李欣蔓

视频文案：

主　播：今天是9月29日，农历八月十七，由于恰逢全年天门最大潮期，再加上台风杜鹃外围影响的叠加，这两天的钱塘江潮一天比一天大，潮头高度甚至超过去年同期的水平，而这也意味着观潮，尤其是近距离观潮，会有一定的危险性。昨天，在杭州萧山美女坝观察点就出现了潮水拍倒观潮者的情况。那么，今天随着潮水进一步增大，萧山美女坝的情况有什么样最新的变化？如何保证观潮者的安全？下面马上连线现场记者李欣蔓。欣蔓，你好。

记　者：你好,梁艳。

主　播：当地有没有对观潮者发出预警呢?

记者：好的,我先来介绍一下,我所在的这个位置就是美女坝,为什么说这个点比较危险呢?其实,在今天上午,浙江公安就已经发布了钱塘江沿岸观测点有八个危险点,我所在的美女坝就是其中之一,为什么说这危险?我们稍后再说。

我们可以从镜头中看到,今天上午杭州萧山已经下起了小到中雨,但即使是这样的雨,也没有影响观潮者来观潮的心情。所以,在这样的天气里,观潮的安全性显得尤为重要了。因为受到台风"杜鹃"的影响,昨天下午浙江海洋监测预报中心,就已经发布了风暴潮的一级警报。因为受到风暴潮的影响,所以钱塘江的水位,现在已经抬升了0.5米。所以,在我右手边的江面上,可以看到原本在我的前方是有三个丁字坝的,但因为水位的抬高,现在丁字坝几乎是被潮水淹没看不到了。这也就意味着钱塘潮到来的时候,台风带来的水量也会增大。

再回到现场,为什么说美女坝观潮会有一定的危险性呢?是因为这里的地形较为复杂。可以看一下,在我手指的前方,这个"L"形的坝,就是美女坝。而江的对岸是北岸,北岸相对来说,水比较浅。而我所在的南岸,水比较深,所以说,当钱塘潮到达这个地方的时候,它正好进入了一个拐弯的地带,同时,因为北浅南深的这样一个原因,钱塘潮会形成北潮和东潮两股力量冲击美女坝,而在冲击的过程中,就会形成非常震撼的回头潮。回头潮又受到了北潮力量的冲击,所以,这股潮水会冲击到我所在的堤坝上,甚至翻过堤坝。

仅仅靠我在这儿说，大家可能没有一个直观的感受。我们可以来看一下，昨天我们在现场拍摄到的画面。通过昨天拍摄到的画面，大家可以看到，当潮水刚刚越过美女坝时，潮水瞬间地暂停了，这之后，其实立马就形成了一股回头潮，回头潮是非常迅猛地向东折回，而且是打起了 10 多米高的高度，浊浪腾空，瞬间把岸边看潮的游客拍倒在地。

再回到我（所在的）现场，应该说，幸好在现场有防护栏的保护，游客并没有受伤。回到现场再来感受一下，潮水的力量有多大。我们可以看到防护栏上的这样的警示标志已经被潮水给破坏了，那一会儿这里将换上新的横幅、新的警示标语。除了这个之外，我所在的堤坝的另外一侧，这里原本是一个亭子，安保人员平时会在这里休息，但是我们可以看到亭子上的玻璃已经被潮水给冲击成破碎不堪的样子。稍后工作人员也会将亭子移除，我所在的这个位置就是昨天现场拉起警戒线的位置，那么为了保证大家的安全，据水文站预测，今天的潮水比昨天还要再高出 0.2 米，预计潮头将达到 1.6 米。如何保证大家的安全？警戒线的位置今天还要再向后推近 100 米。

除此之外，今天杭州萧山共出动了 1000 多名的警力，将在萧山的钱塘江段进行一个巡查和巡视。所以说，潮水虽然很好看，但是安全更为重要。梁艳，我这里的情况就是这样。

案例分析：

此段现场报道最大的难度就是将"看似平静的江面"，所暗藏的危险直观地报道出来，让此时此刻看直播的观众意识到。报道中最大的亮点是利用事发时的画面，有力地说明了观潮的危险性。

首先，从报道手段上来讲，插画面的使用，有效地弥补直播时现场信息不足的问题。为了说明美女坝由于地形的原因，出现危险情况的几率较大这一客观事实，报道中通过事发时拍到的镜头画面，说明当时情况的危险之大，有现场、有真相，使得这一段现场报道的信息变得十分饱满。翻涌的潮水将游客直接拍倒在岸边，这极具冲击力的画面胜过记者的千言万语。其视觉冲击力直观地传递了本条新闻的核心信息——"杜鹃"来袭，观潮有风险。现场这一偶发性场景，记者可以拍到，需要长时间蹲点、观察拍摄所得。由此可见，为了能够用现场说话、用画面说话，记者们多么的敬业，5分钟的现场报道需要5个小时甚至是更长时间来做准备。

其次，两个细节的抓取，对报道主题有了画龙点睛的作用。一个是被巨浪撕坏的宣传语条幅，一个是被巨浪拍碎的岗亭玻璃，这两个细节直观地呈现了回头潮的"威力"。跟着镜头观众看清楚了岗亭与堤坝之间的距离，这么远的距离，当回头潮奔涌而来时，潮水越过堤坝直奔岗亭瞬间拍碎玻璃，这一距离让曾经的"安全观潮区"变得不再安全。

最后，从报道的语言表达上来讲，李欣蔓的语速适中、语气准确，既表达了潮水的危险性，但又没有过分渲染观潮的危险性。从当时的直播画面来看，江面是比较平静的，如果出镜记者的语气过于凸显回头潮的"危险性"，反而与现场环境不符，容易让受众觉得记者有些小题大做，表演痕迹严重，丢失新闻的真实性，影响传播效果。

报道小贴士：

1. 如何清楚地说出自己所处的地理位置

在本段报道中，记者首先要解释清楚的是，她为什么选择在"美女坝观察点"做出镜报道。李欣蔓只有说清楚这一地点的危险性，才能为自己选择该处做报道的合理性给出理由。报道一开始，欣蔓提到自己所处的位置是南岸，事实上，对于观众来说，他们是通过180度的电视画面来理解现场的，可依托画面分辨东西南北不容易，所以记者要借助画面说现场，记者是现场画面的"解说员"。说清楚自己所在的位置还有一种方法就是借助地图或者是自己手绘一张简易地图。

2. 关键信息的有效画面补充

直播时，新闻现场未必会正好出现有效画面，就像李欣蔓直播时这样，江面风平浪静，怎么跟观众说，这里危机四伏呢？李欣蔓和团队长时间蹲守拿到核心画面，在直播的时候，以插画面的方式播出去。恰恰是这段画面，将危险直观地呈现出来，可以起到最大限度的警示作用，观众看到惊人一幕时的心里一紧比多少劝说都管用，这就是新闻报道的社会价值所在。

记者简历：

李欣蔓，中央广播电视总台浙江总站记者，2008年毕业于浙江传媒学院，同年入职浙江电台交通之声，任播音员、记者。2011年进入中央电视台浙江记者站，同年跟随站长何盈等同事走进塔县皮里村，参与了走基层的报道工作。从业以来，先后参与"7·23甬温线特大铁路交通事故""湖南耒阳茄莉冲煤矿透水事故""黑龙江特大洪灾""摩托大军""墨脱公路建成通车""行进中国""世界互联网大会""G20杭州峰会""候鸟迁徙"、喜迎十九大特别节目"还看今朝""坐着高铁看中国"等新闻事件的采访报道。

【案例二】甘肃白银：强降雨影响 连续出现山洪灾害

播出时间：2018年8月12日 16:26—16:32

播出平台：央视新闻频道

视频来源：央视网

https://tv.cctv.com/2018/08/12/VIDEXL0HR0x3VkD9Hnybw7Rm180812.shtml

出镜记者：总台记者张鹏军

视频文案

主　播：受降雨的影响，最近三天甘肃的白银靖远县连续出现了山洪灾害。不仅造成了人员的伤亡，还对当地的基础设施造成严重的破坏，200多户居民的房屋受损，被紧急转移。现在的情况怎么样？马上来连线央视记者张鹏军。鹏军，你好。

记　者：你好。

主　播：来给我们介绍一下当地的灾情。

记　者：好的，8月9号晚上到8月10号凌晨，两次山洪已经造成了甘肃省白银市靖远县10人遇难，两个人现在还是失踪的状态，现在搜救的工作仍在持续。这次山洪实际上还对当地的200户700间房屋造成了严重的损伤。我身后是咱们鹰嘴村的老段家，大家可以看到，他们家的一间卧室现在已经是里墙朝外，面目全非。但是，好在老段他当时及时听了村干部的话，撤离到了安全地方。

那么，在这边，我们看到这间房子是老刘家的。老刘是一个比较倔强的人，洪水来的时候，他说，50多年了没见过这里发过什么大洪水，所以，他当时也没有及时撤离，眼睁睁看着自家的后院变成了河道。我们下来的时候，小心一点。这一块大石头是老刘家房子的地基，现在也是轰然倒地，包括我们看到，现在他们家院落，也已经是变成了一个大水坑。

老刘说，其实洪水到来的时候，刚开始他还不害怕，直到水慢慢地抬高，就像我们现在在爬坡一样，一点一点地上升到了他们家的后院。这道门是老刘和洪水做抵抗的一道堡垒。进到屋子里面，可以看到地上厚厚的淤泥，多达10多厘米，还有这样的面袋子，这些袋子当时老刘说，看着水上来以后，他关上了这扇门，试图用这个袋子把门堵住，显然这是徒劳的，洪水无孔不入。

我们看到厨房地上，（从）淤泥里面抠出来的，这是一个萝卜，这是一颗白菜，都是老刘亲手种的，还没来得及上桌，就已经在淤泥中埋葬。这里还有一袋土豆，要不是泥土干了一些，我们已经认不出来了。这个木板子，他当时也用来抵挡洪水，但是这些都没用，因为水的位置，我们看到在墙上的印，已经有30公分左右，和我的雨靴高度差不多。

这是一个饭桌，曾经承载过老刘一家无数的欢笑，但是现在上面沾满了泥土，只留下了半袋盐和半瓶醋。实际上，看起来灾害离我们柴米油盐的生活并不遥远。这边还有一个冰箱，也被洪水搬离了原来的位置，像是一个流离失所的孩子，站在窗边守着自己家人的归途。

老刘最后还是放弃了与洪水的抵抗。他来到了前院，发现前院也变成了水渠。当时水是漫过了道路，从他们家的前院，我们看到一直向下流，而且上到了台阶上，这个时候他开始害怕了，他给村干部打电话，说家里面的房子有可能会倒，希望能够及时地得到救援。

我们通过稍早前咱们村干部拍摄到的手机画面，回到事发时的那一刻。当时村干部在给他回电话的时候，说千万不要着急，你和妻子就在原地找一个高点，我们马上就到。当时机智的村主任是开了一个挖掘机，他知道洪水现在已经是漫过了路面，一般的车肯定是来不了，人也不一定能够下到水里，因为水当时特别地湍急，所以老刘两口子就是在挖掘机的帮助下，坐在挖掘机的爪子里面，把他们运送到了安全地带。回望这个房子的时候，老刘说当时他的心里面特别地害怕，他觉得自己当时的决定，甚至可以说是幼稚的，因为在洪水面前再坚固的房屋可能都不堪一击。

好的，回到直播现场，我们再来看对面。在马路的对面，我们看到有一些房子现在已经倒塌了，那个房子里面实际上当时是住着60个铁路工人，好在接到预警之后，他们及时逃离，逃离后不久房子就塌了。现在想起来人们还是心有余悸。

那么对于老刘来说，他和爱人现在也已经是转移到了安全的地方，得到了妥善的安置。而对于这间房子来说，下一步可能要对它重新进行一个评估，也许在这样一个地方可能离洪水还是有一些近，下一步像这样的一些房子进行评估以后，可能会重新地去搬迁重建。我们希望下一个家能够远离风雨，获得一家人的周全。好的，现场就是这样。

报道分析：

用"讲故事"的方式来完成现场报道是该案例的经典之处。"故事化"的信息传播方式在常规的灾害现场报道中较为少见，我们之前说灾害报道首先要关注人，那如何通过对"已经撤离现场的人"进行还原重现，张鹏军给出了专业化的操作。

一段现场报道如何让电视机前的观众达到"情感共鸣"呢？

"人情、人味、人格"，这三个跟"人"有关的因素如果放到报道里，就可以达到"情感共鸣"的传播效果。报道中老段及早地撤离了，安全脱险。倔强的老刘，拼尽全力，最后差点自己遇险，幸亏村干部帮忙，才安全撤离。

如何讲故事？张鹏军用的办法就是让观众跟着他站在老刘的角度，重回那个惊心动魄的夜晚。我们来看张鹏军是这样说的，"就像我们现在在爬坡一样，一点一点地上升到了他们家的后院"；"看着水上来以后，他关上了这扇门，试图用这个袋子把门堵住"；"老刘最后还是放弃了与洪水的抵抗。"张鹏军从进入老刘家开始，借助新闻现场还原了老刘遭遇洪水后，如何不甘心地一步步抵抗洪水……在老刘家，张鹏军每展示一个现场细节，老刘与洪水抗争的画面便清晰一分。

把故事讲好，"代入感"尤为重要，让观众有身临其境之感，故事就讲成功了。张鹏军的这几句话瞬间把我们代入进去："老刘自己种的萝卜、白菜，还没有上桌，就在淤泥里埋葬了。""这是一个饭桌，曾经承载过老刘一家无数的欢笑，但是现在上面沾满了泥土，只留下了半袋盐和半瓶醋。""这边还有一个冰箱，也被洪水搬离了原来的位置，像是一个流离失所的孩子站在窗边守着自己家人的归途。"比喻、象征等修辞手法的使用，让我们对老刘家"曾经"的生活充满了画面感，有了画面感，观众就容易被带入到情景之中。显然，这样的语言表达比简单地介绍记者看见了什么要生动、鲜活得多。

从报道叙事来看，一个故事两条线：明线是老刘家遭遇洪水重创，房屋被淹、地基受损、作物绝产。暗线是不听村干部预警撤退的老刘，给救灾工作带来了麻烦。提醒民众，必须听从安排，不要一意孤行，这次老刘有幸撤离，但是不代表你自己遇到这种情况时也可以安全撤出，俗话说，水火无情，后悔就来不及了。在一段现场报道里，明线、暗线清晰可见，关键还相互作用为报道主题服务，实属难得。记者的现场报道不仅仅呈现的是灾情，而且还有劝诫的作用。活生生的案例，其说明性比简单的口号更有说服力。

我们说现场环境是决定记者语态的唯一依据。本段报道的现场除了张鹏军和摄像之外，我们只能看到洪水过后老乡残破的家。脚踩泥巴地，张鹏军用准确的语态表达出了对于遭受灾害的老乡，无限同情的心理状态。

报道者说：

作者：张鹏军

山洪来得快，去得也快。

我们要说水，但直播的现场往往没有水，有的只是洪水过境后的痕迹：被毁坏的房屋，房屋里的淤泥，淤泥里的锅碗瓢盆……我可以用身高比对水印，可以用脚深深地踩入淤泥之中，可以用手扳开被水泡过的冰箱……是的，直播时需要的细节在现场并不少，但是说完细节之后呢？观众会对这些痕迹感兴趣吗？会有共鸣吗？会受到启发吗？好像还不足以如此，因为感同身受实在太难。

于是我在想，如果我认识这家人呢？比如他是我的邻居，我就不会把直播做成灾难景观，冷冰冰地描述细节。我会问他：你怎么跑出来的？没事儿吧？你咋把面袋子扔了一地？你怕不怕？

我想听他讲故事。

可是，我们都不认识彼此，直播当天他也去了外地亲戚家。于是，我从镇上要来了这家人的电话，在直播前，采访他，认识他，然后把他介绍给我的观众，让我们知道这个"老刘"是怎样与洪水赛跑的。这个直播前的电话让我知道，老刘是个倔老头。一开始不愿意跑，后来洪水进了门，他又用面粉袋子和木板去堵，再后来房前屋后全是水，他才终于拨通村干部的电话求救。于是，地上的面袋子和木板便成了有故事的细节。

村干部来救他了，怎么救的？有视频吗？这当然是我们必须要问的。好在，真有视频。于是，倔老头被村干部开着挖掘机救出的画面，让老刘有了出镜的机会，也让洪水和村干部救人的故事有了被记住的理由。

老刘没跑，邻居跑了。直播中，我用老刘家和邻居老段的对比，说明及时预警和听从转移指令的重要性。老段家房子塌了，但老段跑了。老刘家房子快塌了，但老刘没跑。于是老刘担惊受怕，有了后来的故事。两家人的对比，也说明了及时撤离的重要性。

灾难报道，更需要有"人味儿"，冷冰冰的旁观者打动不了他人。

我们记住了老刘，老刘家被淹没的物件儿也就有了温度："我们从泥里抠出来的这是一颗萝卜，这是一棵白菜，都是老刘亲手种的，还没来得及上桌，就已经被淤泥埋葬。""这张餐桌曾经承载过老刘家无数的欢笑。但现在它的上面满是泥土，只剩下了半袋盐和半瓶醋。""看起来灾难离我们柴米油盐的生活并不遥远。""冰箱也被洪水冲离了原来的位置，它静静站在窗前，像一个流离失所的孩子，守望着家人的归途。"

因为在心中认识了老刘，记住了老刘的故事，我眼中的新闻细节便有了生命和温度。

报道的最后,还是要告诉大家一个新闻点:这些离排洪道较近的房屋将被重新评估,搬迁重建。"希望老刘的下一个家,远离风雨,能护得家人周全。"这份祝福是发自内心的。

因为六分钟直播下来,老刘仿佛成了一个熟人。

记者简历:

张鹏军,中央广播电视总台记者。曾荣获"全国抗疫最美家庭""全国文明家庭"、中国新闻奖、中国广播影视大奖、中国力量战疫短视频盛典评委会大奖、国家相册"短视频类"金相册奖、宣传文化系统抗击新冠肺炎疫情先进个人、"新春走基层"中央新闻单位先进个人、舟曲山洪泥石流灾害恢复重建先进个人、中国人大新闻奖一等奖等。代表作《武汉医院隔离区纪实》《北京纪事》《原谅你》《把你放在胸口 一起接受检阅》《一条红丝巾 相聚六秒钟》《音响里的爸爸》《六老汉 三代人 击退"八步沙"》《青海祁连山腹地非法采矿调查》《腾格里沙漠遭企业排污调查》《直播:天津滨海新区爆炸事故》等。

【案例三】湖北孝感:溃口水流湍 急暂时仍无法封堵

播出时间:2016年7月22日12:13—12:18

播出平台:央视新闻频道

视频来源:央视网

https://tv.cctv.com/2016/07/22/VIDEYWX3sRRyLuod9RqAMdNy160722.shtml

出镜记者:总台记者贾林

视频文案:

主　播:昨天湖北孝感市孝南区境内的府河、沧河这两条河同时
　　　　是超过了保证水位,发生了漫溃的险情。多支部队官兵
　　　　在107国道孝感段也是筑起了临时的防洪堤,但是这个

溃口仍旧还是没有能够完成封堵。现在我们的记者贾林是跟随孝感消防的冲锋舟来到了距离溃口不足百米的地方，我们接下来就马上来连线一下贾林。贾林，你好，马上给大家来介绍一下目前最新的情况，对于溃口抢险的情况进展到什么地步了。

记　者：好的，崔志刚。在正式开始连线之前有两个情况我是要说明的：第一，我们现在距离这个溃口非常近，只有不足百米，所以，大家可以看到我们现在所有的工作人员都是全副武装的，如果一旦这边发生险情，我们可能会随时中断直播撤离这个地方。第二，这边已经发布了暴雨大风蓝色预警，现在我这边的风也特别大，演播室的声音我听得不是非常清楚，我们在条件允许的情况下，尽可能地往溃口前面的地方走一点，我们可以看一下那一侧土坡的地方，其中一段还保留着大堤，现在仍旧有工作人员在上面监测溃口的一个险情。

　　来，我们看左侧，这边就是其中的一个溃口。据我们目测，差不多有100米到200米的宽度。据我们了解，来自政府的官方消息，整个园区附近差不多有三处这样的溃口，最宽的达到了200多米。现在可以看到一个细节，有两辆运送着防洪物资的车辆已经沉在这个地方了，两辆大卡车，可以说溃口是有一小部分堵上了。那么，为什么我们现在不把这个溃口进行合龙？我们也了解了一下，部队之前也进行过尝试，但是这边的水流实在是太大了，有的车甚至都已经被冲翻了，因此，暂时这个地方还没有办法进行合龙，这是一个原因。另外一个原因也非常的重要，因为这几天连续的强降水，现在大坝泡在洪水里的时间已经太长了，我们现在不了解这个大坝底下是否有暗涌或者小的其他的口子，所以我们现在一时半会儿不敢让大规模的部队人员和大规模的物资运送到坝上，这样的话很有可能会对险情有一个加重的反作用。

我们再来通过一个细节来看一下这边的水流。来，这边有很多的砖头都是从上游冲下来的，我们随便捡一块砖，其实这砖还是挺沉的，前面是洪水的一个干道，可以看到直接扔进去，这个砖瞬间就被洪水给冲走了，因为这个地方水比较浑浊，可能也看得不是很清楚。包括我们现在所在这个地方就是工业园区，看看前面那是一个被冲倒的电线杆子，从那个地方也可以看得到，似乎有一个小瀑布一样的感觉，就可以想象到水流的流速有多快。

那么，现在电力人员在加紧进行抢修。我的身后就是东山头的工业园区，接下来插播一段航拍画面。这是我们之前在我身后差不多4公里处，第二道防线上航拍的。地势比较高的这个地方，就是我们之前一直说的107国道的第二道防洪线，可以看到现在在防洪线的内侧和外侧都是有水，庆幸的是防洪线现在终于是保住了，但是仍有不少的水是灌到了下游。所以，整个防洪形势还是比较严峻的，而且我们从航拍画面的远方也可以看到，河水和整个工业园区的水位基本上已经是持平了，结合到我们现实的情况，差不多有一人多高，漫过一楼左右。

那么，我们现在回到现场看一下我边上的这样的一幢建筑。在这幢建筑（里），今天上午的时候，李感消防从里面救出了21名被困人员，这个地方是比较特殊的，为什么要特别说这里？因为这个地方距离溃口也就不足百米，之前的时候有不少人还是不想撤的，但是今天看到这么急的洪水，他们着急了，但是我们消防赶到这个地方的时候花了将近两个小时,就是因为这边实在太难以靠岸了,所以这边的消防官兵是直接蹚水,然后用绳索的方式把这些人给救了出来。

再下一步的话,这边的部队,现在有一个画面可以看到,那边有一个油桶从上游被冲了下来。从这个桶就可以感觉到这边的水流的流速,包括冲击力是有多大的。现在这个部队需要在整个工业园区完成两个重要工作,第一个就是我们刚才航拍画面上看到的,107国道的防洪堤必须进行加固,进而推进到我们现在所在的第一道防线上,这是一个。第二个就是我们的消防以及其他一些部队,有很多救援艇是一直在往返于工业园区和岸边运送群众,现在大部分都已经转移了,但是可能还有少量的群众等待着救援。

好的,主持人,我这边的情况暂时就是这样。

主　播:好的,贾林。也感谢我们的前方摄影团队给我们带来如此直观的镜头,让我们感觉到这个水是确实很大,封堵溃口的难度也是存在一些困难。在此也提醒贾林,也是要提醒我们孝感消防的所有的武警官兵们,在这样的情况下,首先还是要保证一下自身的安全,尽量地做好,不要再发生次生的伤害。

案例分析:

如此复杂多变、诸多不确定因素的现场,贾林最终以直播的方式顺利报道出来,其专业之处主要体现在以下几个方面:

1. 连线开头"说破"现场,有效降低直播压力

直播一开始,贾林主动说出现场的"不利条件",为随后可能出现的"直播中断"给出合理解释,在得到观众理解的同时也给后方同事(包括主播)传递信息——要做好连线中断的准备。从视频中我们可以看出,开始连线后,贾林并未直接回答主播提问,进入报道主题。而是首先告知此段报道的非安全性所在,我们直播团队随时做好"安全保障"和"随时撤离"的准备。贾林对报道地点的风力情况做了特别说明,一方面在提醒后方导播间同事,另一方面也是在提醒主播,自己这边无法听清主播声音,我们之间不要对话,我这边独立完成报道就收了,请主播最好不要再有追问了。

2. 现场描述加解释性信息,帮助观众看懂现场,解答观众疑问

从新闻标题可以看出,该则现场报道的核心内容就是要解释清楚为什么溃口无法封堵。贾林在报道中采用了描述现场、解释原因的方法。这个方法可以明确地告诉观众,因为水急坝险,所以不能让救援人员冒险上来进行封堵。两辆大卡车都陷进去了,人员、物资一旦搬到坝上去,后果不堪设想。

从贾林这段报道不难看出,"现场报道"这四个字,表面上看是记者描述环境,介绍现场;事实上,现场报道是记者依托画面"解释"现场。"报道"两个字有"我说你听"的意味在其中,报道者只负责说,至于说观众能不能听得明白不在思考范围内。如果从专业认知上把"报道"变成"解释",那记者就需要清楚地意识到自己是向观众解释、说明一个现场,解释的目的是为了让对方明白是怎么回事。

3. 抓细节,对信息进行可视化呈现

溃坝无法封堵的主要原因之一是水流湍急。水流到底有多急?除了直接拍摄水流之外,贾林还通过多个细节呈现这一信息。例如,向水中扔石块、描述被水冲倒的电线杆、水流的形态等,直观呈现了水流湍急这一信息点。

4. 航拍画面的加入,使得信息从点到面更为完整

航拍内容的加入,让受众除了对贾林所在的溃坝点的受灾情况有所了解外,还可以从宏观上了解到溃坝后对整个工业园区的影响,对洪水造成的损失有了更为全面的认识。

5. 快速的临场反应,为报道锦上添花

报道接近尾声时,现场突然出现了新情况。当贾林发现有一个油桶被

冲下时，果断放弃原有的报道内容，快速抓取到了这一动态信息，这波操作可谓是又快又准。水流中，上下翻滚的油桶，让我们对水流的"急、快、险"有了更直观的认知。这么好的动态信息可以捕捉到，离不开摄像记者的专业操作，记者和摄像默契的配合才会有这经典一幕的出现。

6. 报道结束后的原地等待30秒，直到导播通知直播结束

贾林结束报道后，原地等待了20多秒，这么做的目的是为了使转播画面更完整，增强了记者与主播、与观众的交流感。从视频文案中我们可以看出，在贾林报道结束后，主播崔志刚还进行了一段20秒左右的总结。贾林虽已提前告知，因现场噪音太大，自己可能无法听清主播的声音，但他仍旧保持连线状态，保证了双视窗转播画面的交流感和完整性，这一细节处理充分体现了他直播经验的丰富。身在现场的记者无法知晓后方团队如何处理播出画面。在直播结束后，记者应该继续保持连线状态，直到耳机里听到"直播结束，收了"的声音，方可摘掉耳机，结束连线。

报道小贴士：

1. 把现场说"破"。这段报道贾林最专业的处理就是开门见山地表明自己所处的环境，以避免由于自己情况交代不清，引发观众误解。笔者记得之前看过一则现场报道，一位女记者在海拔4000以上的高原做报道，一开始她是这样说的："观众朋友大家好，我现在所在的地方海拔4000米以上，所以您听我说话会有点气喘吁吁。"这位女记者采用的方法与贾林相同，表明现状，防止出现特殊情况。一般来说，现场出现问题最好跟观众直接说明，倘若试图掩饰，容易让观众产生误解，之后也再无机会可以解释。

2. 突发事件报道离不开团队协作。从贾林提前告知团队直播的不可控因素，到摄像对临时增加内容后做到的快速画面捕捉，这场直播报道顺利完成离不开团队的通力协作。

3. 现场报道中，记者应该尽可能多地接近核心现场。但接近现场后，不能仅仅依赖现场。因为呈现一个新闻现场，有时还需要具备立体信息维度。就拿贾林的这场直播来说，溃口、卡车、湍急的流水，现场已经很饱满了。可是与身处现场息息相关的其他关键信息点，则需要航拍画面来呈现，需要相关背景信息来补充，地面、上空、水面、坝底，通过不同维度将现场信息立体呈现出来。

记者简历：

贾林，现任中央广播电视总台时政新闻中心记者，曾任央视浙江记者站记者，浙江电视台教育科技频道、浙江电视台新闻频道首席记者、直播组制片人。

第三节 强降雪灾害现场报道

【案例一】内蒙古：返程高峰遇降雪 铁路客流激增

播出时间：2017年2月21日 11:19—11:23

播出平台：央视新闻频道

视频来源：央视网

https://tv.cctv.com/2017/02/21/VIDERuaN7UFSJaPkjGB60PDa170221.shtml

出镜记者：原央视新闻中心地方部内蒙古站记者张晟

视频文案：

主　　播：视线现在转向内蒙古。从昨天的晚上开始，内蒙古多地迎来了降雪，局部地区中到大雪。今天是春运的最后一天，返程高峰遇上了降雪，给当地的交通出行造成了哪些影响？央视记者张晟正在内蒙古呼和浩特火车站采访，我们来连线他。张晟，你好，来介绍一下你在火车站看到的情况。

记　　者：好的，我现在就是在内蒙古呼和浩特火车站。您看到现在的雪依然在下，而且是越下越大了。我在这仅仅待了

20分钟，你看，我头发上已经落了一层雪，再看我身后这辆警车从昨天晚上就一直停到现在，它的前面也已经被雪所覆盖，我们看看还是挺厚的一层雪，雪非常的湿，所以现在路面也很湿滑，请摄像老师给我的鞋一个特写，看到我的鞋面上已经全湿了。

我们再看看旁边积雪也很深，踩过来看一下。这边是火车站的进站口，现在为了防止旅客进站的时候滑倒，在这也是铺设了一个防滑垫，不过当雪变成水的时候，这个路面还是有一点滑的，所以提醒过往旅客在进站的时候一定是要小心。那么，我们也看到铁路警方很多的民警在这执勤，目的是为了保证这些乘客在进站的时候，确保他们安全。

再往远处看，我们看到很多铁路的工作人员正在拿铲子铲雪，他们把地上的冰和水都给铲干净了，这样才能保证道路不那么湿滑。

我们再看看这个地方是一个综合的交通枢纽，再往远处看，往那个方向看就是呼和浩特长途汽车站了。受到今年降雪的影响，很多的高速公路现在已经封闭了，包括荣乌高速、二广高速，还有包茂高速都已经部分的封闭，现在整个呼和浩特长途汽车站的客运班线都已经全部停运了。

另外，呼和浩特机场也是出现了航班延误或取消的情况，而今天又是春运返程的最后一天，所以，我们看到铁路旅客数量激增。

今天的呼和浩特车站还有包头车站，旅客的人数预计要比昨天增加四成左右。那么售票方面，从呼和浩特到包头、赤峰、通辽等中短途的车票还比较充裕，但是发往上海、北京、广州、杭州、南宁方向的车票已经全部售罄了。

另外，发往成都、重庆方向的车票，现在还有少量的余票，也是提醒我们的旅客朋友，在出行的时候，一定要做好计划。那么，为了保证旅客的乘车安全，现在的呼和浩特火车站，我们也看到有很多工作人员，一个是在维持秩序，另外，铁路上还有很多工作人员在持续不断地清理道岔，来保证铁路运行的安全。

那么，现在的降雪依然持续，不知道什么时候才会停止，我们也会持续关注呼和浩特的铁路出行情况，包括各个方面交通出行，受到降雪影响的情况，我这边的情况就是这样。

报道分析：

1. 记者利用周围的条件，对降雪量进行了较为充分的呈现，例如利用自己头发上长时间的积雪，路边停放车辆上的积雪，等等。这些信息可视化的呈现让受众对降雪量有了较为直观的感受。这样的报道比直接报道降雪的数据更加有说服力。

2. 对于降雪后，地面的湿滑情况也做了比较直观的描述。一方面用特写镜头拍摄鞋面，由于地面温度相对高一些，雪落下后，很快化成了水，路面湿滑情况比较严重。另一方面抓住防滑垫这一信息点，告诉观众即便是采取了一些措施，但是湿滑情况还是存在，人们出行需要注意，记者不断提醒民众注意出行安全。

3. 出镜地点的选择考虑较为全面。张晟的出镜地点选择的是一处交通枢纽，为了体现该地点的特殊性，他选择了一个既能拍到火车站进口，又能拍到长途汽车站的地方出镜。

4. 报道后半段有效信息含量高。除了报道降雪情况外，张晟还结合春运这一特殊时间节点，在报道中把降雪中的交通出行情况介绍得比较全面。

春运期间的购票服务信息对于返程的民众具有一定的实用价值,充分体现了报道的服务性。

报道小贴士:

1. 降雪是一个持续的过程,如何呈现这一过程,记者需要在现场寻找答案。学会用"阶段性的现场"呈现某一事物持续发生的变化。例如张晟头发上短短 20 分钟的"积雪"、从昨天晚上一直到直播时的车辆等。

2. 以点带面的报道。张晟这场直播作为该地区唯一的一个直播点,其报道的作用不仅仅是火车站这一新闻现场的情况,而是通过这个现场将整个呼和浩特市由于降雪造成的交通出行情况做一个宏观报道。

记者简历:

张晟:前中央电视台新闻中心地方部记者,毕业于中国传媒大学,主攻现场报道和深度报道。曾参与过 2014—2018 年全国两会、尼泊尔地震波及西藏、九三胜利日阅兵、呼格吉勒图案、腾格里沙漠污染、内蒙古自治区成立 70 周年等重点报道,现任职于阿里巴巴天猫事业群。

【案例二】呼和浩特:降雪持续近 20 小时 交通受影响

播出时间:2017 年 2 月 21 日 16:24—16:28

播出平台:央视新闻频道

视频来源:央视网

https://tv.cctv.com/2017/02/21/VIDEszSAeg8dfsl1ag8m81e0170221.shtml

出镜记者:原央视新闻中心地方部内蒙古站记者张晟

视频文案:

主　播:中国多地的降雪到目前为止已经持续了近 20 个小时,据我们了解降雪也是给呼和浩特市内的交通造成了比较大的影响,那么当地又采取了哪些应对的措施?接下来我们就来连线正在内蒙古呼和浩特采访的央视记者张晟。

记　者：你好，和佳。

主　播：张晟，雪还在下，当地的交通情况以及相关部门的提示带给我们，张晟。

记　者：好的，就像您说的，现在雪确实还在下，而且它是从迎面的位置一直打到我的脸上和头发上。和上午比起来雪相对小一些，但是我头发上的雪也不容易打下来，因为它很快就会变成冰，凝结在我的头发上，可见它的黏性是很大的。我们再看这边，刚才路过的路人用雪滚了一个雪球，就像滚元宵一样，雪球越滚越大。可见它的黏度，确实是很大的。

　　我们再看看这雪的厚度，这是从昨天晚上一直累积到现在的积雪厚度，大约是在10厘米左右。再看看我身后，是一个临时的公交车站，公交车站有很多车辆，包括公交车、机场大巴，还有社会车辆通行。这条道路通行能力大大下降了，所以我们看到这有很多的工人和环卫工，包括附近的地铁站的工作人员，在这里清理路面的积雪。积雪会造成一个什么样的情况？在道路中间，积雪很快会被车辆碾压成黑色的泥和水，当车辆行驶过来的时候，这些雪水就会溅起来，溅起来以后，请摄像师给车辆车身一个镜头，车身上面都会被溅得很脏，而且车轮上还挂着很多的冰挂，在这种情况下，车辆的通行能力只有每小时20公里左右。现在尚未到晚高峰，但路面车辆通行已经非常困难了。

　　我们再往这边走看一看，有些车辆已经开到路口就停下来，但是在进入积雪中，待会启动的时候，车轮会出现打滑的情况。这个地方是一个五车道，而到了修建地铁的地方，路面就变成了三车道，就会出现卡脖子的现象，特别是在今天晚高峰的时候，您看现在这个车已经启动了，从这开出去还是非常艰难的。

那么，现在雪越来越大，这边还有几个人在冒着雪等着出租车。在这种情况下，我们看到在包头、鄂尔多斯等地，教育部门已经是下发了停课的通知，至于什么时候才能恢复上课，要根据天气情况来决定，而后续的课也会为学生来补上。

但是呼和浩特市现在开学比较晚，还没有完全开学，所以说，现在降雪对学生上课还没有产生影响。主要是道路交通这方面有影响，所以，我们看到很多交警在路面上维持交通秩序，也有环卫工人，包括地铁站的工作人员，在义务的为这一条路(的通行服务)。在我所站的这个位置，人行道和自行车道现在已经被铲平了，铲通了，可以看见路本来的颜色。但是，在这样飘雪的情况下，用不了多久，这条路又会重新覆盖上雪，甚至是结成冰。所以，今天晚上，晚高峰的情况我们还会继续关注，也希望通过这段区域的市民朋友，包括学生、行人等都要特别的注意安全。我这边的情况暂时就是这样。和佳。

报道分析：

1.报道目的清晰，信息层层推进，报道内容紧密围绕报道目的展开。强降雪天气，主要的报道目的是说明情况：雪大路滑出行难，可是怎么把出行难说清楚呢？一开始，张晟在报道中，重点突出了雪的"黏性"，通过介绍自己头发上的雪不好打理，积雪很容易就可以做一个"滚雪球"来说明这场雪的黏性大。为什么要强调雪的黏性呢？原来这样的积雪打扫起来并不容易，给交通出行造成影响。没有前面的雪大、雪黏，就不好说雪很难打扫。恰恰是雪难打扫，所以路面交通在尚未进入晚高峰时，已经陷入拥堵状态了。信息层层推进，一步步地说清楚了现场情况。

2.对现场环境的描述快且准。在该段报道中，周围的场景总在不停地发生变化，车辆行驶的速度、行驶的状态等，各路信息都需要记者在现场快速判断、选择、表达。这对记者的临场应变能力、现场观察能力、将现场所见快速转化为有声语言的能力都提出了较高要求。

报道小贴士：

1.对报道内容进行可视化解读，有利于观众快速理解记者的报道目的和报道内容。

2.在现场要敢于打破自己在直播前设计好的报道框架，对报道中的新情况、新的信息点进行快速捕捉，快速呈现。

3.要学会指挥摄像，在直播中让摄像明白自己接下来要说什么，特别是临时增加内容的时候，记者帮助摄像抓取到有效画面，让报道做到声画同步。

第三章 事件事故类新闻现场报道

第一节 事件事故类新闻报道概说

事件事故类新闻作为突发事件报道的一部分，与自然灾害新闻报道最大的不同是这类新闻的发生往往伴随着人为因素的影响。这类新闻事件的报道难度较大，一旦产生较为严重的社会影响，在较短的时间内，民众对事故发生原因、造成的后果会高度关注，这无形中会给参与报道工作的记者带来一定的压力。特别是冲在报道一线，在镜头前和话筒前做报道的出镜记者。

事件事故类新闻报道前期，报道内容紧密围绕最新事实情况展开，一般来说报道会在第一时间尽可能多地呈现"正在发生"的新闻现场；而在报道的中后期，内容向事件原因、处理结果的方向转移，这时候的信息主要以相关部门的权威发布为主。

一、事故事件类新闻现场报道的方法

（一）快速获取关键信息

"东方之星"旅游客船倾覆事件、天津滨海新区爆炸事故、响水爆炸事故、王家岭矿难等，这些突发事故发生后，立刻引起社会各界的高度关注。新闻机构纷纷派遣记者赶赴现场，在条件允许的情况下，展开各种形式的新闻报道工作。对电视媒体来说，第一时间发回现场报道是其主要报道手段，为了能够在这样的事故现场完成出镜报道任务，记者必须以最快的速度获取现场核心信息。一些重要的新闻现场，还会派遣多位记者前往，形成最强的前方报道队伍。2015年6月1日晚21点30分发生的"东方之

星"旅游客船倾覆事件,央视快速组织人力物力赶赴现场,在接下来长达将近一周的时间内,蒋林、刘峰、焦健等多位记者每天发回多档直播连线报道。笔者粗略地计算了一下,仅记者蒋林一个人的直播连线报道多达26场。一般来说,这些信息主要包括:人员伤亡情况(具体伤亡数字需到相关部门确认)、事件发生后的最新进展、事故对周围环境造成的影响、现场救援情况、相关服务信息等。

在这里需要特别提醒的是:事故原因等调查进展情况,跟事件事故的等级、严重程度有关,短时间内权威部门尚无法公布出结论。例如,食物中毒或环境污染事件,需要较长时间进行调查取证,事件事故的后续发展需要记者持续跟进,对调查情况进行阶段性报道,及时向社会公布事件进展。

(二)救援过程的呈现

事件事故发生后,记者赶赴事发现场时,现场往往正处于救援过程中。一般来说,这时做现场报道,出镜记者主要以报道救援情况为主,我们一般采用"目击式"报道的方法。如果现场无法呈现救援过程,例如,水下救援、救援现场过于危险记者无法靠近抑或救援已接近尾声等情况,记者可通过采访救援人员或被救人员的方法来还原救援过程。除此之外,还可以采用后期编辑制作3D动画、简易图示等方法,对救援过程进行可视化的信息呈现。上述方法从某种程度上来说,减少了记者语言表达上的报道压力,适用于一些较为复杂的救援现场。

(三)还原事件发生的过程

事故事件类新闻报道有一个共同的特点:事件发生的过程是受众最关心的,当记者到达现场时,事件已经发生。客观上,记者是无法对事件发生过程进行记录,除非可以第一时间拿到事发时的监控视频或者是凭借经验判断未来事态发展进行长时间的蹲守拍摄。

现场报道时想要还原事件,我们通常可以采取以下两种方法。

1.寻找事件发生时的影像记录。如车祸发生时,行车记录仪拍摄到的画面。事件发生时,周围监控摄像头记录的画面,或者周围民众手机拍摄的画面,等等。这些真实客观的画面能帮助受众了解事发时的现场。在此提醒,记者在使用这些画面时,需要对那些血腥、惨烈、引起受众观看不适的画面做出处理,相关当事人的面部信息、车牌号、门牌号等个人隐私信息也需要做好马赛克处理。

2.通过对事件亲历者或旁观者的采访还原事件发生的过程。采用这一办法要注意避免将单一信息源作为报道的全部内容。也就是说,在现场找到了一位目击者,仅凭其一人的采访就将事件的发生过程予以呈现。即便是事件的亲历者,不同的人在事件发生时,也可能因为处于不同的地理位置,导致其看到不同的景象;也可能因其处于不同的利益关系,使其对事件发生的过程产生不同的感受和认知。记者应尽可能多地采访相关人士,综合各方信息,通盘考虑后对事件的发生过程予以还原。以避免因被访者主观因素的干扰,造成记者本人对客观事实的错误理解,间接影响到新闻报道的客观性。

(四)衍生信息的呈现

事故事件类新闻报道的复杂性还表现在事件发生后,对周围其他事态造成的影响,记者的报道不能只围绕事件本身展开。例如,城市主干道发生严重车祸,车祸通常会影响到周围次干道路面交通,甚至还可能出现临时交通管制等情况。这些信息虽然与交通事故并无直接关系,但由其引发的连锁效应,间接对民众生活产生影响。2015年年发生的"东方之星"旅游客船倾覆事件后,媒体对已经服役21年的"东方之星"的两次改装、客船发生事故如何快逃生等相关议题予以报道,相关议题成为后续报道的焦点。2015年年底发生深圳滑坡事件后,对于城市建筑渣土处理的相关问题,民众给予高度关注。记者在报道时,特别是事件发生的初期,需要注意由核心事件衍生出的其他的报道方向和切入角度。

(五)背景信息、服务类信息的补充

有些事件的发生看似"突发",实则早有隐患征兆。在报道的中后期,对于事件发生人为因素等相关背景信息的补充,能帮助受众理解事实、接近真相。服务类信息的报道则能帮助民众预防、减少同类事件发生带来的负面影响。例如火灾发生后,一些安全提示信息的报道可以有效提醒民众注意用火安全;因极端天气引发的道路交通安全事故,在报道的最后加入天气信息能为广大车主合理安排出行提供有效参考。

二、事故事件类新闻现场报道的注意事项

(一)尊重客观事实,注意情绪把控

事故事件类新闻通常都伴随着人为因素,特别是一些人为的责任事故,大多都会造成人员的伤亡,凄惨的现场会使参与报道的人员遭受难以言表的心灵触动,报道中记者通常会受到悲伤情绪的影响。此种情况下,记者需要注意的是,与天灾相比,人祸更容易引起民众的情绪,在这样的情感作用下做报道,记者更要尊重客观事实,引导舆论,尽可能多地呈现客观事实,记者个人的主观情绪与新闻的报道基调需要拿捏好尺度。

在这里有两个"度"需要把握:一是悲伤的程度,面对惨烈的现场,一个个鲜活的生命就此陨落,将有多少家庭承受这些不幸。记者情绪受其影响是再自然不过的事情,但是记者不能在报道中过度引导大众情绪,施加舆论压力影响事件的调查。二是客观的程度,考虑到不能过度表现悲伤,有些记者向客观靠近,结果出现了"事不关己,高高挂起"的姿态,报道中缺少了人情味,这样的处理同样会遭到观众的质疑。

参与事件事故新闻报道,也是对记者情商的一个考验,特别是在镜头前和话筒前,对于"多种情绪"适度拿捏、适度呈现是一种考验。

(二)学习不停歇,快充在突发

由于新闻记者每天报道的新闻方方面面、包罗万象,新闻报道工作需要记者做一个"杂家",特别是事故事件类新闻报道更是需要专业知识为报道做支撑。参与过"东方之星"游船倾覆事件报道的央视总台记者焦健跟笔者交流时提到,接到报道任务后从驻地赶往湖北时,途中他通过各路

人脉关系寻找相关专家了解游船倾覆的相关专业知识。总台记者蒋林在谈及天津滨海新区爆炸事故时也说到了解专业知识的重要性,"我需要了解一些基本的化学知识,以方便我去了解新闻事实,完成报道工作"。

在食品卫生安全领域,2021年央视3·15晚会曝光河北青县出产的羊肉含有瘦肉精,而瘦肉精有很多种,其中盐酸克伦特罗和莱克多巴胺就是其中两种,检查人员通过哪些方法进行检验需要记者知晓掌握;在隧道塌方事故中,会遇到工程建筑领域知识;在空难事件中需要了解航空安全方面的知识以及当地的气候特征等。这对记者的学习能力提出了两方面要求:一方面是日常积累,学习不停歇。对一些常见事故中的专业知识要早做准备,将观众眼里的"专业知识"变成自己的"常识"。例如在火灾现场要使用到的各种灭火工具的专业名称,车祸现场可能会用到的交通规则的专业表述等。另一方面,"临时抱佛脚"也是记者的一个常态。事故事件类新闻报道中,也可能遇到日常生活中并不常见的"冷知识"。遇到这种情况,就需要记者采取"快充模式"了,在报道前和报道中快速学习补充,在报道中表达准确、专业。

第二节 事件事故类新闻现场报道

【案例一】黑龙江七台河:排水加速十小时内有望下井搜救

播出时间:2010年4月5日 16:29—16:36

播出平台:央视新闻频道

视频来源:腾讯视频

https://v.qq.com/x/page/c3257ezcwn8.html

出镜记者:总台记者王跃军

视频文案:

主　播:新闻直播间,我们再来关注黑龙江七台河龙鹏煤矿透水事故的抢险救援的最新情况。4月1号17点左右，龙鹏煤矿发生了透水事故后，截至4月2号8点，8名矿工升井，5名矿工被困。经过几天多台大功率水泵的连续作业，积水水位逐渐下降，那么，救援队何时可以下井实施搜救？我们就关心的问题，马上来连线本台记者王跃军。王跃军，你好。

记　者：主持人，你好。

主　播：先来给我们介绍一下现场救援的具体情况。

记　者：我现在在发生这次透水事故的主坑道的坑口。往下面看大约直线距离有六七百米这样的距离，就是被围困矿工的所在地点。现在主要问题是煤矿发生透水，要及时地向外面把水排出，大家可以看到这边管道1、2、3、4、5，现在5个管道和下面的水泵的连接，24小时不间断地向外面进行排水，现在能够达到每小时420立方米的排水速度。但是，由于在排水过程当中，有像这些管道的淤堵等方面的一些情况，排水速度相对来讲是比较慢的。还有一方面的原因就是底下是一个什么样的状况，一直不是特别清楚，很多的采空面里头存水是多少，现在没有一个确切的数字。最开始是预计大约是1万立方米，前天我们到达现场的时候说可能有6000到8000立方米，到现在为止已经超出了1万多立方米，所以，整体来估计可能会有一万五六千立方米的水。现在主要是井底的情况不是很明确，所以，这么长时间一直是在紧急的排水过程当中，主持人。

主　播：跃军，按照你刚刚介绍的每小时420立方米的抽水的速度，大概什么时候我们可以下井进行搜救？

记　者：抽水的速度理论上是能够达到每小时420立方米，但是由于功率是不是能够完全发挥，还要打一定的折扣。但是刚刚听到一个相对比较好的消息，底下人员说现在抽的水已经浑浊了，可能意味着水已经接近了可以救援的水位。救援的水位多高？大约到胸部，也就在1.5米左右这样的一个高度。现在在它上面还有将近两米这样的水位，不断地抽，预计大约会在今天晚上8点左右会有救援人员顺着巷道到里边来进行救援。大家现在可以看到还有这些救援的人员在不断地输送相应的一些设备，希望在晚上救援的时候能够发挥作用和功效。

另外，大家还可以看到在这些地方，像救生圈、救生衣都已经准备齐全。目前因为天降大雪，所以大家看得不是特别清楚，但是整个搜救过程是在不间断地进行当中的，主持人。

主　播：跃军，距离事故发生已经有90多个小时了，目前有没有和被困的矿工们联系上，对被困矿工井下的生存状况有没有一个推测？

记　者：现在还没有办法和矿工进行直接的联系，但是在前天晚上的10点左右的时候，大家听到了一个爆炸的声音，昨天下午3点的时候也听到爆炸的声音。周围有很多其他煤矿，那么，经过咨询没有煤矿在作业，那么，推测可能是被困的5名矿工兄弟引爆了雷管，向地面发出求救的一个信号。另一方面，在那边还有一个和井下相连的一个叫压风管的一个管道，凌晨的时候在测试的时候发现有泄压的一个迹象，那么也推测是不是这5个矿工兄弟在下面把相应阀门打开了，这样也是在向地面输送一个信号。正是这样的一个压风管上面已经不断地向里面注水，而且中午通过我们看到的黑色的压风管线里面是注入了液态的奶，希望给下面人员一定的补给，一定的营养上的补充。另一方面也是给一个信号，上面的人正在积极地搜救的过程当中。

还有相对来讲比较好的消息，就是这5名矿工在下井之前是刚刚吃完饭，发生事故之前他们没有作业，也就是说没有大量的体力上的消耗，而且他们还带了一顿饭，准备在作业的过程当中对身体进行补给。还有就是发生透水的时候，水是慢慢渗透的，不是一下涌入的，这样也给他们向高处逃生提供了相应的一个条件，而且他们做工作的作业面离水的最高的距离大约有16米的这样一个高度，所以，理论上来推测他们应该是有非常大的生还的可能性。主持人。

主　播：好的。跃军，还有一旦被困的矿工升井的话，在井口上方都有哪些应急的措施呢？

记　者：我们看到在这一侧现在有120的救护车辆都已经停在这里，而且他们已经争取要做到每个人都有这样的一个救护车。在那边还停着两辆，再往那边看，我看到相应的搜救人员已经整装待命了，国家救援指挥中心黑龙江基地的人员，他们很多人员都参加过数十次的搜救工作，经验非常的丰富，但是有一些情况也必须说明的是，像井下在搜救的过程当中由于大量的积水，那么，在排除之后，巷道会不会冒顶，里面会不会有淤积？另一方面，里面虽然它是一个低瓦斯的这样一个矿井，会不会出现瓦斯的超标？包括一氧化碳的超标？还有氧气浓度能不能达到相应的这种生存的标准？另外水位在不断地下降，里边人员是不是急于逃生，在这个过程当中会不会出现问题？这些都是未知数，（但）总的来讲希望非常的大。

从我们现在了解到的情况来看，尽管说矿难有大小之分，但是生命是没有大小之分的。可以说，现在这个地方上无论是政府还是国有的企业，包括周边的其他的一些民营的矿主，都是主动地到这儿来参与搜救，有钱出钱，有力出力，有人出人，现在搜救人员已经达到了四五百人，大家都在全力地搜救，我们也希望能够发生奇迹，像王家岭矿山一样，我们也希望我们的矿工兄弟能够平安地回到地面，能够回到家中，主持人。

主　播：好的，跃军。还有一个问题，我看到现场的雪一直在下，会不会对救援产生影响？

记　者：因为整个搜救工作主要是在井下来进行的，另一方面它的排水也不会受地面的这种气候的影响，整体上，大雪不会对搜救工作带来非常大的影响。

主　播：好的，非常感谢跃军来自黑龙江七台河的报道，有关救援的最新情况我们也会持续地关注。

案例分析：

2010年3月28日，山西王家岭煤矿发生透水事故，造成38名矿工遇难。短短6天后，4月5日，黑龙江七台河煤矿也发生了透水事故，造成2名矿工遇难。笔者在课上是这样评价当时的新闻报道：最大的新闻现场是王家岭，最好的现场报道则是七台河。记者王跃军的这段矿难报道主要有以下4方面的特点：

1. 现场很骨感，信息很饱满

看完这段报道，观众的第一感受就是记者了解的情况可真多呀。从现场环境来看，空荡荡的坑道没有一个人，一排排的黑色管子也不知道是干什么用的。虽然这里正在组织救援，可是现场无法呈现紧张的救援场景。王跃军站在坑道口，把看不见的矿下和散落在救援现场各处工作点目前的工作状态介绍得清清楚楚。就在这样一个相对"静态"的环境中，王跃军提供的信息包含了：每小时排水量、救援设备的准备、对事件发展走向的预估、对井下矿工生存状态的推测，等等，内容相当饱满。

2. 将大块报道切割成若干个小问题

主播朱广权与记者王跃军的合作是默契的，如此多的一问一答，在突发事件直播连线报道中不多见。考虑到一问一答出现的延时情况，通常做法是主播提出问题后，接下来的报道由记者独立完成，即便是与主播之间有问答，更多出现在报道的结尾，作为信息补充来呈现。看完他们的合作，我们会发现，通过问答互动将报道推动下去，逻辑清楚，节奏明快，信息分割自然划分开来。

主播与记者之间的问答方式，很大程度上减轻了记者的记忆负担。出镜记者是怎么记住大段的报道内容的呢？除记者自己本身的记忆力基础以外，很多记者都会根据现场的环境来记忆内容。也就是看到现场的环境，便提供与之相关的信息。由于该现场环境能够提供给记者的信息不多，记者很难通过现场环境提示的方式来记忆报道内容，主播的提问在很大程度上就像一个个小提示，帮助记者记忆报道内容。主播提的5个问题，就是该段报道的5个方面。

报道小贴士：

1.演播室主播与身在新闻现场的记者采用问答式方式完成直播连线报道，需要记者在连线前与值班编导或主播提前沟通，相互确认各自手里有什么信息，利用一问一答的形式将信息串联起来，尽力保证信息的一致性。倘若连线前，现场情况突变，记者要改变一些报道内容，最好在连线一开始直接说明，给主播一个明确的"暗示"。

2.没有事前沟通的情况下，如果主播提出了一些问题，记者需要考虑播出情景，利用现有信息进行有效回答；倘若真是无法回答主播的提问，记者可以这样说："针对这个问题，接下来我们再去采访相关人士，在下一次的连线时报道给大家。"记者尽量避免答非所问的情况发生，确保直播安全。

3. 这一类型报道，记者需要与主播有多个问答的回合，记者需要注意耳机信号是否保持通畅状态。如果中途发现耳机信号出现问题，需要面对镜头，明确做出摘耳机的动作，这一动作即告知主播与导播"我已无法进行沟通"，让主播与导播做好记者报道完成后，就结束直播的准备。还有一种办法就是记者直接说出自己听不清楚主播的提问，接下来我就按照自己的想法来做报道了，中间不与主播有互动了，我说完直播就结束。

记者简历：

王跃军，中央广播电视总台新疆总站副召集人。2000年进入央视，《东方时空》《焦点访谈》《新闻1+1》等栏目主持人、记者。2009年哈尔滨应急报道点（黑龙江记者站前身）首席记者，2011年中央电视台黑龙江记者站站长，2021中央广播电视总台新疆总站副召集人。

主要作品：《抗击非典》《马加爵落网》《衡阳大火》《大连空难》《吉林大火》《汶川地震灾区》《神舟飞船发射》《2008年北京奥运会》《长江抗洪》等。曾获中国新闻奖一等奖、二等奖，中国广播电视新闻奖以及国家和省部级各类新闻奖项。

【案例二】内蒙古大兴安岭毕拉河森林大火：徒步爬山20公里 记者探访火场一线

播出时间：2017年5月6日 11:29—11:36

播出平台：央视新闻频道

视频来源：央视网

https://tv.cctv.com/2017/05/06/VIDEzBrkx4JNqC2pN9I30bmp170506.shtml

出镜记者：总台记者刘晓波

视频文案：

主　播：我们的记者在5月5号也跟随一支扑火的队伍进入到了火场，徒步行走了20公里，同扑火队伍一起来探查火情。

记　　者：这里是驻守在火场西南线的森警呼伦贝尔支队临时搭建的一个驻地，现在是早晨5点左右，这里的温度非常低，而且湿度非常大。那么在今天的凌晨，来自火场一线的灭火队伍回到这里，短暂地休息了不过几个小时，那么，大家已经在整装待发，准备继续奔赴火场一线。

武警呼伦贝尔森林支队参谋长王亮：我们这个部队是290人，整个部队上来之后，利用的是一天一宿的时间把明火扑灭之后，整个部队全线铺开，现在正在清理火线。

记　　者：南线火场情况非常的复杂，地形上这边山连着山，地势非常的陡，林子非常的密，扑火人员只能徒步行进。往往直线距离有一公里，翻山越岭的话就有可能要走上10倍的距离。另外，这里脚下的枯草和枯叶非常的厚实，一旦着火很快就会形成一片火场。

现在我们来到的这片火场是前天晚上才刚刚扑灭的，前方我们又发现了一个烟点，现在我们几名战士正在处理烟点。如果像这样的烟点处理不好的话，它就会再次引发明火，有可能形成大火。

这边我们看到有这样的一个就地搭建的一个小棚子。战士告诉我们，像这样的房子是刚刚离开这片火场的队伍搭建的，那么，战士们在火场当中日夜奋战，晚上没有办法下山休息，只能就地搭建这样的一个简易棚子过夜。

记　　者：上山多长时间了？

武警呼伦贝尔森林支队支队长贾志年：上山两天一宿，就一直在这个区域没有下山，始终在这看守重点的火线段。大家看到我手指的冒烟的这个方向就是有几棵倒木，它这几个倒木烧断以后很容易滚下来，很容易形成外线火。

记　者：在行进过程当中，我们还看到有一棵几十米高的大树，大树的根部有明显的火苗窜了出来，走近一看，大树的根部里边红彤彤的，就像是一个火塘。

武警呼伦贝尔森林支队支队长贾志年：这种情况再烧以后它就烧断了，它倒的方向就是下方，就是火场的外线，就容易引着外线火，所以，这个火点一定要处理。

记　者：在行进的过程当中，我们可以听到战士身上背的对讲机，不停地有各方面的信息汇总进来。那么，这支队伍的支队长也是一直在分派任务，同时在我们的头顶上，可以听见有直升机在不停地飞过，一方面这些直升机是在侦察火情，另一方面正在大量的通过空投的方式，把后方的扑火队员运送到前方火场。

中午时分火场区内开始降下小雪，大概有半个小时左右的时间，地上开始铺上了薄薄的一层雪。

武警呼伦贝尔森林支队鄂温克旗大队教导员吕英建：现在来看这种形式（下雪）之后，缓解得还不是特别大，如果是（下）雪连续时间超过8小时，那么会对火场（灭火）有很明显的缓解作用。

记　者：这雪下得比较大了。现在我们原路往回返，脚底下比较滑，不太好走。我们看到这支队伍正在原地做饭。天气的气温骤降，让大家都围在了火旁。就在之前大家还在跟火做斗争，现在火成为我们最亲密的伙伴。

天实在太凉了。吃了什么？烤馒头，烤包子。在这样艰苦的条件下，大家串着一个凉馒头，烤一烤放到嘴里，就是最美的食粮。

记　　者：很艰苦啊，大雪是不是给了你们一个休息的时间？

　　　　　　武警呼伦贝尔森林支队扑火队员：是，这场雪对我们这场灭火作战非常有利。

记　　者：前面的队伍已经催促我们快点走，不然在林子里很容易掉队。一旦掉队，在这样的恶劣的条件下，对于我们来说，就非常危险了。

同期声：都已经两天没洗脸了。

记　　者：洗不洗脸不重要，出不去就惨啰！

记　　者：现在是下午5点左右，那么经过12个小时之后，我们再徒步行进了20公里，巡查了西南线的整个火线之后，我们又回到了森警呼伦贝尔支队所驻守的临时的营地。那么，由于中午下起的这场雪到现在雪还没有停，到现在，我们看积雪的厚度大概已经有10个公分了，这场雪虽然给我们下山的道路造成了很大的困扰，但是这场雪也直接导致整个毕拉河林场的火灾得到了有效的控制。

报道分析：

在刘晓波的这段现场报道中，我们可以明显看出两种不同的报道状态：一种报道状态是站在镜头前，准备好了开始说。另一种报道状态是由手机拍摄完成，记者未出镜，一边走一边说。然而，正是这段非露脸、边走边拍的内容，成了该段报道的最大亮点。

据央视黑龙江站记者任秋宇介绍，手机拍摄的内容是他们完成了正常拍摄工作之后，回程途中刘晓波用手机随机记录拍摄下来的。拍摄时，并没想着会用到大屏的新闻报道中去。恰恰是因为没有提前过多设计，这段手机拍摄的内容中，记者自然、松弛的表达状态令人印象深刻。观众可以清楚地听到记者长时间跋涉后，一边艰难前行，一边费力说话的呼吸声，加之走路时用手机拍摄产生的正常晃动，真实、原生态的呈现方式将受众瞬间带入大兴安岭森林的情景中去。

如果我们删除手机拍摄的内容，来捋一捋这段报道的基本框架：出发地的现场出镜、过程解说、着火点出镜报道、现场采访、回到营地的现场出镜。一路走下来不难发现这是一个常态的报道框架。框架很完整，但似乎少了点什么。

细心的你会注意到：缺少的恰恰是行进的过程。

这则新闻中，记者徒步20公里探访火场一线，如果少了行进的过程，探访的现场感就会少了很多。探访本身就是由"过程+结果"共同完成的。而返程途中用手机记录的过程，以及过程中的对话，将之前的几个部分衔接起来，使得整个报道框架更加完整，探访的意味就出来了。

从语言表达上看，我们可以明显看出用摄像机拍摄时和用手机拍摄时，记者在语言表达状态上的明显不同。在摄像机镜头前的表达更为规整和严谨，而用手机拍摄的片段中，只因想着作为工作记录，而非报道所用，记者的语气特别放松。记者艰难跋涉还要边走边说，急促的呼吸声收录进来，这些呼吸声的收录，使得整个报道更加真实。通过记者的状态，观众可以想象出灭火队员工作的艰辛。这一段的点睛之笔是记者和同事间的一问一答。任秋宇插话出镜："我已经两天都没洗脸了。"刘晓波接着茬说："洗脸、洗脸不重要，出不去就惨喽……"日常聊天的语态一下子让观众产生"身边感"的体验。

报道小贴士：

1.随着电视新闻现场报道的不断成熟，报道手段也在不断丰富，手机录制的画面也已经完全达到电视播出的要求，在条件成熟的情况下，记者大可以用手机帮助自己完成现场报道。

2.使用手机边走边拍，边拍边想，边想边说的报道方式的确比站在镜头前准备好后出镜更加便利、现场呈现更加真实、自然，这样的操作方式也对出镜记者的话语质量提出了更高要求，从一个侧面可以检验出记者日常语言表达的水平。看似简单，想要做好也非易事。

3."伴随式解说""进程中记录"的报道方式可以更多地应用到现场

报道中，对于"进入现场过程"的呈现，能更好地吸引到观众。

记者简历：

刘晓波，2002 年毕业于武汉大学广播电视新闻系，同年入职中央电视台新闻中心。初期主要从事科技类新闻报道，参与了神舟三号到七号以及嫦娥一号的历次报道。同时积累了丰富的科考报道经验，曾三进罗布泊，穿越库木塔格沙漠和高黎贡山。参与了 2005 年的珠峰重测报道，并于同年前往南极，历时半年完成对南极洲腹地格罗夫山区考察的报道。之后转入交通社会类新闻报道，有长江流域经济调查、春运经济、京藏高速大堵车等作品，并开始向直播记者和导演转型。2010 年年底到内蒙古创建中央电视台内蒙古记者站，聚焦当地民生民情，有"土豆卖难调查""运煤专线调查""小邱买票""中蒙边境火灾"等作品。并于 2012 年在根河开启了实验态单镜直播，最早呈现泼水成雾、甩绳成棍。从业近 20 年，参与了国内诸多重大事件的报道，获有中国新闻奖、各省部级奖项。

【案例三】四川成都：驾驶舱风挡玻璃脱落 川航上演生死备降

播出时间：2018 年 5 月 14 日 18:07—18:14

播出平台：央视新闻频道

视频来源：腾讯视频

https://v.qq.com/x/page/s3235x4k1ce.html

出镜记者：总台记者蒋林

视频文案：

主　　播：有关川航紧急备降的更多消息，我们就马上连线正在前方的央视记者蒋林。蒋林，你好。我们知道航班从起飞到突发状况再到平安地备降，整个过程是只有一个小时十分钟左右，而整个备降过程是经历了惊魂的四十分钟。这个航班到底经历了怎样的飞行过程，给我们介绍一下。另外，就是我们还想了解一下目前受伤的伤员，他们的情况怎么样?

蒋　林: 好的,晓峰。我现在所在的位置是成都市的第一人民医院,在我们直播的最开始,我们先来看一个航路图,这个航路图就是今天我们所说的3U8633航班从重庆起飞飞往它目的地的一个全程的一个航线图,我们请大家来关注一下,现在画面当中偏左的位置上,有一个大的弧线。

根据我们从航路图上所看到的一个具体的情况,当时飞机是飞到了雅安市的宝兴县的境内发生了前挡(玻璃)破裂,最终在这个地方做了一个大的掉头,选择在它身后的成都双流国际机场去进行一个迫降。

宝兴县是处在一个什么样的位置?这是从成都平原开始逐步去爬升的山体,快要到达横断山脉的一个区域,也就是从平原到横断山脉的一个过渡地带。飞机还没有进入到青藏高原的这种高山区,这对于飞行员去降低高度及时处置,其实这个位置相对来说是有利的。

好,看完了航路图,我们再回到直播的现场,我现在在的地方就是成都市的第一人民医院,这也是距离成都的双流国际机场最大的一个成都的三甲医院。在今天发生了迫降之后,包括受伤的副驾驶和空乘人员以及一部分的乘客都被送到了这家医院。

就在今天下午大概2点我抵达现场进行采访的时候,我还看到了刚刚接受了检查,在旁边坐着休息的一些乘客,我也去跟他们进行了交流。而在我们进入这档直播前不到一个小时,驾驶这架飞机的刘姓机长接受了媒体一个非常简单的采访,通过他的讲述,我们可以大概地把其中的一些关键信息给大家补充一下。

当发生风挡（玻璃）破裂的时候，刘机长说之前并没有征兆，而是"砰"的一声，这个玻璃就发生了一个破裂，随后整个玻璃就已经没有了。由于当时飞机所飞行的高度是在32000英尺，大概也就是9800米，飞机在航路上正常巡航高度，机舱内外存在一个巨大的气压差，所以（风挡）破裂之后形成巨大的气压差，先是把正对着破碎风挡（玻璃）的副驾驶几乎是被吸出了窗外。好在当时的副驾驶带着连锁式的保险带，他没能被吸出去，而是半个身子几乎都被吸出了窗外。后来，在工作人员的帮助之下，才又坐回到了座位上，可以说这个细节告诉我们，事发的那一刻非常的惊险。

而在今天下午采访乘客的时候，乘客也说到了这样的一个画面，就是在他发现飞机可能出现问题的时候，先是听到了"砰"的一声，可能就是风挡（玻璃）破碎时的一个巨大的声响。之后巨大的风力，当时飞机向前飞行的速度，巡航的速度大概是每小时800到900公里，由于飞机是顶着风在飞，所以巨大的风力是灌进了机舱，把驾驶室的门直接吹开。当时空姐正在为旅客发放早餐做准备，空姐推车中的早餐，一部分报纸，还有部分乘客的物品，都被巨大的风力（吹）着，在机舱里到处乱跑（窜）。包括驾驶室，在乘客所在区域。这时，我们坐飞机时，头顶氧气面罩就掉落下来。于是，机长采取了紧急降低高度的操作，机组人员通过语音广播来安抚大家，提醒大家戴上氧气面罩。

机长说在客舱失压时，顶着风飞行的过程中，有一个非常危险的情况。他所在的驾驶舱温度骤降，大概是零下二三十度，当时它（飞机）处在一个海拔9000多米的高空。机长采取了两次分阶段地降低高度，先从海拔32000英尺降到了24000英尺，之后降到了1万英尺，之后再抵达成都双流机场，在塔台的引导之下成功降落。刘机长告诉我们说，由于巨大的风力把他面前的仪表盘上许多的设备，包括仪表盘都吹损了，所以，在事故发生之后，他所在的驾驶舱不光有风力，风和仪表盘接触的时候也产生了巨大的噪声，许多的按键出现了失灵，所以在他返航的过程中，需要靠他多年积累的经验，几乎是人工驾驶才完成的，最终才能够平稳地降落。

那么，在抵近成都双流机场的时候，由于这架航班之前并不在起降的名单当中，西南空管局也是协调周边的飞机进行了避让，腾出了跑道之后，所有的应急车辆在跑道的一侧待命。之前也有消息说，这架飞机在降落的过程当中，曾经出现了有轮胎爆胎的情况，刘机长告诉我们说，并不是这样，而是在飞机降落的时候，飞机的发动机反推刹车的功能失灵，所以，这架飞机在跑道上停下来的距离比平时我们坐飞机停的距离更长，最后，这个胎是处在一种自我保护下，捏瘪之后停在了跑道的尽头。

在确认飞机相对安全，大概用了20多分钟，打开了前舱门，所有的乘客有序地下了飞机。大部分的乘客在改签机票之后，合并到了今天中午12点08分，稍后起飞的一架从成都到拉萨的航班，现在他们已经抵达了拉萨。大概20多位乘客是改签了机票，他们接受了身体检查，如果没有大碍，很多人也会在明天早上继续踏上前往西藏的行程。

目前，我们还没有等到川航的官方新闻发布会，我们现在非常关心的就是这架空客A319，飞行高原的主力机型，为什么会发生这么严重的前挡玻璃的爆裂事件？
我们也会继续追踪事件的进展。

报道分析：

对于出镜记者来说，没有"现场"的报道是最难做的，蒋林的这段报道恰恰就是"没有现场"的现场报道。川航3U8633航班在紧急迫降成功后，记者做报道的话，最理想的现场应该是停放事故飞机的双流国际机场停机坪，受到客观条件的限制，记者无法在这样的现场完成报道。在这段报道中，蒋林选择的是该事件的第二现场——成都市第一人民医院。这已经是最接近事件的现场了，因为伤员的救治就在这里进行，也是距离亲历者最近的一个现场。

这段连线是在事件发生当天，傍晚时段《共同关注》栏目中播出的。蒋林通过复述的方式，将整个事件予以还原。这段报道最难操作的是只能依靠记者的有声语言来完成，蒋林凭借其超常的语言表达能力，把如此复杂的事情说得一清二楚，帮助受众了解了事件发生的全过程。没有核心现场，再加上纯静态的讲述方式，这样的现场报道对记者的思维逻辑及表达能力提出了较高要求。

报道一开始，蒋林首先呈现的信息是飞机从起飞到迫降的航线图。通过对航线图的讲解，解释了飞机成功迫降，并未造成人员伤亡的客观条件：飞机尚未到达高原地区，为返航、成功迫降提供了有利条件。航路图的呈现让观众对飞机的整个飞行轨迹有了直观的了解。

随后，蒋林按照时间线的逻辑，向观众详细讲解了从事件突然发生到机组人员紧急应对再到成功迫降的全过程。一个信息点在驾驶室，一个信息点在机舱，将两个现场空间有机结合。他将多方采访获得的碎片化信息，进行有效选择与整合，把整个过程完整地、多层级地讲述出来，他不仅仅要讲明白，还需要让观众一听就明白，做到这一点并非易事。在没有现场画面的支持下，把一个已经发生的、复杂的、动态场景描述出来，这需要记者依据信息、凭借想象、感知场景，通过极强的语言外化能力和信息推演能力将画面呈现、表达出来。

这段报道中,蒋林对事实细节的抓取,使得他的表达"活"了起来。在讲述的过程中,他注意对现场细节的描述,通过一些动词、象声词的准确使用,使得整个回述过程充满画面感,将危急关头的紧张气氛感染到观众。例如:"先是把正对着破碎风挡的副驾驶,几乎是吸出了窗外……""当发生风挡(玻璃)破裂的时候,刘机长说之前并没有征兆,而是'砰'的一声,这个玻璃就发生了一个破裂,随后整个玻璃就没有了。"

由于缺少核心现场,直播连线让观众看什么呢?在该段报道中,画面采用了双视窗的方式,交替呈现三方面的画面信息:乘客手机拍摄的画面、第二现场第一人民医院画面、蒋林出镜报道的画面。这三方画面的交替呈现丰富了电视直播画面,避免了观看上的疲劳感。

报道的最后,蒋林还对"飞机降落时是否发生爆胎"一事做了信息上的更正,对社会热点及时回应、准确传播,对事件的后续发展做了简单的介绍,综合来看,整段报道信息饱满,结构完整。

这段报道内容丰富,既有危险时刻的惊心动魄,也有安全落地的内心踏实,既有对社会热点的有效回应,也有整体把控的松紧有度,在六分钟的时间内,完成上述不同内容的情绪转换和态度把控,对记者的镜头前表现能力提出极高的要求。蒋林在该段报道中的优异表现,值得我们学习。

报道小贴士:

1. 在无法到达现场或核心现场时,要迅速找到现场报道的第二出镜点,并尽可能多地呈现核心现场的信息。

2. 当整个事件的过程只能依靠记者的讲述、转述完成时,记者一方面要注意避免使用单一信息源,正确的做法是通过多方获取信息,相互印证后,在确保信息的准确性和真实性的情况下方可采用。另一方面多方获取的碎片化信息,记者需要重新进行有效整合,确保描述符合事态发展轨迹。

3. 连线前,尽可能寻找与事件相关的画面,在直播时作为插画面使用,丰富电视画面表达。

4. 注意报道时词语使用的专业性。例如："风挡玻璃"而非"挡风玻璃"。

【案例四】湖北监利："东方之星"在长江翻沉 载有 456 人：潜水员如何开展搜救工作

播出时间：2015 年 6 月 2 日 23:21—23:26
播出平台：央视新闻频道
视频来源：央视网
https://tv.cctv.com/2015/06/02/VIDE1433259478607240.shtml
出镜记者：央视总台记者焦健

视频文案：

主　　播：成功的救援是发生在水下，而我们能看到的只是水面上的画面。尽管刚才通过跟前方记者的连线，我们已经看到现在整个江面的照明是已经打开了，灯火通明，可是救援毕竟是要继续在水下进行，尤其现在已经进入了夜间时段。这个时候的救援会跟白天有什么样的不同？在底下潜水员究竟怎么样来作业救出被困者？他们在水下如何通过手中比较有限的条件开展工作的？接下来，我们有必要来连线一下正在前方的本台记者焦健，焦健，你好！

记　　者：你好，卓阳。

主　　播：能不能给我们介绍一下你现在现场所了解到的情况，这些正在现场继续进行搜救的潜水员，蛙人，他们有些什么样的设备？他们在水下怎么具体地在船舱的舱体里面来开展搜救工作？

记　　者：大家可以通过我们的镜头来看一下，我的身后就是我们的救援母船。在救援母船上面现在是有 16 个 24 小时全天候待命的来自海军工大的潜水队员蛙人在待命，我是趁他们在搜救后,上岸休息时,专门跟他们了解了一下情况。

他们的整个装备,我相信看过潜水的观众可能都会熟悉,比如说像呼吸装置、泳镜、潜水服以外,还有两样是一定要带的,一个是潜水刀,还有一个就是潜水灯。

队员告诉我,在水下如果碰到有渔网或者一些水草缠绕到他们的时候,潜水刀是用来紧急避险用的,那么,这个潜水刀对于潜水员下水以后可以说是至关重要。那么,最重要的还有一个是潜水灯,大家来看一下,现在应该是到了夜晚江面的视线并不是很清楚,因为今天下了一整天的雨,整个江水是十分浑浊,水流也比较湍急。

在下水之前,潜水队员会把整个船的平面图仔仔细细地熟读一遍。我也是抽空看了一下这个平面图,这条船一共是3等舱,有4层。里面大概有150多间,那么,这150多间怎么样去搜索?就要靠我们这些潜水队员下水一间一间地去摸索。

刚才我说到了潜水灯,事实上潜水队员告诉我,带着潜水灯下水之后,其实它根本起不到很大的作用,它并不像我们黑夜里面用一个手电筒能很快地照亮远方的路,(水下的灯)它实际上更像在迷雾当中打着一个手电,你只能看清楚手摸到的地方,而手摸不到的地方,远方到底是什么,谁也不知道。那么,下水之后,他们就要靠手去摸索,摸到他们之前通过敲击或者是生命探测仪探测到有幸存者存在的这样一个房间,他们要通过自己的手一间一间地去摸索,当摸开这样一个舱门的时候,首先第一步要把舱门打开,并且要固定住,因为水下的暗流非常的湍急,这个门如果不加以固定的话,随时都有可能关上,一旦这个门关上,那么我们的潜水队员很有可能就摸不到回来的路。

那么，进去以后，这里面是什么样的一个情况？潜水队员告诉我，其实我们从半露在水面上的船体可以看出来，整个船倒扣着，不光是倒着，而且还是斜着倒扣着。走进去以后，整个船舱跟我们生活当中完全不一样，所有的门是倒过来的，窗口在下面，原来的地板是变成了天花板，进去搜索就要靠自己的方向感了。

虽然是看过平面图，但是进去以后，第一是江水非常的冷，第二是江水非常浑浊，光线又暗。给搜救潜水队员心理和身体都带来了很大的压力。在里面要找准方向是非常困难的。我当时问了一个潜水员，他在里面最久的一次搜寻时间长达一个多小时，他不停地试图去推开每一扇舱门，进去要看有没有幸存者，有没有生还者。

这对于潜水队员来说，体力消耗是非常大的。大家也看到了，现在整个江面上，可以说是灯火通明，有一艘打捞船在这里正在准备做扶正作业，为什么要做扶正作业？正如我刚才说的那样，现在整个船是斜着，倒扣在水面上，大家可以想象一下，一个倒扣的屋子还是斜的，进去行走起来，在水中行走，非常的不方便，辨识方向非常的困难。等会儿再来一艘打捞船，两艘船一起作业之后，把这个船进行一个提升扶正，这样会给水下作业带来很大的提升空间。那个时候，潜水员再下水的时候，他的工作难度相对来说要小一些，搜救工作的进行也会加快，更加容易一点点，整个搜救工作今天晚上还将继续持续。我这里的情况就是这样。

报道分析：

"没有新闻现场"是记者做这段报道遇到的第一个困难。焦健看似身在救援现场,事实上,他所在的这个物理空间无法发挥作用。因为,核心的现场是在水下,报道小组又无法潜入水下进行拍摄。另外,客观环境给焦健这段现场报道造成了第二个困难,他直播连线的时间是在半夜,周围漆黑一片,连江面上的打捞船都看不清,让观众获取有效信息,只能靠焦健这张嘴了。焦健遇到了跟蒋林一样的报道难题,但是他们通过专业化的操作,高质量地完成了报道工作。

如何介绍救援人员在水下的工作?焦健通过画面感的语言达到了这一报道目的。在信息的编排上,蒋林是以时间为轴,焦健则是以工作步骤为轴。

焦健首先介绍了水下搜救的两个重要工具:潜水刀和潜水灯。在介绍潜水灯的时候,他将水下能见度很差的情况下使用潜水灯与我们日常生活中使用手电筒的场景进行了对比,让人一听就明白。

在报道救援过程时,焦健从轮船的平面图和水下船体是"斜着倒扣"的状态入手,介绍了救援人员进入船舱后的搜救流程。他将整个过程讲解得特别清楚,信息表达充满画面感。看焦健报道,观众好像跟着搜救人员进行了一次搜救之旅。我们来看看,焦健充满画面感的语言表达是怎么说的。

"手摸不到的地方,远方到底是什么?谁也不知道"。

"要通过自己的手去一间一间地摸索,当摸开这样一个舱门的时候,首先第一步要把舱门打开,并且要固定住……"

"……所有的门是倒过来的,窗口在下面,原来的地板是变成了天花板,那么进去搜索就要靠自己的方向感了。"

优秀的现场报道就是让观众一听就懂,不用花费过多的精力去琢磨记者到底在说什么。当无法到达核心现场,也无核心现场画面支撑的情况下,焦健能把报道做到这样的程度,实属不易。

值得注意的是,焦健在描述救援过程时,对救援人员的水下操作行为给出具体解释,通过这些解释可以让观众清楚地了解救援工作的困难和危险。

报道小贴士：

1. 还原事件过程，记者的思维逻辑、语言表达能力至关重要。无论是时间轴，还是流程轴，找好信息推演的逻辑链条很关键。

2. 出镜记者需要具备"画面感表达力"。画面感表达力是指出镜记者借助有声语言对客观环境、人物动作、心理活动等进行具体描述，帮助观众在脑海中搭建起动态的场景画面，达到能让观众沉浸其中的传播目的。要想让观众的脑海当中形成画面感，记者在采访搜集整理信息时，首先要在自己的脑子中形成画面感，这样做既可以梳理信息，又可方便记者记住大量信息。

记者简历：

焦健，南京师范大学毕业，2013年进入央视新闻中心工作。在央视湖南记者站驻站6年并担任出镜记者，目前在中央广播电视总台新闻中心地方新闻部工作。曾参与东方之星游轮倾覆、宜凤高速特大交通事故、新华垸溃堤、广州火车站大量旅客滞留、超强台风"马莉亚"登陆、丰城电厂特大事故等突发事件报道，还参加过拉日铁路开通、《还看今朝》《直播长江》、改革开放40周年、新中国成立70周年等重大项目报道。

【案例五】天津：滨海新区一危险品仓库发生爆炸

播出时间：2015年8月13日 16:07—16:16

播出平台：央视新闻频道

视频来源：央视网

http://tv.cctv.com/2015/08/13/VIDE1439455567530399.shtml

出镜记者：总台记者蒋林

视频文案：

主　播：现在本台的另外一路记者蒋林正在距离爆炸现场只有1.5
　　　　公里左右的地方，那么，他那里有哪些最新的消息？马
　　　　上来连线他。你好，蒋林。

记　者：海霞，你好。

主　播：来给我们介绍一下你所了解到的最新消息。

记　者：好的。实际上我现在所处的这个报道点和今天早上我的同事小沛的报道点是基本重合的，但是比起今天上午我们的直播区域，此时我们距离爆炸的核心地点向外撤了500米的距离。为什么会是这样？通过我站的这个地方目测可以看到的画面来给大家做一个解释。看一下我背后的天空，透过植物以及建筑物，仍然可以看到飘散在天空中的烟雾，刚才我们到了更加接近爆炸地点的一个区域，我观察到它可能和许多的火灾有点不太一样，因为这里发生爆炸或者说爆燃的区域当中堆放了许多的化学品，很明显的是这些烟雾是呈灰色或者是白色，有两种不同颜色的烟雾在空中弥漫的。

那么就在3点的时候，我们打算去做上一场直播连线的时候，我们得到了现场抢险指挥部的疏散指令，告诉我们说现场的风向突然发生了偏转。我们今天早上所在的天津港大门的区域已经是被飘散过来的烟雾完全覆盖。现在整个火场当中发生燃烧的这些化学品，有可能是什么？是否会对人员（体）产生影响或者伤害，我们没有办法做出判断。现场抢险过程中，在我来到现场这三个小时的过程当中，我能够感受到非常重要的一个信息，就是我们再去进行现场的救援，科学地救援和进行一系列的研判是非常重要的。所以我们向外撤了将近500米的距离，选择在一个我们能够停留的最接近于核心现场的位置，跟大家发来现场直播的报道。

而就在今天下午2点30分的时候，我也得到了一个消息，就是北京卫戍区防化一团有将近200人携带了重型防化设施和各种装备已经抵达了现场,他们的小分队实际上在今天上午的时候就已经抵达。现在他们已经身着重型的防化服,同时携带着视频拍摄的设备,进入到了火场的最为核心的区域。

在之前我们其实也进行了航拍,我们过一会儿去看这个画面。

我所在的直播地点,说一说现场情况。我们可以看到调集了许多大型的消防车辆,其实他们很多是处在待命的状态,我们必须要对现在的火场点所有的情况进行进一步的科学研判之后,现场抢险指挥部才会下达下一步的命令。我们再来关注一个小的细节,就在十字路口上远处停了一辆白色的车,这辆白色的车在今天上午的时候就已经抵达,上面写的是天津市滨海新区应急指挥中心和天津市滨海新区公安指挥部,实际上这也是现场一个前线的指挥中枢。我们可以看到它的卫星天线已经打开,可以和更远端的视频研判部门进行联动。

那么,站在我这个角度上,请我们另外一位摄像给一个画面,请摄像给到街对面的一个厂区,厂区其实原本是存放车辆的,在昨天爆炸冲击后,这个地方已经距离(现场)有将近1.5公里之远,但是爆炸冲击波把原本的防晒网全都拉坏,现在这些防晒网全部低低地垂了下来,其实通过这样的细节也可以看到,昨天所发生的爆炸气浪,它的波及范围还是非常大的。那么,说到昨天爆炸的影响,就在爆炸地点直线可能也就是800米的范围之内,就是天津港的海关大楼。我们今天在到达现场的时候,会发现整个海关大楼,包括底下的验放区域,整个的区域现在已经全部停止了工作。我们在征得同意之后,在今天下午2点30分的时候进到里面，目前人员已经疏散撤离，我们到核心区域进行拍摄，可以说那里是受到昨天爆炸影响（最大）最为核心的一个区域，我们请大家来看这样一些画面。这是我在大楼9层的楼梯间所拍摄到的一个小的细节。爆炸的气浪把玻璃完全震碎，而玻璃直接插到了大楼的水泥墙体当中，这是我们大概上到11层，我会发现在9层到11层的区域当中，玻璃损坏得特别严重，插入到墙体当中的玻璃也是最为明显，这是不是也在告诉我们，整个爆炸它有一个巨大的波及力量。那么，现在看到的就是天津港海关大楼内部的一个画面，所有的天花板的顶全部都已经掉落。现在无论是面向天津港事故的现场，也就是爆炸区域的玻璃，还是大楼背面的（玻璃），几乎所有的门窗全部都受损。

这是我们爬到15层天津港海关大楼的楼顶上所拍摄到的（画面），今天下午2点30分，核心现场的一个实时的画面，我们所看到的这些消防车辆和所有的人员，其实他们距离火场可能只有500米到600米的距离，而我们在这个地方其实可以闻到非常明显的燃烧过之后的味道。我不是这方面的专家，无法通过我所闻到的这种气体所给做出一个判断，但是我自己最直观的一个感受就是当我离开这栋大楼之后，我的鼻腔，包括口腔会变得非常的干燥，而且会有一定的这种刺激的感受。

在我们下楼的过程当中，我们还拍了大楼里面的一些画面，可能大家会觉得这些画面略微有一些编辑过的痕迹，（但）这是我们所拍摄到的一个无剪辑的画面。这是天津海关大楼的一楼，（尽管）它的前面还有很多的树丛，一楼的监控室整个是完全被损毁。现在所看到的画面是海关大楼一楼大堂的一个画面。其实我们通过这些画面只是想给大家去还原在爆炸的时候,距离它将近有一公里的这样的一栋大楼,在受到气浪波及的时候,它所受到的这种巨大的影响。而通过这个画面我们也可以得到的一个消息,就是目前天津港可能有很多的工作,也因为昨天所发生的这样的疑似爆炸处在一种停滞的状态,那么,整个大楼现在完全没有办法使用,到处都是爆炸所留下来的痕迹。

在我们看完刚才的画面之后,其实我们也想告诉大家,在稍早之前,我们也进行了一个航拍,通过我们空中的视角,现在能够得到的情况是在整个的核心区域当中,仍然是有4处的明火,同时,还有6个发烟点,那里可能会产生烟雾。

我们关注到现场抢险的另外一个细节,(指挥部)调集了许多的泡沫灭火车,由于这些危险化学品在发生燃烧之后,可能在灭火的时候需要用更加……我们现在看到的一个小的细节,大概有将近20辆的重型的机械满载着沙土,已经到达了前方立交桥,大概在前方500米的地方去进行了一个集结待命。那么,他们所携带的这些沙土是要对整个的火场需要进行一个掩埋,通过这样的覆盖方式来让可能发生燃烧或者冒烟的地方与空气进行隔绝,来实现灭火,这是化学品发生爆燃之后的现场,进行下一步处置所必须要完成的一些工作。

我们再来看另外的一个画面,就是我现在所在的区域中,有许多(战士)处在待命状态,昨天晚上他们一直在工作的武警战士,有一些是轮岗下来,或者等待现场对化学品的危险性评估后进行轮休的战士,所有人仍然是处在待命的状态当中。

  此时此刻,我们非常关心在事故当中受伤的人员,他们在医院得到救治,我觉得这是事件发生后,我们现在能够做到或者能够做得更好的事情了。与此同时我们现在所处的这个区域,我更加关注的就是火场现在的火什么时候灭。在稍早之前我们得到的消息是希望在今天晚间能够争取达到火势完全被灭掉,但是现在因为又有一批身着重型防化服的人员进入到了核心现场去进行研判,所以要等待他们出来之后,才能拿到下一步进入到核心火场的最新的灭火和救援的方案。我们也会驻守在这里,随时有最新的情况都会发回现场直播的报道。海霞。

报道分析:

  蒋林说,在自己的职业生涯中有两场直播最重要,一场是2013年4月20日芦山地震发生后5个多小时,当时还是成都电视台出镜记者的他在庐山县人民医院与央视新闻频道在下午1点22分做的那场长达十分钟的直播连线,另外一场就是这场。从这两场报道中,我们会发现,蒋林的现场报道有三大特点:一是表达准确,逻辑清楚;二是注重现场,呈现细节;三是报道事实,解释现场。

  从直播时长来看,这场9分45秒的连线也是一场重体量的报道,在中国电视新闻突发事件报道史上,也是少见的。当时正在北京为"9·3阅兵"做前期准备工作的蒋林,被临时抽调到天津担任这起爆炸事故的报道工作。在2015年8月13日下午4点07分他与主播海霞做了连线。

1. 态度谨慎,措辞准确

  这起爆炸事故发生后,全社会高度关注,民众对事故发生的原因、事故造成的损失、受伤人员是否得到有效救治等信息急于知晓,对第一时间赶赴现场的蒋林,充满期待。对记者来说,越是重特大新闻,越要谨慎对待，一不小心，就有可能造成严重后果。这一点，蒋林的专业化报道带给我们很多启示。

"现在整个火场当中发生燃烧的这些化学品，有可能是什么？是否会对人员（体）产生影响或者伤害，我们没有办法做出判断。现场抢险过程中，在我来到现场这三个小时的过程当中，我能够感受到非常重要的一个信息，就是我们再去进行现场的救援，科学地救援和进行一系列的研判是非常重要的。""我们必须要对现在的火场点所有的情况进行进一步的科学研判之后，现场抢险指挥部才会下达下一步的命令"。蒋林在报道中多次使用了"研判"这个词，复杂的环境，无法判明的化学物品，只有科学地研判之后，才能去组织灭火和科学救援。看完这场连线报道，我们深刻意识到，蒋林的表述上的严谨，在事态尚未明朗，现场情况又非常复杂的情况下，秉持客观原则，深入新闻最前沿，把最核心的现场信息报道了出来。

2. 第一时间，给出解释

报道一开始蒋林就为何连线时间推迟，地点改变做了解释。在社会神经紧绷的情况下，蒋林把自己的正常报道行为一一解释出来，避免不必要的猜疑产生。

紧接着，他从现场天空中的烟雾说起，将观众的视线快速拉进现场，他将现场烟雾的颜色与爆炸物的特点紧密联系起来，给观众一个初步解释。至于说到底是什么成分的化学品爆炸了，竟然会造成如此巨大的影响，需要等相关专家研判之后才能予以定性。报道事实，解释现场，蒋林的现场报道之所以让人一听就懂，是因为他不仅仅提供信息，更重要的是解释信息，推出观点，给出判断。

3. 核心画面，触目惊心

这段现场报道让人印象深刻的是玻璃片插入墙体的那幅画面，这是蒋林和摄像爬到天津海关大楼第9层时，在楼梯间拍到的，相信看到这个画面时，你我都会感到触目惊心。核心现场、核心画面，这就是出镜记者现场报道的价值所在。

一般来说，记者都会选取核心现场做现场报道。由于现场情况十分危险，蒋林是无法在海关大楼为观众做直播连线报道的。当客观条件不允许时，蒋林一般会采用插片的方式来弥补这一遗憾。于是，我们看到他把自己从大楼一层到大楼顶层拍摄到的核心画面以插片的形式在直播中播放出来。事实上，从播出效果来看，这段插片的报道价值无疑是相当高的。

报道小贴士：

1.插片的使用。直播连线时，插入事前拍摄、制作好的片子是现场报道中的常规使用手法，国外还把这种插片成为"罐头"或者是"小包"。这种方法可以丰富现场报道的画面信息，弥补直播时核心画面信息不足的问题。在此需要提醒的是，直播时插片也有可能出现一些技术上的问题，比如有画面无声音，或者是插片播放不出来等。一旦出现技术上的问题，只能依靠出镜记者来补位。所以，记者需要对插片的内容做到心中有数。

2.声画同步的重要性。在播放插片的时候，大家会发现蒋林在现场的实时解说与画面做到了声画同步。据蒋林本人介绍，为了能够做到声画同步，将插片的报道价值最大化，他们把转播车的门拉开一个缝，通过门缝他大致可以看到播出线上的画面，于是，就有了直播时的声画同步解说，提升了整段报道的水平。

第四章 公共卫生事件现场报道

第一节 公共卫生事件概说

2020年12月26日,我国对《突发公共卫生事件应急条例》进行了修订,条例中对突发公共卫生事件做出了如下定义:"是指突然发生,造成或可能造成社会公众健康严重损害的重大传染病疫情、群体性不明原因疾病、重大食物和职业中毒以及其他严重影响公众健康的事件"。[1] 从这一定义中我们不难看出,公共卫生事件的两大特点:"突然发生"和"严重损害"。定义中一方面强调了公共卫生事件发生的不可预知性,另一方面强调了公共卫生事件造成社会影响的严重性。

一、公共卫生事件的特点

公共卫生事件一般不会频繁发生,一旦发生其影响力和破坏力往往超出人们的想象,社会生活各个层面都会受其影响。2003年发生的SARS疫情让我们第一次有了公共卫生事件的概念,疫情经过半年多的时间得到了有效控制。然而,17年后疫情再起。2020年新冠肺炎疫情的暴发至今影响着我们的日常生活,当全社会与病毒对抗之时,媒体从业者记录人们抗疫故事的同时,深度探索公共卫生领域的新闻报道方法,不断提炼与总结。

从SARS、H1N1再到新冠肺炎疫情,我国公共卫生事件的特点主要表现在:

---

1. 中华人民共和国中央人民政府网站《突发公共卫生事件应急条例》[EB/OL]. http://www.gov.cn/zhengce/2020-12/26/content_5574586.htm

（一）公共卫生事件的成因比较复杂，一时间难以找到原因，有些公共卫生事件还可能是其他突发事件的衍生产物

例如，重大地震发生后，卫生防疫工作一旦不到位，就很容易在灾区引发公共卫生事件，增加救援难度。

（二）公共卫生事件持续的时间普遍较长

与一般的食品安全引发的卫生事件相比，公共卫生事件其较强的传染性、成因的不确定性、人们对新情况认知的局限性等原因，使得公共卫生事件难以在短时间内结束。例如2020年暴发的新冠疫情在全世界大流行，已造成1亿多人口感染，近400多万人死亡，抗击疫情的医疗活动持续到什么时候，目前还无法预估。

（三）公共卫生事件的影响范围大，破坏力强

2020年暴发的新冠肺炎疫情，导致2020东京奥运会延期至2021年召开，这是奥运历史上，除了20世纪发生世界大战以来，第一次由于公共卫生事件而延期举办的奥运会。2020年为了阻止疫情进一步恶化，我国政府发出号召，希望民众居家隔离，自2020年春节以后全国人民响应政府号召，居家隔离生活，为防控疫情做出自己的贡献。大中小学的教学活动全部改成线上进行，高考延期。公共卫生事件的暴发对全社会造成深远的影响。2020年暴发的新冠疫情对我们生活的破坏，从身心健康到日常生活，从文化领域到社会经济，从国内外贸易到国际交流，可谓是无孔不入。

（四）由公共卫生事件引发的衍生事件、现象增多

2020年新冠疫情在湖北武汉暴发，随着疫情的蔓延，武汉封城，其他省份的民众需要居家隔离，人们需要在相对封闭的环境下长时间生活，家庭关系开始紧张，民众心理需要调节，情绪需要疏解。人们对线上服务、物流资源需求增大、社区居民与基层社区管理方之间矛盾需要化解，因疫情社会生活多个领域发生了新变化。这些问题看似与疫情本身无直接关系，事实上都是因为疫情的持续而不断衍生出来的。

二、公共卫生事件报道的特点

（一）报道时间长

如果说突发事件报道是一场中短距离的赛跑，那公共卫生事件的报道就是一场马拉松。任何一次公共卫生事件的报道，记者都要做好打持久战的准备。

（二）报道范围广

公共卫生事件报道过程中，随着事态的发展，记者所要报道的领域也会不断扩展。疫情不仅影响我们的身体健康，还会影响到我们的日常生活。疫情暴发后，物资的供应会出现短时间紧张，口罩、酒精、消毒液等物资一时难以满足人们的基本需要。某地疫情复发，疫情管控升级，有时会因信息不畅造成民众对蔬菜等生鲜食品的非正常抢购，进而引发物价在短时间内上涨。实施隔离后，由于长时间处于封闭状态生活，人们的心理健康是否会受到影响，等等，这些也属于公共卫生事件报道内容。

（三）专业性强

公共卫生事件的报道涉及医疗、卫生、防疫、病毒传播等相关领域，需要记者以专业化的表达呈现。时间紧、任务重的情况下，记者需要快速吸收相关知识，方能保证自己在与业内专家交流、对谈时得以"平等对话"。医疗专业知识的掌握，既可以保证报道内容的专业性和规范化，也可以将防疫知识纳入报道内容中来，提高民众的认知水平。

（四）引导舆论的责任

公共卫生事件发生后，政府及时公布关键信息，媒体进行权威发布，有利于制止谣言的传播。2020年新冠肺炎疫情暴发以来，央视新闻频道21点30分播出的《新闻1+1》就是一个典型案例，主持人白岩松就疫情情况采访各界人士，有效满足了民众对疫情信息的渴求。长期以来，传统媒体在公众心目中形成的权威性和公信力，有助于正确引导舆论，消除社会恐慌，维护社会稳定。这对处理公共卫生事件具有重要而积极的现实意义。

三、公共卫生事件报道的三个阶段

虽然公共卫生事件的报道是一个长时间的过程，但我们可以把整个报道大致分为事件暴发初期、暴发中期、暴发末期三个阶段。

（一）暴发初期

公共卫生事件暴发初期，各方消息尚不明朗，很多事实需要进一步的核实和考证，这一阶段的报道原则是紧密围绕新闻事实进行客观报道，紧跟政府相关部门的动态进行权威信息的报道。按照以往经验，这一阶段，也是权威发布与不实谣言赛跑的阶段。媒体从权威部门获得消息，通过对信息的客观报道，敦促相关部门信息公开化、透明化，对不实谣言予以猛烈还击，有效降低公众的恐慌情绪，维护社会的稳定。另外，该阶段也是科普的最佳时机，通过新闻报道普及卫生防疫的相关知识，增强民众防护意识，做好自我防护，节约社会防疫成本。

（二）暴发中期

这一个阶段人们对事件已经有了比较全面的认知，随着时间的推移，由事件本身引发的衍生情况会陆续发生。这时记者的报道可以深入民众生活的方方面面，反应当下民众的生活状态，制作报道一些有深度、有温度的报道。例如疫情期间医护人员、社区工作人员、志愿者的工作生活状态等。也可以采访一些专家，对事态的最新变化给出判断，为今后的工作提出方向和建议等。

（三）暴发末期

这一阶段可就公共卫生事件取得的阶段性成果予以报道，条件成熟的情况下，也可就事件发生的原因展开调查性报道。以新冠肺炎疫情为例，2020年4月8日随着武汉的解封，我国进入常态疫情下的复工复产阶段，很多受疫情影响严重的企业慢慢复苏，一些新兴产业引起民众的关注。比如，2020年大火的直播带货就是一个案例。例如，在2013年不少媒体对"非典"疫情过去十年后的后续报道，都是对公共卫生事件报道的一个延续或补充。这些报道能帮助人们在事件过去多年后，秉承冷静、客观的心态回忆当年发生的一切，避免悲剧再次发生。

第二节 2020年新冠肺炎报道

【案例一】湖北武汉：总台记者直击疫情一线

播出时间：2020年2月3日18:16—18：21

播出平台：央视新闻频道

视频来源：央视网

https://tv.cctv.com/2020/02/03/VIDEo1rl5nKG5xgBPLRtkXrJ200203.shtml

出镜记者：总台主持人王春潇

视频文案：

主　播：有关武汉战疫情的相关情况，接下来马上连线总台前方记者王春潇。春潇好，今天在直播当中，我们看到你采访李兰娟院士和国家卫建委专家组成员的一线医生，接下来，还是想请你带来在一线的观察，时间交给你，春潇。

记　者：好的，和佳。刚才我们看到我的同事朱慧荣在前方带来的是武汉的此时此刻，那么，接下来，我想给大家梳理出我在一线采访感受到的武汉，在战疫情的过程当中的节奏和速度。

　　　　怎么说呢？刚才大家看了一个片子，今天上午我采访了李兰娟院士，她特别提到了第5版的诊疗方案，她讲到了这版诊疗方案跟第4版的差别，那么，我想让大家知道的是，1月15号第一版诊疗方案公布，1月18号、1月22号、1月27号，我们知道这4版诊疗方案的更新是用了13天的时间，现在距离1月27号又过去了一个多星期的时间了。第5版诊疗方案就在昨天24小时之前，我是在第 5 版诊疗方案的视频讨论会当中，采访到了李兰娟院士，同时，我的同事在广东采访到了钟南山院士，我们可以看到大家集思广益，对第 5 版诊疗方案进行最后的商量，目的就是尽快地把第 5 版诊疗方案能够推出，而这版诊疗方案又对我们目前的救治和防护提出了更加科学的方案。那么，接下来，我们将期待第 5 版诊疗方案的公布。

那么，治疗方案的公布让我们看到了它更新的速度，接下来，我要告诉大家，通过我在一线的采访，特别是采访了李兰娟院士以及专家组的成员，我们知道目前救治还有一个重点，就是对重症和危重症患者的救治。大家知道吗？这部分人群的救治力度的加大，就会降低死亡率的发生。那么，在这样的一个关键工作中，当我们听到了加大重症和危重症患者的救治力度这件事情正在做的时候，我下午采访的一线医生就告诉我说，春潇记者，今天你走了之后，我要去××医院，我要去几家医院。我说，您去这么多家医院干吗？您不是就在金银潭医院参与重症患者的救治吗？他说，不是的。今天，我们有一个走访会诊。这都是以前我们在医院不常听到的词，什么叫走访会诊？就是他要去多家医院，去为很多患者进行巡视、会诊，去找出这其中可以转入到重症或者是危重症（病房的病人），采取提前救治的方式，减少他们可能会不好救治的这样的情况。

大家知道这样救治关口的前移会对患者的医治，或者是重症转轻症发挥关键作用，这就是我们在一线所感受到的救治速度。

那么，要告诉大家，今天下午来到我们演播室的一线的医生是北京宣武医院的重症医学科的主任,他告诉我从大年初二参与到金银潭(医院)重症患者救治之后,他明显感觉到前方重症患者的救治难度非常大。最主要是医护人员的供给逐渐补上来的过程当中,(医治)的床位是不够的,我们在前方也看到,最近增加了危重症和重症患者救治力度的医院。以前是三家:金银潭医院、武汉市肺科医院和武汉大学中南医院。现在又增加了三家,是同济医院的中法新城院区和协和医院的西院区以及武汉大学人民医院的东院区。三家医院增加之后,对我们的危重症患者的救治将会是有力的补充,也会让危重症患者在转入轻症之后,床位得以循环起来,可以说这样的速度和这样的落地,也让我们在一线感受到了整个战役过程当中,一线医护工作者和所有参与人员的努力。

那么,最后要告诉大家的是,在这两天的采访过程当中,我们大家也非常关心之前提到的2月3号是一个关键的节点,都说这一天要复工了,当然很多地方都延长了这个时间,目前返回工作岗位上的情况是逐渐出现了。不管是我们的李兰娟院士,还是今天下午我们采访的一线的医护工作者都告诉大家,复工不能松懈,防护还要靠大家,我们只有做好了,保护好我们自己,我们才能更好地战胜这场疫情。好的,这是我在前方带来的一线采访观察,把信号交还给北京。和佳。

报道分析:

　　王春潇是一位难得的记者型主持人,做新闻主播前,她在新闻一线工作了15年,现场报道经验非常丰富。从西南五省旱灾、福建泰宁水灾到备受好评的《厦门走透透》系列报道,春潇的报道以"干练、利落"见长,高高的个子、大大的眼睛、专业化的现场呈现,严谨又感性的表达令人印象深刻。2018年从新闻现场来到演播室的她，备受关注。新中国成立70周年特别节目她身在演播室，新冠肺炎暴发她身在武汉，虽然现在的工作以演播室为主，但是她的身影还经常出现在新闻现场，因为她痴迷"现场"。

出镜记者做现场报道形式多样，像王春潇这样的方式也是其中之一。演播室里的主播与在一线的记者就某一事态做汇总式的直播连线报道。此次，新冠肺炎疫情报道，央视很多现场报道都采用了这种形式。

王春潇的这段报道运用了"关键词"主导法。

报道一开始，春潇就把自己的直观感受：节奏和速度，这两个关键词亮了出来。事实上，这两个关键词隐含之意就是速度"快"。那么。这个"快"如何来体现呢？王春潇在随后的报道当中用客观事实一一给出了答案。

首先，她采用一组数字说明诊疗方案更新的速度快。1月15号、1月18号、1月22号、1月27号，2月3号，这几个时间节点一说出来，前后加起来也就20天。就在这20天的时间内，我们的医疗人员已经先后推出了5版诊疗方案，观众稍微一算，就会知道平均每4天就要更新一次，由此可见我们治疗速度更新之快。

第二个"快"是我们对于重症和危重症患者救治的速度在加快。通过走访会诊的方式，以最快的速度将重症或危重症患者进行救治，降低死亡率，这是我们抢救生命的速度快。

第三个是医疗设施、救护人员补充、补给的速度在增快。医护人员增加了，床位却不够了。危重症和重症患者的救治医院从三家增加到六家。这些客观事实的一一列举，有效印证了王春潇给出的"节奏、速度"这两个关键词。

汇总式报道的一个特点就是信息多，记者需要对掌握的信息进行报道语言上的"修饰"，关键词法、自定义法、小标题法、数字法都是做好类似报道的操作手法。

报道小贴士：

1.现场报道离不开记者的主观感受，但如何将主观感受与客观事实有效地结合，保证新闻报道的客观性，其中的"度"是出镜记者需要重点把握的，切勿脱离事实只讲感受，损伤新闻的客观性。

2."关键词法"可以有效帮助记者以报道目的为中心，在纷繁复杂的信息当中进行取舍，让信息呈现紧密围绕报道目的展开，核心内容得以凸显。

3.公共卫生事件的报道中，记者的语态同样会传递情绪。特别是在事件发生的初期，记者的语言样态从容为主，语速适中，语气坚定，增加民众战胜疫情的信心。

记者简历：

王春潇：现任央视新闻评论部《24小时》主持人。从"一线"记者到主播台前，把16年现场报道经验带回演播厅；从央视国际频道到新闻频道，痴迷活跃在一个个新闻现场；从"台风眼"到"地震中"再到"洪灾第一线"，用自己特有的报道方式、不同的报道视角，将新闻现场深度呈现。

18年央视工作经历：曾在国际频道任职7年出镜记者、9年地方记者站负责人；政治素质过硬，曾获广电总局优秀团干、广电总局优秀党员、多次荣获台和中心一级的年度优秀记者；是央视首批首席出镜记者、曾获央视青年记者出镜大赛银奖、央视时事评论大赛季军。

18年记者经历：曾担任突发事件专职记者，其中，在2010年6月福建"百年一遇"的洪灾报道中，在应急报道点成立仅半年多的情况下，带领一支平均年龄只有26岁的团队打了一场"抗洪阻击战"。3路采访、7名记者、连续16天持续关注；31条新闻、33场直播、220多分钟时长……其中《挺进宝庄村》党员大营救的新闻，开创了电视新闻直播的新模式。带领团队获得福建省抗洪报道先进集体，并荣获福建省二八红旗手、福建省先进新闻工作者等多个奖项。

从业18年，每年都有作品获得中国新闻奖和省部级奖项。2018年年底，从"基层"回到主播台前向自己新的梦想——"记者型主持人"继续迈进。

【案例二】武汉日记：信心！汉口医院隔离区纪实

播出时间：2020 年 2 月 11 日 20:14—20:22

播出平台：央视新闻频道

视频来源：央视网

http://tv.cctv.com/2020/02/11/VIDERDKuStEvHFP8LCHfIsAU200211.shtml?spm=C45404.P7ne1ttcoan4.S62385.28

出镜记者：总台记者张鹏军

视频文案：

医　　生：给你画个 CCTV。

医　　生：这个写名字有意义，要不然大家穿的都一样，看不出谁是谁。

张鹏军：现在我们防护完成，我们把名字写在了胸前，张鹏军，赖健。过了这个门，我们就进入到隔离区了。

邓医宇医生：这个年轻人，来的时候很重，现在基本上好转很多。现在怎么样？挺好的是吧？

患　　者：刚进医院的时候，整个人一点力气都没有，呼吸完全喘不上气，然后连从凳子上站起来都站不起来。经过医生非常悉心的治疗之后，现在基本上人感觉快接近正常了。

张鹏军：你在做什么工作？你在做什么？

护士朱海秀：我正在准备下午要打补液的东西。

张鹏军：没休息好吗？我看你有黑眼圈。

护士朱海秀：嗯，是的。

张鹏军：这两天累吗？

护士朱海秀：压力比较大吧。

张鹏军：你每天都做什么工作？

护士朱海秀：现在就是监测患者病情。然后更换补液，发放口服药、发放饭，然后打扫卫生、消毒卫生以及病人的住院、出院都要办理的手续。

张鹏军：你多大了？

护士朱海秀：97年。

张鹏军：97年的？

护士朱海秀：嗯

张鹏军：你好，打扰了，我们是总台新闻新媒体中心的记者，还好吗，现在？

患　者：估计菜市场买鱼感染的，我就买回来，她就做。

患者家属：他说他感冒了，我说感冒了吃药，后来，我也觉得感冒了。

广东医疗队医生吴健峰：不是，我跟你确认一下，今天我们查房的时候，已经把你那个"病重"停掉了，因为你之前一直说是"病重"的。现在我们查完之后发现病情已经很稳定了，所以说现在已经不是"病重"了。跟27床的兄弟一样，现在情况都是很稳定的。

患　者：我好像可以出院了。

患者家属：现在好多了。

广东医疗队医生吴健峰：这种病现在目前说没有什么特效药，这是肯定的。这里面的治疗主要是让他度过他的急性期，特别是缺氧的状况。我们主要是增加它的氧疗，一些支持治疗。另一方面最最重要的是什么？信心和他自己的这种决心，是最最重要的，因为靠自身的免疫力，自身的修复力，这种病绝大多数我们现在观察来看，都是能够好。

医生陈丽：病情还是很危重的，出来讲好吧？

医生陈丽：像他这个情况呢，病情真的非常非常严重，我看了一下，他的两肺基本上已经都白了，现在的话，就看一下能不能熬过去这个危险期，现在唯一的就是怎么去增加他的这种免疫力，像他这个情况，我会报一个病情危重，病危知情同意书，好吧？

患者家属：好。

医生陈丽：就看这几天的情况，如果熬得过去，那就还好，我们就担心万一。

医　生：量体温。

张鹏军：还是呼吸困难，有信心吗？

患　者：有。

患　者：我们这个房是幸运房，每个人都好了。你说是不是？

张鹏军：幸运房啊。

患　者：我们这个房叫幸运房，每一个人都一天比一天好，你看我多好啊，（血压）99，（血压）78，我刚来时（血氧）只有80，我今天下午就出院了。

张鹏军：来的时候，家里人担心吗？

护士朱海秀：来的时候没告诉父母。

张鹏军：为什么呢？

护士朱海秀：因为不想让他们担心，救人嘛，本来我们医护人员就是这样的使命和职责，但是前几天我父母知道了，然后我爸我妈给我打电话，那是我第一次见我爸哭，在我面前，22年来，我爸第一次哭。

张鹏军：给家里人报个平安吧。

护士朱海秀：我不想哭，我眼泪在眼眶里打圈。我一哭，哭的话护目镜就花了，我就干不了事情了，对不起。

患　者：加油，大家都会好起来的，加油，武汉加油！

患　者：该吃药吃药，该打针打针，一定要跟自己抢速度，要配合医生，还要感恩啊，感谢医生，那么多医护人员特别辛苦。

患　者：不用怕，会慢慢好起来的，加油吧！

医　生：大爷，有点信心啊！

患者家属：老伴，坚持，坚持，再坚持，老伴儿坚持，挺住！

医　生：加油。

报道分析：

该段报道首发在央视新闻客户端，当天在央视新闻频道《东方时空》播出时，对原视频做了部分剪辑。

这段报道以记录为主，记者张鹏军通过出镜采访的方式完成了整个报道。该报道最大的特点是"真"。真实的现场、真实的对话、真实的情感。当张鹏军和赖健两个人进入汉口医院的隔离病房后，通过镜头我们看到了疫情最前线的救治场景。报道使我们有机会近距离地看到专业又疲惫的医生、高负荷下工作的护士、挣扎在死亡边缘的重症患者、无奈又焦虑的患者家属；深刻地感受到正在接受治疗的患者其坚定的信心与决心；更有成功治愈患者的笑颜……这些真实的场景通过张鹏军和赖健的镜头呈现在我们面前。

整段采访中，1997年出生的护士朱海秀深深打动了我们，透过护目镜可以清楚看到她大大的黑眼圈，在接受张鹏军采访时，她的一句话瞬间击穿观众。

张鹏军：给家里人报一个平安吧。

朱海秀：我不想哭，我的眼泪在眼睛里打圈。我一哭的话，护目
　　　　镜就花了，就干不了事情了。

感情让位于责任，情绪让位于职责。

这段报道没有刻意地设计报道内容，没有过多的采访，我们看到的更多的是真实的记录。这种原生态的记录比记者带有目的性的采访来得更有力量。片子当中保留了大量的同期声，镜头所到之处，有医生的叮嘱，有患者之间的鼓励，有家属的陪伴，也有记者真切的关心。这些同期声告诉我们：医生没休息好，压力大，有黑眼圈了；有患者正在抢救、生命垂危；也有患者已经度过危险期，转危为安；还有患者即将出院……简短的对话

与交流，没有客套，句句是实打实的心里话。强烈的记录感、真实的表达力，是这条片子传达给我们的。

最让人感动的是在片尾。记者通过照片的方式，让我们看到了被防护服包裹着的白衣天使们，那一张张可爱的脸。这一处的小设计是报道者用自己的方式对奋战在一线的医生、护士表达的崇高敬意，在严峻的疫情下我们感受到的是处处温情。这一个小细节也更好地诠释了一个优秀的报道，记者的工作不仅仅只在现场。

报道小贴士：

1. 现场报道的形式多样，像张鹏军这样采用纯记录，出镜采访为主的方式也是其中之一。通过画面记录、同期声采访完成报道同样可以有力地呈现出新闻现场。

2. 如何让采访不破坏现场？当记者进入新闻现场时，作为外来因素，自身已经带有某种"影响"意味了。记者需要思考的是如何让这些"影响"降低到最低，现场报道"不能让现场为报道让路"。张鹏军与护士朱海秀对话时，她一边做准备工作，一边与记者交流，丝毫没有放慢手里的工作。

【案例三】记者手记：武汉隔离病房里的三种颜色

播出时间：2020年2月11日 20:22—20:28

播出平台：央视新闻频道

视频来源：央视网

http://tv.cctv.com/2020/02/11/VIDEfuurxK6Eoo038a1OLLje200211.shtml?spm=C45404.P7ne1ttcoan4.S62385.29

出镜记者：总台记者张鹏军

视频文案：

主　播：这是一段我们总台央视记者张鹏军，进入到隔离区的采访，这段采访看得人心潮起伏，其实隔离区当中还有很多很多的故事没有来得及展示，那现在我们就马上来连线他。你好,鹏军。看了你这段采访,我真的心里有很多的滋味,一直压抑着涌不出来,我不知道你从隔离区采访结束回来之后,你最大的感触会是什么?

张鹏军:其实不光是你我,这个片子播出了以后,很多网友在留言,都说受到了震撼,特别感动。我想,为什么呢?可能刚才大家看这个片子的时候,发现这条新闻其实和我们之前的一些新闻稍有不同,它没有一句解说词,因为我们到了最核心的隔离区的时候,我们只有记录,忠实地记录。而这些记录的素材中每一个人说的话,就是最震撼我们人心的。所以,我把这些素材完整地记录,编辑了起来。另外,这个片子大家可能看到它不是一个人的人物特写,不是一个人在说话,它是很多人在说话,而这些人其实传达的是一个意思,也就是我们片子的名字,叫"信心"。其实,进入隔离区之前,在拍摄的时候,我心里是没底的,我没有带着策划进去,我不知道我要拍什么,但是当我去了之后,我发现所有的人扑面而来的给我的就是"信心"两个字。

如果说到感受,我想用三种颜色来表达。

第一种颜色是红色,我所进去的这个隔离区在武汉,我们把它叫作红区,红色有警戒的意思,意思是到了这个区域之后,病毒无处不在,有很多重病的患者就在里面,危险就在你身边。我进入红区的时候,心里也是怀着这种警戒的。这种红色我们看不见,但在我们的心里,当我踏进隔离区的时候,我心里在提醒自己,这是红区,小心,再小心。但是当我路过第一间病房的时候,我感觉我可能思想上有变化了,因为我听到的是笑声,这个笑声来自于第一间病房里面,三个病人他们经过治疗以后都有所好转，而且他们之间有了友情，所以他们经常在一起开玩笑。这个时候我旁边的医生就说，你看，这个小伙来的时候特别年轻，37岁，我真的害怕他这么年轻就走掉了。当时，我听到这句话的时候，我是觉得什么叫医者仁心呢。可能就是这样的一句话吧，一句简单的话。所以，在这个时候，我突然感觉到红区的"红"，不光是有警戒的意思，太阳也是红色的，红色是暖色调，它可能还有温暖的意思。

第二个颜色我想说白色，当我进到隔离区的时候，可不是每一个人都能笑得出来的。就像刚才片子里面大家看到的，我们记录到了一个重症的患者，他被转到了重症监护室里面，医生在下达病危通知书。这是非常现实的情况，在我们的红区里。面对这样的一个病危通知书的时候，医生拿起他的胸片，说你看他的肺，两肺都发白，白色越多意味着感染的面积越大。这个时候我第一次对白色产生了恐惧，可当我在退后几步要去拍一个大景的时候，我看到的是好多穿着白色的隔离服的医生和护士。他们集中过来，他们奔跑起来，他们在抢救生命，那个白色的人墙是安全感，那一刻"白"是白衣天使的"白"。

还有一个颜色，我想说黑色。就像刚才片子里面的，我在采访一个护士的时候，她一抬头我透过护目镜看到她的黑眼圈好重，我就问她，累吗？她说累倒还是一个方面，因为轮班可以休息，其实主要是心理压力大。她说，我来的时候其实没有告诉我的家人，我是自己悄悄来的，因为她觉得可能作为医生就是救人，这个时候没有推卸责任的理由。而她是1997年出生的，在某种意义上来说，她还是个孩子，她的这种心理压力，我那一刻可以体会得到，也肃然起敬。同样，这样的一个黑眼圈呢，我在之前的采访中还见到一个长者有，他是一个院长，叫张忠德，他有黑眼圈，我当时问他累不累的时候，他同样回答说，其实压力更大一些。在抗击"非典"的过程中，张忠德就感染过病毒，后来他走出来了，但是这一次他又来了，我问他，你现在年龄也不小了，抵抗力肯定不如从前，还要到红区里面去，怕吗？当他听到这个问题的时候，他没有回答我，停了5秒钟的时间，他哭了，一个50多岁的人在我面前哭了。所以，这个时候我是觉得每一个人，其实来的时候可能都有担忧的，但是我们都是带着责任而来，他最后说，我害怕战场上的流弹防不胜防，我带了100人的团队，我希望每一个人都平平安安地回去。黑眼圈是黑色的，黑夜也是黑色的，但是有了这么多人的努力，有了信心，我们相信没有一个朝阳不会升起，没有一个春天不会来临。我相信在武汉我们看到的所有今天的色彩，都会在风雨之后变成一道彩虹。王宁。

主　播：是的，你这些真实的记录，我觉得会在岁月当中深深地刻在我们每个人的心里，因为是那么的诚恳，那么的细致。可能作为同事，作为一个记者，真实的记录是你的职责，但是我依然想对你说，谢谢你，鹏军，谢谢你的镜头，谢谢。

报道分析：

这段连线报道与【案例一】同一天在《东方时空》中播出。张鹏军的小片播出后，与主播进行了5分45秒的连线。从报道内容上来看，连线内容更像是记者的述评，将他在新闻片中没有篇幅或者是没有出口可以传达出来的思考，在这5分多的时间里，有理有据、情真意切、观点鲜明地表达出来。

张鹏军的述评以三种颜色为切入点，把红、白、黑，三种颜色的"利"与"弊"相结合，如此设计十分巧妙。难能可贵的是，他的点评不是"漂浮物"，而是"潜水艇"。来自新闻现场最近距离，最人性化的观察通过这三种颜色为我们一一呈现出来，我们震惊于医务人员在超强工作压力下的坚守，我们震撼于他们在肆虐病毒面前的沉稳应对，我们感动于他们为人父母、为人儿女的忠孝两难全。这样的连线最怕的就是记者空说"感受"，空有主观感受没有客观事实，张鹏军做到了用真实记录的画面支撑他的"感受"，而没让感受成为空中楼阁。

张鹏军是坦诚的，他坦言进去前没有任何设想，因为他们对隔离区到底是什么样的情况一无所知。张鹏军是细心的，他透过护目镜，看到护士朱海秀深深的黑眼圈，简单的几个问题，将一位"95后"小护士鲜活的形象呈现出来。张鹏军是深刻的，这样的特殊时期，在距离死亡边缘最近的区域走出来，他的报道不是盲从的鼓励，而是踏实工作带来的希望，"当我们在武汉看到的所有的色彩，等风雨之后都是一道彩虹。"最后一句轻轻触碰，不做泛滥的抒情。

报道小贴士：

看完张鹏军与主播之间的这段连线，不难发现他所采用的方法与之前王春潇的方法是一样的，即"关键词法"。虽然采访的方法相同，但是表达的目的却是不一样的。王春潇是用关键词带出新闻事实，她将新闻事实用关键词串联起来，方便观众理解她所掌握的信息。而张鹏军的关键词法主要的目的是为了发表观点，三种颜色的使用，目的是发表其个人的观点，将观点的三个层次通过三种颜色区分开来，逻辑清楚，观点鲜明。

很多电视新闻节目会采用这样的方式，先播放记者的现场报道，然后再跟记者进行直播连线，这时候连线的目的是让记者补充一些最新信息，还有一个目的就是让记者基于报道发表观点。这样的报道手法也是常态手法。

【案例四】战疫情 走进武汉：老人痊愈出院 她想做的第一件事是什么？

播出时间：2020年1月29日 20:13—20:18

播出平台：央视新闻频道

视频来源：央视网

http://tv.cctv.com/2020/01/29/VIDEq9bGMga6vSYPDboldrng200129.shtml?spm=C45404.P7ne1ttcoan4.S62385.17

出镜记者：总台记者杨春

视频文案：

主　播：1月28号在武汉市肺科医院总台央视记者杨春进入了病房，探访即将出院的新型冠状病毒感染的患者，这些患者在经过治疗之后已经康复了，其中他们最早是1月9号入院的，最晚的是1月20号入院的，也就是说他们当中最快出院的患者只用了9天就治愈了。

　　　　　（小片播出）

医　生：对，现在这个脚进来就可以了。

杨　春：在戴上眼罩之前，我有个感触，就是在"非典"的时候，我穿过这样的防护服，在非洲塞拉利昂报道埃博拉疫情的时候，我也穿过这样的防护服，今天又要来报道新型冠状病毒肺炎，我又穿上了。总的一个感觉就是现在的防护是越来越严密。今天在武汉的肺科医院有三位病人经过治愈要出院了。我们想来看一看他们在医院的最后一天是什么样子。

杨　春：你好，今天有三位病人要出院了。

医　生：对。

杨　春：您带我去看一下。

医　生：先到这边来。他们可能会对面部有这样一个（顾虑），其他的没问。

杨　春：没问题，我们会尊重他们的想法。

医　生：我们这个房间有两个病人今天就要出院，另外一个可能到明天出院，这些都恢复得很好。来的时候就是一些有些发热、咳嗽或者乏力，他这种胸闷喘气的症状，经过治疗之后效果很好。目前的话，基本上他们没有什么其他的症状，所以说，目前就疾病来说的话，还是能够达到一个比较好的治疗效果。目前我们观察的大部分的效果，还是不错的。

杨　春：行，现在可以聊两句吗？您现在感觉怎么样？

患　者：现在感觉还可以。

杨　春：说话都没问题？

患　者：没问题。

杨　春：太好了。在这儿住院这几天，这些日子感觉怎么样？跟医生关系怎么样？

患　者：可以，他们都很好。

杨　春：我看得出来您的状态挺好的。说话啊，包括都能坐着。

医　生：我们各种的设备，包括我们检查的设备，我们的一些检查的试剂盒，还有我们的一些治疗的药物，现在是马上能够到位，治疗检查能够跟得上，那么这个效果就很好。

杨　春：在疫情前期出现的那种药物缺乏，试剂盒缺乏的情况在这儿已经基本上解决了？

医　生：解决了。现在我们所有的人都可以做检测。我们的药物，所有的人都能够供应得上。我们需要的对比较危重的病人的抢救的仪器或者设备，我们都能够有，到目前来说现在比以前，前期来说是明显的要好一些。

杨　春：这个消息太好了。我能问问您吗？回家以后想做的事儿，第一件想做的事儿（是什么）？

患　者：第一件想着的事就是帮我们找个单独的房间，把口罩戴上，就是那种隔离。

杨　春：你很自觉，您这个想法很好。这也是您嘱咐他们的？

医　生：对，出院的时候我们要做相应的一些指导。回去了之后该怎么办，是吧？你最好是戴口罩居家隔离，一周到两周的时间，对不对？

杨　春：这是对自己负责，也是对别人负责。

患　者：对，对大家负责。

杨　春：对，将来你也应该这样。好的，谢谢大家，再见。

患　者：谢谢你，辛苦了。

杨　春：没有想到的是在病房跟那些即将出院的病人聊过之后，他们的状态比我预想的要好很多。特别是那位年纪比较大的那位老阿姨，我问她回家以后第一件想做的事情，因为正在过年期间，我以为她会跟家人团聚，但是没想到她说的第一件事是要做好居家隔离。我想首先要感谢肺科医院的医生，他们做到了尽职尽责。

医　生：第一个你要注意休息，不要感冒。

患　者：（我）不跟他们一起住，我自己住个房子。

医　生：要加强营养，7到10天还要到医院来复查，好吧？有问题打电话，我们到时候把电话留给你。

医　生：这个给你，祝贺你早日出院了。回去还是要好好休息，好吧？

杨　春：也祝贺你。

患　者：谢谢。

杨　春：刚才也是护士长告诉我，为了庆祝他们出院，想去武汉街头去买点鲜花，但是由于特殊时期鲜花根本是买不到的，所以用塑料花，假花来代替一下，但是气氛和心意都已经到了。

【案例五】战疫情·走进武汉：记者探访武汉市肺科医院

播出时间：2020年1月29日 20:18—20:25

播出平台：央视新闻频道

视频来源：央视网

http://tv.cctv.com/2020/01/29/VIDENjoGQYnvgCPAUox7wPFV200129.shtml?spm=C45404.P7ne1ttcoan4.S62385.18

出镜记者：总台记者杨春

视频文案：

主　播：有关武汉前方更多的消息，让我们马上来连线一下总台央视记者杨春。杨春，你好。

杨　春：柴璐，你好。

主　播：刚才我们看到你是穿着全套的防护服，还有口罩，在医院里面采访了好几天的时间了，一直都是在武汉市的肺科医院。我自己特别感兴趣的一个问题是，不知道你穿着像医生一样的这种全套防护服的时候，你自己的感受是怎么样的？另外，除了刚才在小片当中给我们呈现的采访之外，在今天的采访当中，你又有一些什么样的新发现可以跟我们分享？杨春。

杨　春：先简单地回答你第一个问题，一个字：热。浑身的闷热发汗。我们还是空着两只手，医护人员要不断地在工作，可见他们的劳动强度有多大。特别是当护目镜沾上雾气之后是非常难受的，那个感觉、那个滋味没人能体会。那么，今天刚才看到这个小片我还是挺高兴的，昨天发生的事，我一直高兴到了今天。可是接下来要跟大家说的这件事，就有些令人揪心了。我们一直在跟踪采访的一位采访对象，今天不幸被确诊为新冠状病毒的感染者。我知道大家听到这个消息以后，肯定会第一个反应，你怎么还坐在这儿呢？你怎么还没有被隔离？那么，幸运的是我和这位采访对象一直是进行一个电话联络，来跟踪（他的）进展，跟他敲定采访时间。所以，我和摄像我们都是能够确保安全的。

那么，我听到这个消息第一反应就是，他所在的社区街道是不是掌握他的情况？那么今天我又跑到了他所在的社区，武汉市的汉水桥街道营南社区，他所在的社区的刘书记告诉我们说，他们是掌握情况的，而且前两天就对他进行了居家的隔离防护。这位患者自己也主动地向他们汇报过他自己的发热状况，所以可以这么说，虽然消息令人有点不安，但是武汉基层的防范疫情的工作，做得还是到位的。

那么，接下来的小片子是一个小插曲，也是我在武汉肺科医院采访的时候，采访重症监护室主任胡明的时候发生的。突然一个电话就打进来，这个电话不仅打断了采访，而且让胡明主任一度落泪，难以自已。后来旁边的人告诉我说，是他的好兄弟好朋友，也是他的同事同行，武汉另外一家医院的ICU主任，重症监护室的主任，前几天被确诊为新型冠状病毒的感染者，那么，昨天这个电话就是告诉他，他的好朋友病情变得非常的危重，所以，也让胡主任一度难以控制，泪流满面。那么，今天我们又回到了他的ICU的岗位，我们再次采访了他，咱们一起来看看这个小片。

（小片播出）

武汉肺科医院重症监护室主任胡明：昨天突然给我打电话，他自己说我觉得我快不行了，呼吸困难了。

杨　春：因为接触了两天了，对您的印象就是很洒脱的一个人，没想到情绪一下子……

武汉肺科医院重症监护室主任胡明：我原来很洒脱的，平时说句实在话，几十年来都从来没有说什么情绪波动过的。你天天面对生死，没有人有情绪波动的。如果你情绪波动了，你做不了决定。但你突然一下，你接触到自己平时很熟悉的很要好的朋友，他突然一下，而且是同行啊！而且大家都在同一个战壕里面战斗啊，突然一下，他说不行了，你显然情绪上一下很难来接受。元旦之后，我们几个 ICU 主任聚在一起，确实都遇到这种同样的病人，同样的情况，相互之间互相在交流经验，讨论怎么去治疗。过了好像几天吧，那兄弟突然他就问我，他说我这儿收了个病人，然后我把片子给你看，你看觉得是不是？我这一看，当时只有疑似，核酸试剂也没出来。我觉得疑似吧，基本上百分之八九十，结果过了两三天才知道，那片子就是他的。

杨　春：你刚才一直说一个战壕的战友，他倒下了，你们怎么办？

武汉肺科医院重症监护室主任胡明：你要该战斗你还得继续战斗。你总不能因为身边的战友倒了，你这个战斗就结束了。你这疫情没结束，你只要还能够做的话，难道说，你就退吗？你不能退啊。如果我们都退了，那还能指望谁呢？重症永远是疾病的最后一道关。我们最后一道关守门的，我们都已经退了，那不都跟球队一样，就永远没有守门员了。

杨　春：昨天采访完胡主任结束之后，其实我犹豫了一下，是不是应该把他情绪流露的这种画面,这种镜头展现给观众。但是今天在采访完了以后,我放心了,因为胡主任他说的那句话让我印象特别深刻,同一个战壕的战友倒下了,但是阵地还在,不能放弃。

报道分析:

杨春是一位新闻"老战士"。

他的职业经历与众不同,观众最初认识他是在《新闻调查》,那时他是一名调查记者。之后看到他是在非洲的埃及街头报道当地的示威游行,那时他是一名驻外记者。2020年新冠肺炎暴发之际,从他的朋友圈看到,报道小组在春节期间赶往武汉,贴着红色窗花的列车带着他们奔赴武汉的抗疫一线。

【案例四】和【案例五】是一组报道,案例四《战疫情·走进武汉老人痊愈出院她想做的第一件事是什么?》是杨春在武汉肺科医院走进病房,与患者面对面交流的报道。报道一开始,当杨春穿好防护服后,他是这样说的:"在戴上眼罩之前呢,我有一个感触就是,在"非典"的时候我穿过这样的防护服,在非洲塞拉利昂报道埃博拉疫情的时候,我也穿过这样的防护服,今天,又要来报道这个新型冠状肺炎,我又穿上。总的一个感觉就是现在的防护服是越来越严密了。今天呢,在武汉的肺炎医院有三位病人经过治愈要出院了。我们想来看看在医院的最后一天,他们是什么样子。"

155个字的背后是他作为新闻战士,在将近30年的职业生涯中与危险、死亡擦肩而过的报道经历。这句话里面的信息丰富,可谓是"一语双关"。杨春作为一名记者,其个人的报道经历恰恰是21世纪初这20年来人类与具有极强传染性、高致死率的呼吸道疾病抗争的20年。由此可见,记者的职业经历作为报道内容来用,作为增量信息来用也是方法之一。个人经历折射出时代的大背景,这样的开场白,只有像他这样拥有丰富报道经历的记者才有资格说出来。

这段报道内容短小精悍，主题突出。在病房，杨春与一位阿姨聊了起来，当他问对方，痊愈之后最想做的第一件事是什么的时候，老人家说，戴好口罩，做好居家隔离。来自患者的回答比记者在现场说出的任何感受更有说服力，病愈的患者第一考虑的还是如何做好个人防护，不给大家、不给社会添麻烦。这就是一位普通市民在我们全力以赴与疫情抗争的时候做出的最有力的回答。在2020年1月29日抗疫最艰难的时刻，这段报道的作用是显而易见的。

【案例五】观众们会注意到，与之前王春潇、张鹏军连线报道不同的是，杨春的这两段报道突出体现的是故事性、现场感，他首先回答了主持人柴璐关于穿防护服的感受，他在讲述自己体验的时候，虽语气轻缓，但是听起来却是字字揪心。"热，浑身的闷热、发汗。"他从自己的感受很快说到了医生，自己两手空空尚且这么难受，不要说整天忙里忙外的医生，他们承受生理上的难受是我们常人无法想象的。由此及彼，将报道的重心自然平移到核心人物身上，而不是以自己的感受为中心说事情。这两段报道，其报道重心主要是那些与疫情抗争的人。从患病治愈出院的阿姨到尚未谋面被确认为密切接触者的采访对象，再到没日没夜时刻面临被感染的医生。

这段报道故事曲折，先是介绍尚未谋面的被采访对象已经被确认为密切接触者了，由于与之一直是电话联系，所以杨春等人是安全的。观众以为关于这件事的报道就到此为止了，没想到的是杨春说他们到其所在社区，看看社区对这位密切接触者的情况是否掌握。记者核实的目的，就是想了解目前武汉的社区这一基础管理层级，对于类似情况是否可以做到跟踪管控到位。

最令人感动的是接下来的这个小片，1月28日杨春采访武汉市肺科医院重症监护室主任胡明医生时被一个电话打断，1月29日杨春再次来到医院采访他。前一天接到电话不能自已的胡明医生，第二天说出了"战友倒下，我们还要继续战斗"的话，一位普普通通的武汉医生，内心的真实写照。记者向我们展现了奋战在抗疫一线的医生面临职业生涯以来最艰难的时刻，表现了记者对医生令人难以言表的敬佩之意。

一组报道三个故事：病患、密接者、医生，被病毒威胁下的武汉，我们看到的是普通人身上最闪光的地方，而这一切来自记者最朴素的报道。杨春的报道看似平淡，细节处令人印象深刻，比如那句，"刚才看到的短片，我挺高兴，昨天发生的事情，我一直高兴到了今天。"

报道小贴士：

1. "讲故事"的报道手法

"讲故事"是记者做报道时经常采用的手法，由于大屏报道时间有限，通常来说，需要在一分多钟时间内完成，快速切入，高度概括，突出一两个细节即可。如果采用讲故事的方法，就要考虑到故事的选取、细节的抓取、人物的展现，故事的结尾通常来说是把观点或者是情绪传递给观众。

2. 回访的报道形式

杨春对胡明医生之前的采访因一个电话被打断了，那个让胡明医生流泪的电话是什么？面对突如其来的消息，胡明医生是如何梳理自己的情绪？作为一名记者，杨春想知道，作为观众，我们也想知道。于是，第二天杨春跟胡明医生又面对面坐下来，一天的时间，胡明医生已经可以平静地说起前一天的心潮起伏，面对巨大的工作压力，他的一句话深深地感动了我们，"你要该战斗你还得继续战斗"。没有逃避、没有退缩，只有继续坚持下去。像胡明一样的医生，在武汉、在湖北还有很多很多，他们是挡在我们面前与病毒抗争的那堵安全墙。杨春采用了回访的形式，完成了一个闭环的讲述，有始有终。

记者简历：

杨春，1994年毕业于北京广播学院播音系（现中国传媒大学播音主持艺术学院）；2000—2007年央视新闻中心评论部《新闻调查》记者；2007年至今担任央视驻外记者。

第五章 策划型新闻现场报道

第一节 策划型新闻现场报道概说

新闻报道,"新"字当前。这里的"新",既指时间上的"最新"发生,也指内容上的"新鲜"出炉,还指形式上的"推陈出新"。

新闻报道也有规律可循,逢年过节、重大项目、常规活动前,各新闻机构通常都会策划先行。比如,每年两会前,编辑记者大多会提前做好前期准备工作,基于一些报道热点,用最新节目样态来组织策划两会特别节目,力图在激烈的两会报道竞争中占据一席之地。日常报道中,会议新闻、成果性报道、先进人物、主题主线报道、系列报道等也是策划型报道的主战场。

长期从事新闻报道的记者,其多年的工作经历使其对某一专业领域相关情况了如指掌,对例行活动、行业动态、业界领袖等资讯信息,可以做到心中有数。从某种角度上来说,记者可以通过事前策划报道新闻。

除了突发新闻外,记者日常报道中还是以"策划"为主。这里的策划可以小到某个具体新闻事件的报道手段、信息呈现方式,大到新闻选题、报道角度等。在这一章中,我们将关注的视角投向某一新闻现场,具体地去分析记者的报道手法。

一、策划型新闻现场报道的特点

(一)相对充足的准备时间

与突发事件报道"零准备时间"不同,策划型新闻现场报道,对记者来说,总会有一些前期准备的时间。这时间短则一两天,长则几周甚至个把月。前期的准备不仅可以用来制定报道方案,还可以从容地对方案进行演练与调整，甚至是做好几套预案。

原央视新闻中心地方部北京记者站记者张颖，参与了 2015 年 9·3 阅兵报道。为了高质量地完成报道工作，她事前研究了 2009 年国庆 60 周年的直播报道，采访了来观礼台观看阅兵的几位观众，还了解了观礼台工程搭建，所用钢材的数据参数、座椅是否耐高温等工程方面的信息，直播时她介绍的纪念品给人印象深刻，这都源于其事前充足的准备。虽然直播团队有过多次演练，张颖还是为自己所在的观礼台报道点做了三个直播突发预案。为什么要准备三个预案，张颖介绍说，"直播时什么情况都有可能发生，虽然演练多次，我们已经有了报道底气，但是我还是做了预案，目的就是无论发生什么突发情况，我都可以用最专业的状态面对。根据报道经验我做了一些假设，依据这些假设制定预案。"由此可见，策划型新闻报道虽然可以进行前期策划，多次演练，只要是通过直播进行的现场报道，出镜记者还需要为有可能出现的各种突发情况做好预案。

（二）依据新闻背景做报道

与突发事件不同的是，策划型新闻现场报道需要记者依托新闻背景、结合新闻现场，通过发现与观察来组织报道内容。新闻背景信息的嵌入不是生硬地"塞"进来，而是依托现场信息有逻辑、有目的地"杂糅其中"。

背景信息在策划型新闻现场报道中的作用有两个：一个是作为报道内容来用；另一个是作为现场的增量信息来用。背景信息与新闻现场之间的关系包括很多种，有"因果关系"，也有"递进关系"，还有"承接关系"。另外，记者的出镜地点时常与背景信息相关，借助背景信息，记者可以告诉观众此时此刻为什么会选择在这里出镜做报道。

2019 年国庆 70 周年报道中，央视新闻主播潘涛在正阳门前做报道，这段报道中他以现场信息为依据，结合背景信息，将两类信息有机结合，内容鲜活。报道一开始这部分，他是这样说的："这个位置是位于广场的最南边，从我这个角度看过去，以正阳门椭圆形的门楼为中心，呈八字形摆开的礼炮阵型，分别向着西北和东北的方向。所以，视觉角度看上去，非常的威武、壮观和大气。单单从我这边这排看过去就有28门，28这个数字代表什么呢？代表中国共产党从1921年到1949年走过的28年的奋斗历程，两边加起来56门，又是特别好的一个数字，正好代表着我们祖国56个民族大家庭。"在这段报道中，潘涛首先介绍了现场的礼炮阵型，以"28"这个数字为依托，将背景信息1921年到1949年与之结合起来。

（三）多元化的手段呈现信息

为了突出报道内容，记者在策划型新闻现场报道中，可以通过环节设计、现场实物、借助道具、亲身体验、现场实验、插入小片、多机位拍摄等多种呈现手段，对信息进行多角度、多层面的表达。丰富的表现方式可以极大地提升新闻的可看性。在接下来的案例分析里，我们看到张颖自制图表、高姚借助模型、王春潇亲身体验、何盈360度报道空间的利用，他们为了呈现新闻现场，可谓是"十八般武艺"，样样都尝试一下。

二、策划型新闻现场报道的方法

（一）前期策划应细致

在撰写报道方案时，记者需要考虑周详。从报道形式到客观条件都要注意到，业务层面上，需要事前现场踩点、多方采访，无论是现场实物还是制作道具，都要落实到位。客观条件的话，对双机拍摄还是独眼拍摄、当天天气情况、室内室外如何过度等，记者同样需要不断完善、优化报道方案。直播报道，任何突发情况都有发生的可能性，在此提醒记者：方案中还需要为突发情况做应急预案。

（二）信息的可视化呈现

策划型新闻现场报道对新闻背景依存度高，对于记者来说，背景的呈现尽量避免信息的纯口语表达。可通过现场实物、道具、3D动画、虚拟现实、简易地图等技术手段，增强新闻的可看性。利用现场实物、道具做报道的话，记者必须事前多次演练，特别是涉及具体操作，在演练时尽早发现问题，避免在直播时因操作不当影响报道。例如之前有记者做报道的时候使用Ipad，考虑着在报道中为信息做增量，忽略了在自然光和室内光下，Ipad的屏幕会反光，结果观众从电视画面上看到的不是数据和图表，而是白花花的一片，什么也看不清。

（三）灵活调度，重组信息

策划型新闻现场报道"策划"的重点之一就是现场呈现，为了增强报道的可看性，在不违背新闻真实性原则的基础上，记者可以有效调度现场，将现场信息重新组合呈现出来。

前期策划也会给报道带来负面影响，比如"过于完美，有些失真""信息过于饱满，设计感太强""报道节奏缺少变化"等，所以，前期策划也要避免出现上述问题。

三、策划型新闻现场报道的注意事项

（一）切忌"摆拍"

"摆拍"对新闻"真实性"的损伤是毋庸置疑的。观众一旦发现有"摆拍"的影子，就会给报道扣上"虚假"的帽子。策划型新闻现场报道中，记者需要对新闻现场重新组织设计。例如，记者出镜背景的画面安排，被访者的提前准备，报道过程中某个重要时间节点的呈现等。这些内容上的设计，其目的是让信息得以更好地呈现。之所以给人以"摆拍"的印象，主要是一部分记者在策划时，过多关注传播信息，而忽视了新闻现场是否符合日常生活实际情况。例如，记者探店品尝美食，只想着告诉观众东西多么好吃，吃完后抬屁股走人了，却忘记了在店里吃东西是要给钱的。不给钱就走人的行为，一下子让观众对美食失去了兴趣，传播效果大打折扣。因此，记者在进行现场报道策划的过程时，要以新闻事实为依据，生活常识为准绳，合理把控现场，在调度设计与真实场景呈现之间合理权衡，避免出现刻意的"摆拍"。

（二）准确的出镜状态

重大节目、活动庆典都属于策划型新闻现场报道范畴，热闹、欢快的现场容易让记者的生理状态过度亢奋，记者做报道时，出镜状态需要把控好，既要传递出现场气氛，还要考虑到坐在家里沙发上看报道的观众的心理，需要提醒的是，记者要注意自己的情绪表达。避免因情绪渲染过于夸张、语气过于亢奋、出现"自嗨"的报道状态。越是宏大的场面，越是隆重的节日，越是盛大的场景，越要注意情绪的准确、适度的把控。

第二节　各类策划型新闻现场报道

【案例一】主题表演区：高科技打造一幅幅动感画卷

播出时间：2019年10月1日 18:13——18:19

播出平台：央视新闻频道

视频来源：央视网

https://tv.cctv.com/v/v1/VIDE38A1pMu7RT2j4KFqcn9b191001.html

出镜记者：总台记者蒋林

视频文案：

主　播：主题表演是连环表演的核心呈现，也是重要的亮点和创新之处，今天晚上主题表演区将以国旗为核心元素，借助高科技的力量，展现出动感十足的画面。今晚这里将会以怎样的方式精彩亮相，我们马上就来连线正在主题表演区的中央广播电视总台的记者蒋林。蒋林，你好。给我们带来你那里的情况。

记　者：好的，春燕。我现在就是你所说到的天安门广场最核心的位置。距离我可能也就20米的位置就是金水桥，远处是天安门。我想先从今天上午的一段小小的感触来开始今天的直播。今天早上阅兵前的直播结束后，我有幸拿到了一张请柬，坐到了广场南面的观礼台当中的记者区，

41排的位置上看完了整个的阅兵仪式和群众游行。我所坐的这个区域是41排，在盛典结束后，为了保证大家安全、逐步退场，（现场）基本上是以3到4排为一组地退场，所以，当我从41排走下看台的时候，比第一排的朋友们大概多等待了有25分钟的时间。但是就在我已经走到天安门广场边上的时候，我发现临时观礼区第一排最前面的坐席已经全部拆除完毕。通过这样一个小小的细节，我要告诉大家，在今天中午的12:30，当我们的群众游行环节结束之后，今天晚上我们要把广场变成一个群众大联欢的场地，这个转场的过程是需要争分夺秒的。我记了一下时间，大概在今天下午的4:30的时候，所有的布置完成了，现场焕然一新了。我们来看一看就在远处有6个大的吊臂，吊起了1个LED的投影墙，这是今天晚上将会和我们的核心表演区当中的这些表演者一起互动的，一个非常亮眼的表演项目。

然后，我就要向大家隆重介绍一下，此时此刻处在静默休息当中的我身后的这些小伙子了。我身后的这样一个主题表演区有3290位表演者，他们手里有3290面的发光灯牌。我也要到了一个，这个应该算是一个替换的灯牌，我给大家来介绍一下。实际上，我们今天晚上的表演是一个科技含量非常高的表演。那么，这个灯牌是可以展开，当它完全展开的时候是一个宽度是80厘米，高度是85厘米，接近是一个正方形的样子。但是我要告诉大家，灯牌在这两三个月的时间里，这已经是它大型技术改造之后的第三版产品了，现在这个灯牌我一只手就可以提起来，它的重量只有2.8公斤，而最开始它的重量是达到了6.2公斤，重量大概减少了60%，重量的减少，可以让我们的表演者能够更好地去完成动作。

比如说，当他们把灯牌打开高高举过头顶，当3290个灯牌连成一片的时候，我们从空中去看，这是一个有近万平米大的空中LED电视。所以，今天晚上当我们通过空中的视角去看这样的画面的时候，能不震撼吗？另外，这个灯牌的奥秘，我再把它转过来给大家看一看，在它的身后会有电池和信号接收器。另外，还有两个隐藏道具的小管子，有一些道具藏在里面，这还有一个小的按钮，我们可以随时重启。

在整个表演过程当中，我们要保证这3290个表演者是一个整体，而我们和研发的企业去交流了一下，他们告诉我这样一个有趣的故事。最开始张艺谋和甲丁导演给他们提出来的要求是一个配合8分钟的节目，当他们做出了这样的一个产品时，导演为之眼前一亮，于是，他们在不断地被加戏份。今天晚上他们将会完成18段曲目，而我们核心表演区几乎所有的表演都需要他们的参加。时而举过头顶，变成一个巨大的电视，时而放在地上变成一个灯光的背景，时而他们会流动跑动起来，而这些光影在每一块板子上都是不一样的变换，流动的画面又会让它们成为一片灯光的背景。

现在我们的耳机当中，大家可能听到，广场上已经开始为今天晚上的演出进行音响的调试工作了。在我这段直播的最后，我想再说一说灯牌，现在我们中国已经有了非常强大的国力，我们拥有了中国制造、中国创造，我们的经济实力在不断提升的同时，我们的科技创造能力也在不断地提升，而与此同时我们的导演，比如说像今天晚上的这两位重量级的总导演，他们在我们的科技支撑之下，也放飞了许多以前他们不敢实现的梦想。因此，在过去的几个月的时间里，是我们的科技能力和中国现有的文化软实力，彼此互动、彼此碰撞、彼此督促，才有了我们今天晚上看到的这样一个非常盛大的演出。

最后，我想告诉大家这样一个小的事例，就会让大家觉得，其实，国庆这一天，骄傲是我们心中的主旋律，我们的科技企业在做灯牌的这三个月的时间里，技术革新的同时顺便还申请了 5 个国家专利。想要告诉大家的就是，当我们有足够的科技实力去支撑的时候，我相信今天晚上我们能够呈现出来的演出，一定是大家以前没有看到过的。好的，以上就是我们从核心的表演区为大家带来的现场直播的报道，让我们一起期待今晚盛大表演的开始。

报道分析：

2019 年国庆 70 周年的现场报道中，蒋林的这段报道让人印象深刻。整体来说，其特点是：现场信息丰富，充分利用现场实物，最值得称赞的是记者将科技创新自然地融合到现场报道内容中来，主题升华的事实依据来自现场，说服力强。

1. 转场信息的交代

新中国成立 70 周年庆祝活动主要集中在天安门广场上举行，上午是阅兵庆典和群众游行，晚上是联欢活动。如此大规模的活动，人员和场地的转场情况也是观众所关心的内容。蒋林在报道一开始通过个人经历把转场的过程叙述出来，这种幕后花絮性质的内容一下子就把观众吸引住了。

他从上午自己退场时观察到的"快速撤走观礼台"入手，说到正在准备表演的核心表演区，对自己当天的两次连线报道做了有效承接，也让这段连线的内在逻辑更加通畅，观众看蒋林的报道就像在看"连续剧"。而记者在"非工作时间"对现场细节的观察，也证明了一个优秀的出镜记者要善于留心身边的"隐藏信息"，也体现了职业记者的职业素养和新闻敏感度。

2. 报道空间小，道具来帮忙

这段报道相对比较静态，记者可利用的物理空间不大，报道的内容主要依靠背景信息。为了让报道可看性增强，蒋林利用了现场实物的方法，他手拿一个灯牌，将灯牌的改造与表演区的分工、节目迭代升级巧妙结合起来。从小道具的改造到国家科技实力的发展，再到文化软实力的升级，在国庆这一背景下，报道立意高。大背景、小故事，由小见大的报道策略充分体现其专业性和表达智慧。

3. 灵活应对突发情况

细心的观众会注意到，在报道的后半程，广场上的背景音乐突然响起，瞬间盖过了蒋林的声音。说时迟那时快，蒋林借势立刻把这一突发情况作为报道内容说出来。这么做的目的，既可以满足观众对现场突发情况的知晓意愿，同时也可以帮助自己从"被干扰"快速"切换"回原来的报道轨迹。在处理这一突发情况时，蒋林表现得沉着冷静，语言组织迅速有效，既能灵活加入"新"内容，又能快速回到自己的报道上来。

事实上，类似的"突发情况"是新闻现场对记者心理素质与临场应变能力的极大考验。以往有些记者缺乏经验，出现说不下去，眼神飘移等损伤报道的行为。甚至有记者假装看不到、听不到，如此处理让人着实费解。

4. 语气笃定大气沉稳

70周年国庆如此隆重而盛大的新闻现场，蒋林表现得沉稳大气，语气笃定。类似的现场，出镜记者最容易出现的问题是生理上的过度亢奋，主要表现在声音高，甚至会有呐喊感。由于心理节奏较快，导致语速过快。一位优秀的出镜记者报道时的语态、语气也是其报道能力高低的考察项，诸多的新闻中，类似场合下如何保持专业状态，做到恰到好处，并非易事。

报道小贴士：

1.现场报道充分利用现场实物，之所以这么做，是因为记者在展示实物的时候，观众的注意力会转移到实物上，而不是一直集中在记者身上。这对记者来说，可以降低观众对其语言表达精准度的要求，记者就不那么容易紧张了。

2.第一时间说破突发情况。对出镜记者来说，把现场突发情况"说破"是最好的应对方法。一切力图掩盖或者无视其发生、存在的做法都是错误的报道行为。

【案例二】新春走基层：零下 42℃极寒中的营林人

播出时间：2021 年 1 月 25 日 07:24—07:33

播出平台：央视新闻频道

视频来源：央视网

https://tv.cctv.com/v/v1/VIDEKzAnAYuOLGG5Ojhhdz3v210125.html

出镜记者：总台记者任秋宇

视频文案：

主播（男）：我们今天首先带您前往中国最北端的黑龙江省大兴安岭图强林业局，眼下的季节林区的最低气温能够达到零下 40 多度。天气虽然极度寒冷，营林工人每天仍然要在林区中作业。

主播（女）：总台新春走基层记者任秋宇在那里蹲点采访了近一周的时间，下面我们就一起来了解一下这些营林工人的工作和生活。

解　说：天还没亮，50 多岁的营林工人高德利和妻子已经起床了，热车、烧水、做饭，俩人分头开始了一天的工作准备。

图强林业局奋斗森林资源管护区营林工人高德利：垫 3 个（鞋）垫。鞋大，这是 44 的，正常我穿 40 的。

图强林业局奋斗森林资源管护区营林工人尹玉芝：垫两个棉垫，然后再垫个热贴，热贴鞋垫，发热鞋垫。这都最厚的棉花棉裤了。

记　者：这棉裤得有几斤？

尹玉芝：1斤多。

记　者：您下边穿那么厚，上身就穿这么薄？

高德利：因为穿多了，干活干不了，干活走道费劲，（穿这鞋）干活还跟开锅似的，汗腾腾往上。

记　者：现在是早晨的6:40，高大哥一家现在准备出发上山了。我们可以看一下，现在外面的温度是零下42度。我们现在已经穿了厚厚的衣服，准备跟着他们上山。

解　说：高德利是作业班组的组长，组里有7人，他要挨家挨户接着组员一起上山。经过40多分钟的车程，我们抵达了作业点附近。这时天色已亮，其他作业班组的车辆也陆续上山，但这里并不是最终的目的地。接下来还有40多分钟的山路等着我们。

记　者：脚底下全都是这种枝桠什么的，加上厚厚的雪，很难走。我们其实跟前面的牵头走路的人，已经差了很远了，但是实在是追他们的脚步有点费劲，而且大家可以看到，因为这个气温过低，我们走了这有20多分钟，（眼镜和帽子）上面全都是霜，我们要继续抓紧追赶部队。

解　说：这些踩出的路，还算好走。第一次上山才是最难的。

记　者：累了？你第一次上山的时候，最难忘的是啥？

图强林业局奋斗森林资源管护区营林工人高雪：最难忘的就是走不动。都走出星星了，我第一次去。鞋老沉了，踩着雪更沉。感觉好像脚带着千斤。

高德利：我们走道得这样，自己这样扒拉着，要不进不去啊。这样子走。一开始我们走，我在前面走的脚印，他们后面跟着踩着脚印，就一个一个踩着走，人多以后就踩平了。

记　者：就像现在这样。

高德利：就像现在这样平了。

解　说：40多分钟的山路走下来，帽子和围脖上都是霜，隔着衣服还能看到汗水蒸腾。

记　者：你那一会儿后边不得结冰冻上了？不冷吗？

尹玉芝：待会儿就挂霜了。挂霜了待会儿干起活来以后，自然又出汗了，就不冷了。待着就不行了。

记　者：就在山里不能闲着。

尹玉芝：对，不能闲着。

解　说：到了作业点本以为可以开始干活了，没想到还得给工具热热身。在安全员的监督指导下，先用火烤一烤冻住的割灌机。

高德利：你看看这冻成啥样？使劲扳都扳不动了。现在这块是来回转的，你转不动啊，你干不了活啊，必须给它烤开。

图强林业局奋斗森林资源管护区营林工人高鹏：等他烤完锯之后，这个火我们再处理掉。

解　说：林区里用火有非常严格的要求，必须要清理出一片空旷的区域，用完火熄灭后还需要盖上雪，确保彻底熄灭。

高　鹏：要不然怕有余火。

解　说：高德利这组有7人，包括3名割灌机手和4名捡枝桠的工人。他们要把林子里妨碍树木生长的藤条、灌木以及病木、朽木和发育不良的树木清理掉。对于腰上挂着20多斤设备的割灌机手来说，这不光是力气活，也是技术活。

高德利：采小的，留大的，采死的，留活的。

记　者：是这么一个采伐标准。那咋分辨呢？我看您在那伐的时候干脆利落，走得还特别快。

高德利：像这堆树，这堆桦树，这一大堆，不是桦树吗？正常必采的是这两个，这两个小的，它已经影响大的生长了，必须给它采掉。这两根它怎么长也不成材。因为它长得不直溜，弯弯了。这两根必须得拿掉。

解　说：而捡枝桠的工作也没有看上去那么轻松简单。

记　者：一不小心，这个枝条就会打到脸，又刮脸了。

解　说：不一会儿，记者就累得气喘吁吁。摄像记者还在拍摄时被枝桠绊倒了，而工人们一干就近4个小时。

记　者：我看看您衣服，啥时候刮的，这是？

图强林业局奋斗森林资源管护区营林工人郭艳梅：不知道啊，不知道啥时候刮的。

记　者：这衣服上都是口，还有以前缝的。

郭艳梅：手套，你看，缝一层又一层的。晚上有活了。

记　者：回家得缝啊。

郭艳梅：嗯。

解　说：因为都出了一身的汗，趁着午饭时间，大家抓紧时间生火烤火，要不然衣服上浸出来的汗水会冻上，结成冰霜。

记　者：你们烤火也得转着圈烤。

高德利：对啊，要不然，后面湿了，都出汗湿了，烤烤后背。

郭艳梅：里头的（衣服）都湿了，一攥都出水了。

解　说：大家的午饭都是一早准备好，从家里带出来的。

记　者：带着保温盒，保温还可以，是吧？

图强林业局奋斗森林资源管护区营林工人陈玉清：外面包一层那个自己做的（布套）保温点，外面买的那种（保温盒）不包上不行。不包上凉透了。

解　说：记者随身携带的矿泉水，因为没有保温措施，早已被冻住。常年在外干活，大家最常带的是方便面和烤馒头，不仅加热方便，还能喝口热汤。

记　者：我们带来的馒头，都已经冻硬了。我给大家听听这声，不烤没办法吃了。

图强林业局奋斗森林资源管护区营林工人赵玉富：我这馒头。

记　　者：烤好了？

赵玉富：烤煳了，黢黑。离火太近了。这面挺好，焦黄。

记　　者：我看你吃得挺香。

郭艳梅：这工夫吃啥都好吃。

解　　说：从早到晚一天下来，高德利和组员们得忙活7个小时。走上10来公里，抚育40亩林子，密集交叉的枝条冷不丁就会抽到脸上，戳伤、划伤也是家常便饭。

图强林业局奋斗森林资源管护区营林工陈玉清：被树条子抽的、剐的，你看。

记　　者：脸上又新剐的口。

陈玉清：滋滋出血，这疙瘩。这手都是血。

解　　说：太阳落山前大家抓紧下山，不然天黑了山路不好走。返程的路上大家都已经筋疲力尽，到家后最放松的事就是和家人围坐在一起吃顿热乎的饭菜。

尹玉芝：家里有人做饭，在那等着，回来不用自己做饭了。

高德利：中午吃也冷啊。这工夫吃饭是最舒服的。

解　　说：高德利今年56岁，48岁参加工作至今都在图强林业局的生产一线。以前他是负责采伐林木的油锯手，2013年开始转为抚育营林工。大半辈子都在与森林打交道。

高德利：伐树太轻松了，把锯拽着火了，几下子，一会儿工夫放倒一个，一会儿给我倒一个。那时候那是容易，但是你现在想让它长，长那么大，那就难了。但是，再难的前提下，我可以说，做到我力所能及的时候，能怎么保护好它，我们就怎么去做。

解　　说：大兴安岭图强林业局事业局总面积50.5万公顷，其中需要抚育的中幼林面积有将近37万公顷。2014年停止商业性采伐后，大部分木材生产单位人员转产到营林生产，跟高德利一样，近 900 名采伐工，摇身一变成了营林工。默默守护着我国北方这片重要的绿色生态屏障。

赵玉富：习惯就好，所以说对这里的生活来说，不管说是再苦再累，还是冬天我们寒冷，是吧？零下 40 多度，但是始终是干啥像啥，热爱这份工作。

报道分析：

《走基层》是央视新闻自主创新的报道手法，《走基层》的第一个报道作品是由记者何盈完成的《皮利村蹲点日记》，报道一经播出，社会反响强烈。对央视记者来说，做好《走基层》是衡量其业务能力的重要指标。此次，任秋宇的这期走基层的报道，带给我们生动的现场、鲜活的人物。

2021 年 1 月，记者任秋宇和同事陈治铜，前往国内最北林业局——大兴安岭图强林业局蹲点采访近 10 天。他们与当地营林工人一同爬冰卧雪、风餐露宿。采制的《零下 42℃极寒中的营林人》作为全国新春走基层开篇在《朝闻天下》《新闻联播》等节目中播发。《朝闻天下》播出版 9 分多钟，《新闻联播》播出版 3 分多钟。

1. 新闻选题——日常采访中储备

选题找得好，片子成一半。为什么选大兴安岭图强林业局呢？

之前，秋宇他们在夏季曾经报道过大兴安岭防火巡护。在与林业工人座谈时，听说冬天还有一项清林的工作，非常辛苦，那时候他们就记住了。这次在报选题的时候，考虑到 1 月的大兴安岭是一年中最冷的时候，恰好林业工人也在做清林工作，在极寒地带还有这么多普通的劳动者在辛勤工作。于是，秋宇和同事决定在最冷的时候去大兴安岭。所以说，好选题是留心观察、日积月累出来的。

2. 前期采访——找拍摄报道重点

好选题是第一步，报道好是第二步。这好比是做饭，买到了新鲜食材，这做法也要精细才行。

到了当地,记者先跟营林人员座谈,初步了解一下他们的日常工作,主要是工作内容、流程以及最艰苦的地方是什么。座谈中,秋宇认识了这次报道中的主人公高德利大哥,到他家看了看之后,相约第二天进山。那天的气温是零下 42℃。

座谈中得到的信息是抽象的、碎片化的。想要了解营林人真正的工作必须亲身去体验。虽然是前期体验、预采,但秋宇和摄像记者还是按照正式拍摄的思路去工作,通过这次体验,他们需要为后面的拍摄寻找思路,为报道寻找重点。

记得第一次跟着营林工人进山体验,只有一个字"累"。虽然记者日常做报道也是跑前跑后,可是跟营林人进山的运动量相比,连"小巫"都算不上。来到林区正好遇到了极寒天气,那几天,大兴安岭那叫一个冷。冷空气吸进去,按照东北话说,就是"炸肺"的感觉。来到了作业点,他们干活,记者观察,随时随地拿起相机做记录。

第一次体验的收获是:明确思路。

通过这次预采,秋宇和摄像记者对他们的工作内容更加清晰,也发现了很多细节。于是,记者拟定了一个大概的思路和框架。后来多次跟拍之后,形成了最终播出的版本。记者想把营林人日常工作和生活的全貌真实地记录下来。

第一次体验的疑问是:如何避免思路固化?

具有地方特色的报道最容易出现的问题是什么?自己见怪不怪的一些事,就以为没什么报道价值,事实上,绝非如此。记者需要把这些信息给黑龙江省以外的观众看,站在全国的视角再来看这个现场,很多有意思的、好玩的细节都要记录下来。从这次报道来看,恰恰是这个思路,使得片子中很多有价值的报道点"亮"了。

3. 精彩细节——用发现体验之眼

这个片子有丰富的现场细节,从提问到镜头捕捉到的画面。这些细节需要敏锐的观察力和丰富的经验。

上薄下厚、40号的脚44号的鞋、两层鞋垫一层暖贴、一斤多棉花的厚棉裤，在高德利家，两口子为了进山清林，整套"装备"的细致介绍，让观众对零下42°的极寒，有了一点点心理准备。

把冻住的工具用火烤暖、煮方便面烤馒头、烤衣服，身在林区还需用火，镜头中艰苦的作业条件下，营林人规范化的用火操作也给观众吃了定心丸。

在捡树杈的时候，秋宇说这活不好干，说着说着就让树杈给戳了一下。脸被树杈子剐、衣服被刮破，这些细节是记者在现场观察、体验出来的。伴随着一团团哈气说出来，没有比这更真实的现场了。

4. 忠实记录——相机随时待命

这次拍摄只有一位摄像记者，于是，任秋宇也拿了一台单反。因为再默契的摄像与记者也不能随时随地对接上，等记者告诉摄像开机拍摄的话，很多现场就没有了。出镜记者手里有设备，就可以随时拍随时记录。想要聊，随时开机。看到什么精彩细节就记录下来，效率、效果都大大提高。

这次采访时，很多营林人在镜头前表现得都很自然，就是因为任秋宇天天手里拿着单反，他们对镜头没有了陌生感和紧张感。那位被枝桠刮破衣服的大姐就是这样拍到的，秋宇看到了，先开机再对焦，把镜头推上去，接着记者的话就到了："大姐你这衣服咋地了？"才会有那句特别精彩的对话，"晚上有活了"。还有就是他们走热了，身体出汗冒了白烟，也是秋宇立刻开机才得以拍到。看似意外收获，事实上，又是意料之中，因为手里有相机，可以做到坚守、等待和观察。

5. 团队配合才能出精品——每一个人都重要

优秀的报道作品离不开每一位参与报道的人，走基层《零下42℃极寒中的营林人》正是参与报道的每一个人努力合作的工作成果。秋宇在跟笔者谈起报道细节时，总是提到团队合作的重要性。编导、记者、摄像、前后方，甚至每一个林区人，缺了任何一个人，都无法做出这个报道。秋宇说：这次新春走基层让我难得慢下来，能够认真审视自己。这份难得的经验，也会对我业务提升起到很重要的作用。

报道小贴士：

1. 如何记录现场。这期《走基层》留给观众印象最为深刻的就是"鲜活"的现场，这些现场之所以可以记录下来，得益于两点：一是技术上补齐，摄像负责拍摄，出镜记者也手拿相机抓取有效画面，多个机位，不同视角，这样的现场一定好看。另一点是专业意识，任秋宇打破以往的拍摄流程，无论是踩点还是实际拍摄都开机，这样，素材的丰富性得以保证，后期编辑起画面就会游刃有余了。

2. 最好的采访状态是自然的聊天。任秋宇把东北林区营林人真实的人物性格在报道中展现出来了，随时随地的记录，将有目的的采访通过日常的聊天呈现出来，而不是让对方规规矩矩地坐好接受采访。早上出门，行走的路上，一边干活一边唠嗑，在对方最自然的状态下抓取，这样的采访一定好看。

记者简历：

任秋宇，黑龙江大学新闻传播学院广播电视编导专业毕业，2014年7月至今——中央广播电视总台黑龙江总站记者。先后参与全国两会、深圳特区成立40周年、上海浦东新区成立30年、上海进博会、钱塘江大潮、查干湖冬捕、"5·2"内蒙古大兴安岭毕拉河森林大火、黑龙江绥芬河口岸境外输入疫情、坐着高铁看中国、"买遍中国""云游中国""点亮高原"藏中电力联网工程、北京国际电影节、长春电影节、直播长江、还看今朝、绿色中国、共和国发展成就巡礼等总台重点项目报道。采制的《零下42°C极寒中的营林人》作为中央广播电视总台2021年"新春走基层"报道开篇，在《新闻联播》《朝闻天下》等栏目播出。该报道获得2021新春走基层·中央新闻单位青年记者践行"四力"交流活动"最佳人物报道"二等奖。

【案例三】黑龙江亚布力：冬至趣味滑雪接力赛

播出时间：2017年12月22日10:11—10:17

播出平台：央视新闻频道

视频来源：央视网

https://tv.cctv.com/v/v1/VIDEoFMUyDHWkERa9duNruw0171222.html

出镜记者：总台记者任秋宇

视频文案：

主　播：看过了这么多人说自己的滑雪故事，听得我也是心痒痒，想去体验一下了。据说每年的冬至前后都是最佳的滑雪期，因为在这个时候黑龙江的温度和降雪量都是比较适宜的。那么，在古代的时候，每逢冬至都要举行祭祀和游乐的活动，听说，今天在亚布力的滑雪场里也有冬至的游乐活动，趣味滑雪接力赛。此刻，我的同事任秋宇就正在现场，接下来，我们来连线他。任秋宇，你好，说到趣味滑雪比赛究竟"趣"在哪里？赶快带我们去感受一下。

记　者：好的，郑丽。我现在就是在黑龙江省亚布力的一个滑雪场当中。在刚刚也听到你说了想体验一下滑雪，那此刻你在直播间只能是羡慕的份了。因为我不仅人在雪场，而且我已经穿戴好了装备，今天现场的确是要举行一场冬至的趣味平地滑雪接力赛，这个比赛在哪儿？我带大家一起去看一看。准备好了吗？我们一起出发了。

　　在出发的时候教给大家一个姿势，大家看到了吗？我这个是内八字，这个叫犁式刹车，特别适合初学者，因为初学者可能控制不好速度，一旦你慢慢熟练之后，你开始可以尝试其他的动作，然后进行一些转弯，等等。很多人刚学滑雪的时候特别喜欢速度与激情，想体验这种直上直下的感觉，但是这种冲动的行为在滑雪当中是非常危险的，而且一旦你控制不好速度，很容易伤到自己，也伤到别人。今天的室外温度才有零下5度，是非常适宜滑雪的温度，我们一起到山下看一看。走啰。

滑雪特别的刺激，而且可以体验风声在耳边呼啸的感觉。其实才短短的几十秒，我就已经滑到下面。要不是今天的时间有限，我可能还会滑更长一点，我先把雪板脱下来，因为直播的时候走动不是很方便。可能大家看到了，刚才我滑雪的时候是不是觉得其实滑雪很简单？其实滑雪是一个技巧性的运动，如果你能掌握这个技巧，你就可以很享受滑雪的乐趣，但如果你掌握不了这个技巧，在平地上其实也是比较难的。

我现在就来到了比赛现场，大家可以看到我身边现在这些人正在进行的就是平地滑雪接力赛。其实与其说是一场比赛，不如说是一场冬至的趣味活动。为了培养大家的兴趣，这些比赛选手他们都是来自省内的一些大学生。大家看到了他们在平地进行接力赛，可能跟我们在跑步的经历不太一样，为什么？因为在滑行的时候，他们还要穿着厚厚的装备，所以说这个是非常麻烦的，而且要手脚并用，一旦如果是滑不好的时候，其实还有可能摔跤，你看到没有？那就已经有两个人已经摔跤了，如果掌握不好技巧，平地也非常的危险。为什么这些滑雪的选手会到这里来进行培训？这要说到一个活动，黑龙江省已经举办了近40年的一个活动，叫百万青少年上冰雪。这个活动就是提倡黑龙江省的广大青少年积极培养雪上运动的兴趣，能更好地去体验冰雪的乐趣。这个运动大家可别小瞧了，它不仅可以培养大家的兴趣，还能为国家冬季运动项目储备人才。

我们来听一个数据，我从黑龙江省体育局拿到的数据。从2001年开始到现在，黑龙江省获得冬季项目的世界冠军高达505个，而且我们中国在冬奥历史上共获得12枚金牌，其中有9枚就是黑龙江选手摘得的。我这个年龄肯定是当滑雪运动员有点来不及了，但是一会儿我得睁大眼睛看一看，也许从我身边滑过的哪个少年，他就是未来的世界冠军。

其实现在滑雪运动不是只有北方人才会，刚才我们看到小片里很多人是来自南方的。现在很多南方游客都来体验滑雪运动。现在才上午10点多，我们可以看到雪场里就有很多南方游客开始在教练的陪伴下进行滑雪了。今年来这里滑雪的游客数量登记有可能会突破70万人次。70万人次，可能大家听到在景区里感觉其实人数并不是很多，但这个数字在5年前也仅仅只有将近20万左右，我们今年预计的70万人次有九成都是南方的游客，是不是滑雪运动是在全民当中兴起了呢？

你看到的这些教练我要着重说一下。这里边的教练很特别，为什么？我给大家看一样东西。我现在要给大家看这个东西，大家看一看是什么，应该很多人都吃到过。是松子。是一个滑雪教练送给我的，他说这是他们的特产，让我尝一尝。为什么要送给我松子？这就说到亚布力的历史了。亚布力是重点的国有林区，在这里很多人以前是靠吃资源生活的，结果在全面停伐之后，他们很多人开始转型发展林下经济，他们发现原来这树"站着"比"倒着"还赚钱，这绿水青山也变成了金山银山。而且不仅如此，他们利用这里的优势，冬季搞起了这种滑雪运动，所以说很多当地人都当起了滑雪教练，因为他们从小就接触这种冰雪。虽然他们是兼职教练，但他们一点都不业余，为什么？因为他们每一个人都取得了国家承认的滑雪教练的资质，而且有些人还拿到了国际承认的资质，他们教起了外国朋友一起滑雪。

其实说到滑雪运动，不知道观众朋友们有没有觉得在你身边，特别是南方城市开始逐渐兴起了一些室内的雪场，而且在北方的室外雪场也越来越多。我说了这么多，不如我建议您有机会的时候走到室外，走到您是身边的这些雪场去体验一下，像我这样。南方的朋友可以去室内雪场，北方的朋友可以去室外雪场。当然了，如果您有机会有时间也可以来到黑龙江，像我这样穿上雪板，然后体验一下冰雪的乐趣。郑丽，有时间我们一起滑雪，今天的直播就到这里就结束了，因为我要去滑个够，到时候我教你。

主　播：好的，任秋宇。那么刚刚我还发现一个小问题，你在做报道的时候，摄像拍摄你的角度，我猜想他应该是倒着滑，我想摄像老师的滑雪技巧真的是了得。您给我们解释一下。

记　者：对，刚刚我们是请了一个这里的专业的滑雪教练。我因为是黑龙江人，所以说我接触过滑雪，我可以这么滑雪，但是如果像我们这种不熟练的（人）倒着滑难度是很大的，所以说我们今天也邀请了一个专业的滑雪教练陪伴着我们一起，然后进行倒着滑给我拍摄。

主　播：好的，任秋宇。虽然我们之间是隔着屏幕，但是通过你的介绍，我的激情也完全被调动起来了，我也真的想马上回到我的老家，回到亚布力去再次感受滑雪的激情。好了，也谢谢任秋雨的报道。

报道分析：

2017年冬至这天，任秋宇着实是玩嗨了。在《亚布力：冬至趣味滑雪接力赛》的直播报道中，巧妙的现场设计、流畅严谨的转场、现场信息与背景信息的有机相结合，将背景资料与现实变化巧妙结合，从新闻的"面"走进现实的"里"。

这些都给观众们留下了深刻印象。

1."穿帮式"出镜主动型解密

直播中最出人意料的是，他大胆地使用了穿帮镜头，一开始就牢牢地吸引住了观众。一般来说，一位记者最好的体验式报道就是直播结束后，观众产生立刻想去体验一把的冲动。从拍摄难度来说，也着实不容易，可谓是策划型现场报道的经典案例。

这是一个故意加入穿帮镜头的直播，设计大胆，效果超赞。任秋宇谈到此次直播的场景调度时，因为直播现场气温低，区域跨度大，使用微波存在风险，为保险起见山上机位就采用光缆，这样势必要穿帮了。穿，就穿吧，结果，穿出来，反而更好看！

从跟观众打招呼到开始滑雪，任秋宇面对的机位不同，一开始的几组画面交代得很清楚。记者自己把盖头掀起来，呈现的是主动自我揭秘，播出效果肯定不一样。直播时，怎么想到教观众滑雪呢？笔者的这个问题，让任秋宇有些不好意思了。

> 秋宇说：我自己也是初学者，滑两下子，不成问题。在直播时，完全可以用得上。不过，我自己会不行，我得给观众教两招，否则，直播成了我的滑雪秀，这不是我想要的内容。一项健身活动，作为普通市民的我也是受益者。通过我的亲身示范，让观众觉得滑雪其实没有那么难，只要想学，谁都可以学会。

这一段滑雪直播，任秋宇选取了两个信息：一个是内八字动作要领，他特意提醒观众刚开始学习滑雪不要"速度与激情"。另一个是关于天气信息，他说现在室外气温只有零下5度，正好与导语中冬至前后气温最适宜滑雪相呼应。看似不经意的内容，处处都是记者的细心设计。

2. 滑雪教练做摄像 雪道平地转场好

看完直播报道，大家是不是觉得记者的胆子很大。他一边滑雪，一边报道，电视画面中，你看到的是，任秋宇冲着你滑过来的。要拍到这样的画面，需要具备一个先决条件。摄影记者必须在直播的时候，倒着滑雪，同时进行拍摄工作。为了解决直播中这一关键岗位，任秋宇把滑雪教练当摄像记者用，真是够大胆！

此次直播画面最难交代的是记者滑下来的时候，原来设计的机位都有些远，画面呈现不好看，任秋宇有些不甘心。最后决定把航拍器当斯坦尼康来用，结果滑雪教练临时被培养成为摄影记者。其实，滑雪教练手里只是拿着航拍器，具体的操作由专业人员遥控完成。

在这里，需要说明的是，为了保证直播的顺利，任秋宇跟这位滑雪教练配合至少有10遍，他们之间需要保持6步的距离，只有这样才能达到最好的播出效果。之后，他又跟自己的小伙伴配合了10遍。一段看上去只有10几秒的直播镜头，背后是记者们严谨的工作态度和尽责的职业精神。

从雪道滑下来，任秋宇一边跟观众说自己得先脱下雪板，一边把报道的内容向趣味滑雪比赛转移。初学滑雪的人，如果想滑得好，先得在平地上练起来。基础动作加上有趣的环节设计，平地练习变成了趣味比赛的竞技场。此时的任秋宇瞬间变成体育解说员，直播时正好有比赛选手倒地了，好玩的画面出现了。让他逮到了，顺势做了一次目击式报道。

关于趣味接力赛，任秋宇选择的是解说比赛现场，而不是尴尬地加入比赛现场。这样处理现场自然舒服。

3. 直播时四仰八叉倒下去，怎么办？

虽然经历了辛苦的事前练习，虽然做了N多的双保险，可是，做过直播的人都知道，天底下最不可预测的就是"直播"。

万一直播的时候，掉链子怎么办？

出镜记者摔了，怎么办？

摄影记者（滑雪教练）摔了，怎么办？

任秋宇是这样回答笔者的:

如果出镜记者摔倒了,一般来说,滑雪者要倒之前会有身体前兆的。我会这样说:像我这样的初学者,如果练习的时候滑倒了,身体就可以这样顺势倒下去。我们可以这样理解,任秋宇就是将计就计地做报道。

如果摄像倒了,怎么办?

他说:我会调另外两个机位跟上来,自己停下来把摄影扶起来,然后跟大家解释为什么会滑倒,把救场作为一种揭秘现场来处理。

这场直播任秋宇认为最担心的是:自己倒、摄像倒,还有就是他和摄像没有配合好。他滑得挺好,一转身摄像找不着了。我们可以脑补一下,真是出现这样的现场,多么有趣、好玩。

现实是,直播时这三点都没有发生,直播顺利完成。

4. 报道意图是"直给"还是"半给"?

任秋宇的这次报道还有一点值得肯定的是对大数据的使用。

说到"百万青少年上冰雪活动"为我国冬季比赛项目储备了大量人才时,他把从黑龙江体育局拿到的数据作为背景信息用上来,有力地说明了问题。从景区游客人数变化的最新数据说到服务于游客的滑雪教练时,任秋宇从口袋里拿出来一把东北的特产"松子"。这一把松子把林区民众从发展中认识到,原来这树"站着"比树"倒着"还赚钱意义带了出来。任秋宇说,这句话是他之前采访的一位林区人家说的。从趣味滑雪到游客来源,从滑雪教练到林场转型,报道中承载的意义需要更加智慧的媒体表达。任秋宇的观点是:报道意图上,"直给"俨然不如"半给"好。

习近平总书记曾经说过:绿水青山就是金山银山。任秋宇说,现场报道与其他新闻报道最大的不同就是依托现场,看着雪场热闹景象,加上真实可靠的数据,此时看报道的观众就会顺势思考,这里的冰天雪地就是金山银山。

任秋宇的状态自然、舒服、不做作。表达接地气,干净又利落。

【案例四】共和国发展成就巡礼：宁波舟山港主通道正在建设

播出时间：2019年8月17日 10:04—10:10

播出平台：央视新闻频道

视频来源：央视网

https://tv.cctv.com/v/v1/VIDEGIhBb2W2z5QdTo634Dsn190817.html

出镜记者：总台记者高珧

视频文案：

主　播：接下来我们就要通过记者的镜头，也就是正在宁波舟山港的央视记者高珧来实地地了解了解。高珧，你好。给我们介绍一下浙江如何是敢为天下先好吗？

记　者：好的，蝴蝶。接下来跟着我们无人航拍机的画面一起来到宁波舟山港主通道建设施工现场。长桥卧于东海，施工一片热火朝天，我现在是在正在建设的这座跨海大桥其中的一座主塔上，我背后是上海方向，正对面的就是浙江的舟山方向，来给大家先看一张地图，这里就是我此刻所在的位置，用红色线着重标注出来的，这就是此刻正在建设的宁波舟山港主通道。

就像你们说的，浙江人很敢想，为了能够让长三角区域经济一体化的效益最大化，浙江人有了一个想法，那就是把舟山群岛各个孤悬海外的这些岛屿，连珠成串一直连到上海去。这样一方面可以结束这些岛屿不通公路的历史，大大促进他们经济社会的发展；另一方面，可以让浙江和上海更加紧密地联系在一起，互相借力，共同发展。当然光敢想还不够，还得敢干。就拿我现在所在的主塔上来说，主塔上所有的机械建材全部是靠我旁边的塔吊给吊上来的。比如说此刻我们能看到塔吊正在吊一个黄色的圆柱形的这样的一个设备，这个东西叫作连接臂。

它有什么作用呢？因为在大海之上，随着主塔修得越来越高，塔吊也得越来越高，但是大海之上风大浪急，塔吊修得高了就容易不稳，这就需要塔吊每升高一截，就需要安装一个这样的连接臂，以保持它的稳定性。

当然塔吊只能够是吊到指定位置，如果说要安装的话，还得靠人工。此刻我们能看到有两名工人他们正在安装连接臂。为了能够让大家身临其境地感受到这些高空作业工人的工作状态，我们也是在他们身上安装了一个微型的摄像头，也就是此刻大家看到的这个画面。从这个画面当中我们能够看到这些海上高空作业工人是处于怎样的一个环境当中，现在他们距离海平面的高度大概是50米，相当于17层楼的高度，但是接下来他们要在100米、150米甚至200米的高空进行作业，所以说安全是第一位的。他们自己也总结了海上高空作业安全的窍门，那就是眼不能花，手不能抖，心不能慌，要敢做、去做。

要建这么长的一座跨海大桥，除了敢想、敢做以外，还要注意要尽可能减小对海洋环境的污染，还要不能够影响轮船的正常通行。那怎么办？那就要敢创新。怎么创新？来，往那儿看，我们能看到有一艘很大的拖轮，拖轮上面是有一个塔吊，塔吊此刻正在吊装的是一个桥墩的零部件。桥墩的零部件是在工厂里面生产好的，然后再拿到现场来进行安装的。这样的一种建桥的方式叫作装配化施工。什么叫装配化施工？我在这里给大家准备了一个道具。来看，这是一个积木。我们知道积木所有的零部件都是事先生产好的，而我们要做的就是把它拼起来。像搭积木一样建跨海大桥，这就是这座宁波舟山港主通道的建设施工工艺。

为了让大家能够有一个直观的认识，我们昨天的时候也是拍摄了桥墩和桥梁板架设的全过程，让大家一起来看一下。昨天的时候，我们也是做了一个简单的计算，像这样的一个桥墩，从运到指定位置到架设完成大概需要2~3个小时的时间，也就是说一天最多可以架设4块这样的桥梁零部件。同时，在这边架设，在工厂里边还在生产，两不耽误，这样会大大地提高工作效率。

像宁波舟山港主通道这么长的一座跨海大桥，除了说桥墩的基础是在现场施工完成的，剩余的16,000万多个零部件，全部都是在工厂里面生产好，然后，再拿到现场进行施工和安装，装配化的比率达到了96%。这也是目前世界上装配化比率最高的跨海大桥。

此时此刻，舟山跨海大桥，整个的这样的一座大桥的雏形，我们已经是能够看清楚了。未来它会和已经建好的5座跨海大桥连成一个整体，构成全世界最长的连岛高速公路和全世界最大的跨海桥梁群。在未来，在整个杭州湾的海域将会形成一个交通的闭环。这对于促进舟山江海联运服务中心、浙江自贸区、环杭州湾大湾区以及长三角区域经济一体化的发展，都会有着重要的意义。

为什么要叫宁波舟山港主通道呢？那是因为这座大桥建好之后，会让全世界货物吞吐量最大的宁波舟山港和全世界集装箱吞吐量最大的上海港连成一个整体。在未来，对我国的港口建设进军南海将会有着跨时代的意义，让我们一同期待。

报道分析：

高珧的这段现场报道体量比较大，规范化表述比较多，对记者的记忆力着实是一个考验，从报道效果来看，明显可以看出来他前期准备工作比较扎实，整个报道一气呵成。

1. 出镜地点，精准表达

高珧此次现场报道的地点与众不同，既不是城市街道，也不是公园景区，而是海上。没有显著的地标，没有实打实的参照物，只有地图。如此难以表述清楚的出镜地点，高珧却介绍得清清楚楚。他通过航拍全景、固定机位中近景、地图特写三种不同的方式，描述出自己所处的地理位置。在无任何参照物的海面上，受众可以清晰地知晓记者的地理位置。

2. 多种信息呈现方式

这是一段工程项目成就类报道，对大工程的报道，大场面的呈现，最好的办法就是使用航拍，航拍能够从宏观的角度展现工程全貌。为了全方位呈现现场，记者还使用了地图、GoPro、插画面等多种视觉呈现手段，让受众更加直观地浏览现场。报道中，高珧利用乐高积木是个亮点。记者将一个复杂的施工过程用最简单的"搭积木"的方式呈现出来，也是对之前"装配化施工"这一专业名词最好的辅助性解释。

报道小贴士：

1. 主题先行报道，现场呈现下功夫。策划型新闻现场报道需要记者具备一定的创新意识和创意能力，打破常规是此类报道做出亮点的关键所在。记者可以在镜头画面、现场呈现、语言表达、环节设计、亲身体验等方面大胆尝试，只有这样方能做好此类报道。

2. 成就报道，如何引以为傲？一般来说，为了展现工程项目的伟大之处，记者会把技术迭代、科技创新、国内第一、世界领先等词挂在嘴边，可是让观众理解这些科技爆点，还是需要记者以更加直观的方式来呈现。这里需要记者将专业化的内容讲给非专业的人来听，这其中最关键的是要讲清楚。明确信息点之后，记者需要反复进行信息推演，确保让观众一听就明白。这里提醒记者的是，报道内容需要在理解的基础上表达出来，切记生硬背稿。成就类报道最忌讳的是记者的表达过于书面语化，观众一看就知道记者在背稿子。

记者简历：

高珧，中央广播电视总台浙江总站记者，原中央电视台首席出镜记者。至今播发各类新闻报道 4000 多条，直播 2000 多场次。曾 2 次获得中国新闻奖、18 次获浙江省新闻奖。2015 年获世界反法西斯战争胜利 70 周年宣传报道先进个人；2016 年获 G20 杭州峰会工作先进个人、第三届世界互联网大会新闻宣传先进个人。2018 年，曾经报道了 20 条《新闻联播》头条。

【案例五】直击城市巷战演练 谁是快反"尖刀"

播出时间：2020 年 9 月 11 日《国防科工》1 分 35 秒—18 分 17 秒

播出平台：央视国防军事频道

视频来源：央视网

https://tv.cctv.com/v/v1/VIDEEpjcJngfzScd8NawCo3m200911.html

出镜记者：总台军事频道主持人、记者张楚雪

视频文案：

【模拟城市巷战现场】

记　　者：我现在正在某模拟城市的外围，现在马上就要进行的是一场城市巷战的反恐演习。我现在看到的前方就是模拟城市的主干道，现在敌方正在对我方进行火力突击。现在我的旁边就有多款装备正在等待命令，随时准备进攻。

　　　　　刚刚在转移的过程中不断传来枪声，大家也可以看到那边有浓烟飘来。目前根据前方传来的情况报，敌方劫持了数名人质。现在正在进行行进间的射击，正在射击的就是这个小口径并列机枪。那么 11 式轮式装甲突击车能够帮助步兵去清除近距离内的威胁，能够保持步兵的这种前进的冲力。在 11 式轮式装甲车的掩护之下持枪前进。

　　　　　我们面前的是一条城市的双向道路。那一会儿 11 式轮式装甲突击车将要从面前这条道路行驶而过，去进行

一个迂回包抄。现在11式轮式装甲突击车在城市的双向路口非常顺利地完成了一个将近90度的转弯，非常的干净利落。它如此大的体型能把这个动作做得这么灵巧，其实得益于它的8×8的轮式底盘，它的每一个轮子都是可以独立驱动的，可以说，它拥有非常优秀的机动越野能力。同时，它可以根据战场的不同环境去改变驱动轮数，所以，虽然它大体型，但是非常的灵活。

刚刚我在车里都已经能够听到，11式轮式装甲突击车炮击的时候，传来的巨大的声响，我们现在赶紧去看一下。大家可以看到，刚刚还在逃跑的这辆车已经被炸得面目全非了，在我的脚边，现在就有一块被从车上炸飞出来的铁板，上面布满了大大小小的洞眼，这块铁板距离这辆被炸毁的车大概有10多米的距离，咱们再往前走走看看。在这一路上我们还可以看到车上炸飞出来的各种零部件，比如说在这儿还发现了一个车灯，而现在我还能够闻到现场飘来的浓浓的烧焦的气味。在车上，我还可以看到白烟在冒。那么，现在随着最后一辆逃跑的车被11式轮式装甲突击车一击命中，这一次的演习任务获得了圆满成功。

【训练现场】

记　者：在刚刚的城市巷战当中，11式轮式装甲突击车非常优秀地完成了一场城市反恐演习。作为火力突击的主战装备，11式轮式装甲突击车拥有着轮式坦克的称号。那和履带式坦克相比起来有什么不一样？咱们来看看它。它的全重大约是23吨，长大约是7.8米，宽大约是2.9米，高是3米左右，同时它拥有38厘米左右的离地高度，再加上8×8的轮式底盘，这样的设计能让它拥有非常优秀的越野通过能力，而且和主战坦克相比起来，更轻、更快、更便利，也能发挥更多的战术使用价值和使用的潜力。

咱们再来看看这边的99A坦克。它的全重大约是50吨，长大约是7.5米，宽大约是3.6米，高是2.4米左右。同时它拥有的是两条无限轨道这样的一个特殊履带设计，这样的设计能够让它在战场上无所阻碍，却限制了它在城市作战当中的快速机动。

【野战现场】

记　　者：战场环境是复杂多变的，那11式轮式装甲突击车，它不仅仅需要具备的是城市进攻作战能力，同时也需要在野外条件下的机动越野能力。大家看现在我正在爬的是一座挺陡的小坡，在真实的作战环境当中，它就相当于是一座小山了，我们的11式轮式装甲突击车到底能不能成功登顶？接下来，我们就来看看这位钢铁勇士的表现，来吧。

现在过程中它是非常稳当的，而且路面上这么多的碎石也没有对它造成任何的影响。现在11式轮式装甲突击车已经稳稳当当地停在了陡坡的坡顶。整个爬坡的过程可以说是相当的顺利，一气呵成，但是，接下来还有更多更艰巨的任务等着它去完成，咱们一起去看看，走。

如果说陆地上的机动越野是11式轮式装甲突击车的看家本领，那么水上航行就是它的特殊技能了。现在我来到了车尾的位置，在这边有一个水上助推器，在那边也有一个一模一样的。这个水上助推器的大小，就跟我们日常生活当中的家用电风扇的大小是差不多的，但这两个小家伙却能让全重大约23吨的庞然大物完成水上航行，这次试验到底能不能成功？咱们去看看。班长，咱们开始吧。

现在11式轮式装甲突击车已经启动了。我看到车头的防浪板正在慢慢地打开。其实现在不仅仅是我，包括现场所有的摄制组的人员，还有战士们都非常紧张，因为这是11式轮式装甲突击车今年6月正式列装到部队以来，首次进行野外的两栖测试。好，现在车头已经完全进入到这片涉水水池当中了，现在正在非常平稳地行驶，我可以看到车尾的螺旋桨打出的波纹，现在我的面前仿佛不是在陆地上行驶的装甲车，它就是一艘在水面上行驶的船。

记　者：来，班长，咱击个掌。恭喜您首次测试成功。太棒了。我刚刚看了，觉得特别的激动，特别想问一下您这次又开车又开"船"，感受有什么不一样？

陆军第75集团军某旅装甲突击车连班长姜娇：我们平时在陆地上开车，主要利用方向盘以及驾驶员控制油门和挡位，来保持我们的行进速度和方向。但是今天我们在这个涉水场里面，我们使用水推，主要是靠着水推操纵杆来控制我们的方向，以及我们的航速，来保持我们的行进方向。

【训练现场】

记　者：在这几天的拍摄过程当中，我们发现无论是在城市反恐演习还是野外机动作战，11式轮式装甲突击车都有着近乎完美的表现。上山下水无所不能，而为了让装备发挥出更强大的性能，战士们也是在日复一日地训练着，争取早日做到人车合一。而正是有了这样不断的摸索和训练，战士们积累了宝贵的经验，也具备了机动作战和立体攻防持续作战能力，人和装备共同努力，我们必将建成一支强大的现代化新型陆军。

报道分析：

张楚雪的这段现场报道，观众看完之后，一定会热血沸腾，她飒爽的英姿,坚定的眼神,果敢的语气,穿梭在城市模拟巷战的身影,她身上的这股英气,实属难得,仿佛一朵战火中的玫瑰,那般耀眼。

作为国防军事频道的一名主持人,张楚雪除了在演播室内进行新闻播报工作,还到部队拍摄、采访。《国防科工》栏目于 2020 年 9 月播出了《城市巷战反恐尖刀》,视点版块将镜头对准了 11 式轮式装甲突击车,张楚雪漂亮地完成了出镜报道任务。

1. 逻辑清晰,目的明确

该段报道的核心内容是介绍 11 式轮式装甲突击车在城市巷战中的优势。记者的基本报道思路是:

(1)提出问题——现场环境描述:当下模拟战场的挑战。

(2)解决问题——11 式轮式装甲突击车如何胜任。

(3)为什么能解决问题——11 式轮式装甲突击车的设计优势。

这样的内在逻辑,能够让观众在稍显复杂的环境和较为快速的剪辑镜头中,看清楚,听明白。

2. 松紧有度 沉浸表述

这里说记者的"紧"指的是什么?是指模拟战场上"紧张"的现场环境。记者在描述现场环境、模拟战况的过程中,通过自己的语气充分体现出"战场"的现场感,没有因为是"模拟"而丢失了战场本身的紧张状态。"松"又指的是什么?是在介绍 11 式轮式装甲突击车的特点与优势时,语态放松、语气沉稳,在紧张的模拟作战环境中,让观众能听清、听懂。

通过 11 式轮式装甲突击车在演习中发挥的功能,具体展现其特点。报道中张楚雪的角色也发生了变化,她不只是一名旁观者,而是一名参与者,观察和介绍装备的方式也由过去相对简单的"描述型"变成了"沉浸式"。

3. 做足功课 表达准确

作为军事题材的报道,其报道内容的专业性毋庸置疑,记者对专业术语的表达必须做到信手拈来、毫不犹豫地说出来,想要做到这一点,记者事前的功课必须做足。模拟演习现场是一个不可逆、不可预测的新闻现场,拍摄难度较大，客观上来说，是不允许记者因信息表达欠专业而影响拍摄进度，记者的表达必须"一次过"。

报道中，我们看到记者张楚雪的专业表达准确，语态干净利落。无论是现场环境描述，还是对11式轮式装甲突击车的介绍，她的表达既符合电视报道的要求，同时将军人的果敢、果断与干练呈现出来。虽然现场出镜以口语表达为主，但她没有重复性表述以及过多的语气助词。加之短句的使用，使其语言节奏与现场环境完美契合。在整段报道中，无论是对静态的城市战场环境描述，还是动态的模拟对战描述，以及对11式轮式装甲突击车的涉水航行过程进行描述，记者的语言表达最大的特点就是用词准确、语气准确、状态准确。

记者用对比的方法，有效突出了11式轮式装甲突击车的城市巷战优势。通过重量、大小、机动性等方面的对比，一方面对前部分"模拟巷战"中11式轮式装甲突击车的特点进行了总结，另一方面利用现场画面与99A主战坦克进行直接对比，观众能更为直观地看到11式轮式装甲突击车的特点与优势。记者还使用数据、类比、比喻等表达方法，使其语言更加形象。例如将11式轮式装甲突击车的助推器大小与家用电风扇大小进行类比，让观众理解起来就更加的容易。

另外，值得一提的是张楚雪的肢体动作，该出手时就出手，像一位女兵一样做动作。其特点可以用打排球的一个技术动作来表述，那就是"短平快"，整体而言是出手有力，动作敏捷。

4. 真实感受 本能反应

虽然张楚雪做足了功课，但作为女性，当耳边响起枪声、炮声的时候，还会出于本能，出现紧张的生理状态。恰恰是这种真实的紧张感，让观众产生了沉浸感。记者的第一反应是抱住头，这样的条件反射打断了其对现场的描述，但是这种本能的反应恰好增强了真实感，我们注意到张楚雪不自觉地开始呼吸紧促，语速加快，在心理状态如此紧张的情况下，她还得把相关信息一步到位地报道出来，着实不容易。

在接下来的报道中，无论是跟着特战队员一路狂奔、匍匐前进，还是在11式轮式装甲突击车的掩护下前出行动，记者都可以做到尊重现场，稳住心态，在做好准备的基础上打"无准备之仗"。

报道小贴士：

1. 环境是决定语态的唯一依据。出镜记者的语态是衡量一个出镜记者报道水平的一个重要指标。记者要充分地感受环境、体验环境，从现场环境中去寻找心理依据，做到语态与现场环境相匹配。

2. 军事题材报道有其特殊性，记者在做军事报道时，要充分与被拍摄部队沟通，做好保密工作。特别是语言的表达上，要做到准确无误。

3. "现场环境描述"在现场报道的内容中占据着相当大的比例，对"环境描述"这项基本功，记者在日常工作中需要加强训练。

4. 将真实的感受放到报道中去。很多记者在报道中，会克制或者是掩饰自己的真实感受，之所以这么处理，主要是不希望让观众觉得自己没有见过世面或者是让观众误以为记者的心理素质不过硬。比如走索桥，明明心里特别害怕，可是脸上强装从容，事实上这样处理现场，恰恰是损伤了现场。

5. 肢体动作要与报道主题相统一。张楚雪身上有一股英气，这在女性出镜记者身上很少见，她干净利索的身手与该新闻现场十分吻合。由此可见，出镜记者做报道时自身应以何种姿态展现，选取的标准来自现场。军事报道本身决定了出镜记者，特别是女性记者的肢体表现状态。

记者简介：

张楚雪，中央电视台军国防事频道主持人。本、硕毕业于中国传媒大学播音主持艺术学院，2019年进入中央广播电视总台央视国防军事频道工作，曾主持央视国防军事频道开播特别节目、《第七届世界军人运动会军运会特别节目·直通军运会》《我爱祖国的蓝天》庆祝人民空军成立70周年特别节目等。

在校期间于2014年获上海电视台外语频道"HOST-OFF"双语主持人

大赛第四名，2015 年获江苏广电第三届"未来金话筒"主持（朗诵）新秀赛大学组全国冠军，2019 年进入中央广播电视总台 2019 主持人大赛新闻赛道全国 30 强。

第三节　系列型新闻现场报道

电视新闻现场报道形式多样，其中系列型新闻现场报道对于出镜记者来说，难度较大。比如接下来我们要分析的这三个系列现场报道，每一个系列中的每一条新闻报道，既要与主题呼应，还要兼顾现场报道这一报道形式，否则就失去其报道特点了。何盈的候鸟直播堪称静态类选题的经典之作，将报道空间从 180 度拓展到 360 度，静态现场策划成动态现场的做法令人惊讶。刘骁骞的这四集报道虽不是直播报道作品，但其精良的制作，颇有创意的出镜方式，记者扎实的调查功底使得笔者爱不释手。最后的系列报道是张颖的"一天三连"，她在一场听证会的会前、会中、会后分别与主播进行了连线直播报道，三场直播的内容侧重点在哪里？如何为类似的报道做信息增量？如何不回避敏感问题，她的报道设计合理，考虑周全。

这部分的案例分析，主要把系列报道中每一个片子中最核心的报道方法总结出来，供各位读者参考学习。

【案例一之 1】关注候鸟迁徙·黑颈鹤：探秘黑颈鹤繁殖地

播出时间：2016 年 11 月 1 日 15:23—15:29

播出平台：央视新闻频道

视频来源：央视网

https://tv.cctv.com/v/v1/VIDEORLErX0yQqiguYbP8alt161101.html

出镜记者：总台记者何盈

报道分析：

这段报道中，何盈最出彩的是她接地气的语言表达。我们注意到这段报道中，何盈对斑头雁迁徙特点的描述，惟妙惟肖、栩栩如生。一家三口怎么拖家带口飞、夫妻两口如何边走边玩，如此形象的表达，让人一听就懂。

"您现在看到这个画面上的这些飞鸟，别激动，它们不是黑颈鹤，专家说他们都是斑头雁，不过我们确实是人品大爆发，运气相当的好，今天上午的直播当中，我们的直播镜头捕捉到了一家三口还没有迁走的鹤。到了中午我们到达这个地点之后，专家带我们在附近转了转，居然也发现了两只鹤，就是画面上这两只鹤，专家告诉我们这两只鹤是两三岁的成年鹤，而且还是小两口，夫妻俩。一般来说从繁殖地先迁走的鹤都是一家三口，带着幼鹤的这样的一家三口的家庭鹤。因为小鹤它的飞行能力不太强，飞飞停停的，所以鹤爸、鹤妈会带着小鹤先走。而像我们今天捕捉到的这两只鹤，这小两口没有小鹤，没有什么拖累，所以他们溜溜达达地会晚一点走，想什么时候走就什么时候走，当然也是看天气，如果实在冷得不行了，他们也会南迁。"

接下来的这一段是何盈对黑颈鹤繁殖地与栖息地的对比报道。

"李老师其实在直播前也给我科普了一下，这些黑颈鹤的小伙伴们，它比黑颈鹤要更抗冻一些，所以它们高大帅气的伙伴黑颈鹤先走了，它们会在这再待一段时间，然后再继续地南飞。现在其实我们是在一个典型的西藏黑颈鹤的一个繁殖地，我们就来说一下黑颈鹤在繁殖地和越冬地，它的生活方式不太一样的地方。

我总结了一下，大概有两个地方不一样。第一就是住宅条件不一样。在繁殖地黑颈鹤的住宅条件，那叫一个土豪。专家特别说像一对夫妻鹤，两只鹤，占多大地儿？一平方公里到五六平方公里，也就是一个半足球场大到六七个足球场这么大，所以住宿条件非常的好。到了越冬地之后，这些黑颈鹤一般就开始集群的在一起了，就得住集体宿舍了，晚上也得挤着睡。第二个不一样是吃的东西不一样。在繁殖地它们顿顿可以开荤，偶尔可以吃点素的调节，看我身后的这一片湿地，其实这些水面下面全是鱼、虾，管够，所以在这儿吃的也挺好。到了越冬地之后，黑颈鹤就只能吃农田里的稻谷、青稞，还有一些草根了，吃的要差一些了。"

什么是接地气的表达呢？简单来说，就是说老百姓一听就能懂的话。

何盈的这两段内容，说得都是"过日子的嗑"，将斑头雁和黑颈鹤两种野生鸟类的迁徙特点介绍得清清楚楚。鹤爸、鹤妈的称呼可爱又好玩，对于观众来说，这样看报道实在是分不清鹤的雌雄来，最多可以看到大小。于是小两口的迁徙，被何盈被赋予了浪漫气息，而一家三口则被赋予了温馨有爱。

在介绍繁殖地和栖息地两处地理环境差异时，何盈的介绍生动有趣。在繁殖地土豪感十足，一对夫妻鹤，占一平方公里到五六平方公里，一个半足球场大到六七个足球场那么大。"平方公里"对观众来说，理解起来不容易，换算成足球场一下就可以直观感受到面积的大小了。在繁殖地黑颈鹤可以顿顿开荤，水面下全是鱼、虾，管够，偶尔吃素。这"开荤""管够"用得真是烟火气十足呀！

"候鸟直播"对电视报道来说有些难度，一是核心现场无法真正地靠近。只要人类一靠近鸟类，鸟就会飞走，记者无法接近核心现场，这是报道的一大难点。二是这个现场太安静了，对电视报道来说，鲜活的现场才有看头，只能远距离观察的报道吸引观众太难了。为了让报道生动好看，记者只能在"现场"上下功夫，这段报道何盈把功夫下在了报道语言上。

新闻报道涉及诸多行业，每个行业的专业知识各有不同，对观众来说，想要看懂新闻就得了解一些专业知识，这对观众来说是一个负担，把"负担"减小的任务就落在了记者身上，记者把专业知识解释得通俗易懂，通过日常生活中随处可见的现象打通专业壁垒，这样的话，观众理解起新闻内容就容易多了。

【案例一之 2】关注候鸟迁徙·黑颈鹤：寻鹤小分队野外宿营

播出时间：2016 年 11 月 2 日 09:46—09:51

播出平台：央视新闻频道

视频来源：央视网

https://tv.cctv.com/2016/11/02/VIDEOVNXgkBWofSAqV82RF2s161102.shtml

出镜记者：总台记者何盈

报道分析：

这段报道的亮点是何盈在直播时采访了摄像记者汪哥，这种操作手法特别少见，真有"借力使力之力大无穷之感"。

记　者：虽然很遗憾在这个地方我们没有看到黑颈鹤，但是告诉大家一个大的惊喜，就是昨天我们的车队行进在路上的时候，大概夜幕降临以后，我们突然发现在公路旁边不远的地方有两只鹤，这两只是迁徙途中在那选择夜宿的这两只鹤，就是画面上大家看到这两只鹤。专家告诉我们的黑颈鹤它们是白天迁徙，在晚上它们会选择一个它们自己认为安全舒适的地方来歇脚。当时我们车马上停下来，大家都沸腾了。第一个跳下车来拍摄这两只鹤的，就是我的主摄像汪哥。他也是在西藏拍摄野生动物很多年的一个资深老摄像了。汪哥，跟我们分享一下当时的感受。

主摄像汪哥：我也是第一次这么近，在傍晚拍到黑颈鹤。而且它就在公路旁边，不怕车辆也不怕人，所以我也觉得挺惊喜的。

记　者：应该也是您跟黑颈鹤最近距离接触的一次。

主摄像汪哥：最近距离我离它大概就是二三十米，它离公路大概也就是二三十米。

记　者：我们偶然在路上遇到的鹤，这么近距离遇到的鹤，给我的感受是黑颈鹤跟我们的距离是又远又近。远，因为它飞得这么高，在这么大一片区域里边迁徙，我们想在路上跟它偶遇确实难度很大。说它近，就是虽然有的时候我们很难遇到它，它又会在出其不意的时候出现在你面前。

不同机位交代了现场不同场景，当何盈把话筒指向汪哥的时候，正处于拍摄工作中的汪哥，下意识地把头往后仰了一下。镜头中的汪哥装备专业，黑黝黝的皮肤，说起话来慢条斯理，一下子面对镜头，有点害羞的感觉。

正如之前所述，候鸟直播属于远距离观察式报道，新闻现场相对比较安静，这对于电视直播来说，可看性降低，吸引观众有点难。何盈在语言表达和现场调度上下功夫，这段报道中，她利用多点机位，交代现场。对摄像记者汪哥的采访出人意料，"幕后"现场前置化，现场报道中多种声音表达的使用方法值得肯定。

【案例一之3】关注候鸟迁徙·黑颈鹤：追鹤我们在路上

播出时间：2016年11月3日09:38—09:48

播出平台：央视新闻频道

视频来源：央视网

https://tv.cctv.com/2016/11/03/VIDE7fIuQd7dGxwaALjhyy9w161103.shtml

出镜记者：总台记者何盈

报道分析：

记　　者：好的，刚才我在解说的时候，看到了旁边的李老师，我们的随队专家李老师给我打了一个手势，我不知道他是不是有什么新的情况。李老师，怎么样？

西藏高原生物研究所李建川 · 那边有几只鹤开始活动了。

记　　者：这个地方，因为昨天下午你也带我们来了，是迁徙途中它们夜里选择的一个停歇点。大概有多少只？

李建川：像目前，这一片大概有四五十只。

记　　者：还算比较多。

李建川：对。

记　　者：一般来说太阳升起来以后，它们是不是就准备准备，开始南迁了？

李建川：是的，它们还要准备一下，然后要召集一下附近的鹤，进行一个组队，慢慢地进行一个迁徙。

记　　者：在那个方向，是吧？

李建川：对，就在那边。

记　　者：我们能不能稍微近一点？

李建川：大概就是在这儿。

记　　者：好，停下来。

李建川：大概就是在那个方向。大概现在有三四只鹤开始在活动了。

记　　者：主要是有一个小问题我一直想问：咱们俩都穿这种红色，会不会对鹤有什么影响？

李建川：它对咱们这个颜色不太敏感。

记　　者：他们不是很敏感。

李建川：对。

记　　者：还能再靠近一点吗？

李建川：好吧。咱们这个清晨呢，因为鹤的体温没有上来，尽量不要去干扰它，如果这样（离太近）的话会对它们造成一个影响。

记　　者：其实我也想问你，昨天我们在路上看到了两只鹤，其实离我们也就二三十米，我们的摄影师去拍它，好像互相之间都挺友好的，离那么近都没事，为什么现在我们要这样，走走停一下，走走停一下？

李建川：是因为清晨它们体温没有上来，然后我们贸然去干扰到的话，对它的身体会造成一个影响。

记　者：这是不是就有点像咱们人，比如早上正睡得香的时候，突然有人给你掀被子或者"啪"拍你一下，一激灵（就不舒服）。可能清晨鹤这个时候它是最敏感的。

李建川：对，对，就是这个意思。

记　者：对，我还想问一下，现在我们这儿有很多游客，摄影爱好者，他们都去拍鹤追鹤，我们有没有什么需要特别注意的？

李建川：我们在路上偶遇到鹤的话，尽量不要去追它，不要大声地呼喊。这样子的话对鹤是一个很大的伤害、惊吓。我们的话，最好像我们刚才过来的那样子，慢慢地靠近，通过一个慢慢的适应，去接近鹤。让它慢慢适应你，不要惊扰到它。

记　者：就是说，有些摄影爱好者他们想近一点地去拍鹤的话，最好也像我们刚才那样，走几步"啪"一停，让鹤慢慢地有个适应过程。

李建川：对对，有个适应过程，让它知道你不是去伤害它的，然后通过这个方式去观测或者拍摄它。

记者李欣蔓：二位，打断一下，这是我们刚才用长焦拍到的一个画面，李老师，你们两个看一下，这个现场。

李建川：好的，好的。

记　者：你看看能看清吗？

李建川：看清了，这是草原狐。

记　者：草原狐，狐狸。

李建川：对，是的。

记　者：它在这个鹤的夜宿点在干吗？

李建川：它就是在清晨进行一个觅食过程。

记　者：它会吃鹤吗？

李建川：它目前没发现，但是鹤伴身的那些斑头雁、赤麻鸭、绿头鸭，（它会吃）。

记　者：它的身后就有鹤。

李建川：对。

记　者：那藏狐，就是它会去吃鹤。

李建川：比如如果有说病鹤或者伤鹤，他会去捕食。

记　者：实际上也就是说，鹤在迁徙的一个路途中，其实会遇到很多的危险。不是像我们想象的很浪漫，一帆风顺。

李建川：是的，迁徙途中历经千险，不断有捕食它的动物。还有一个气候条件（影响），各类各种的因素都会影响它的一个迁徙。

记　者：这是不是也能解开我一直有的一个谜，我们知道在繁殖地可能一对成年的夫妻鹤，它们每年会生下1~2个幼鹤。如果是这样，照此推算的话，鹤的数量应该不断地增加，但是好像没有增加那么快。

李建川：是的。在野外环境下，其实鹤遇到的各种的因素都很多。比如说孵卵时期，有猛禽去吃它的卵，然后幼鹤时期，也有猛禽去捕食它，成年了以后迁徙途中会遇到气候（影响），然后还会遇到一些猛禽或者是像藏狐之类的。

记　者：它的天敌可能会伤害它。好，我们这样退回来一些。

这段报道有两处亮点：一是如何解释专家的话给观众听；二是如何制作出移动的新闻现场。

第一，当专家告诉何盈：清晨不要去惊动黑颈鹤，因为早上它们的体温比较低，如果去打扰黑颈鹤的话，对它们的身体不好。李建川老师说完，何盈立刻用生活中我们可以理解的场景予以解释："这是不是就有点像咱们人，比如早上正睡着香的时候，突然有人给你掀被子或者'啪'拍你一下，一激灵（就不舒服）。"

直播连线时专家回答记者提问的时候，他只有一个意识就是自己说的话，要让身边的这位记者听明白，但是被采访人没有意识要让屏幕前的观众听明白。而让观众听明白的工作需要记者来完成了，遇到这样的情况怎么处理呢？这里需要记者借助生活中最常见的场景，帮助观众打通"专业障碍"。对专业表述的"解释工作"对于记者来说很重要。

第二，将静态现场动态化处理。看完这段报道，是不是觉得何盈和西藏高原生物研究所李建川去靠近鹤群时候的动作像极了"鬼子进村"。他们猫着腰、蹑手蹑脚前行，停下后又碎碎念地叨叨着，之后，再猫着腰前行，忽然又停下来继续观察报道。这样处理现场的方式不多见，何盈将报道的侧重点从鹤的身上自然地平移到人的身上，将"观鹤"的正确姿势在报道中呈现出来，这种呈现也将新闻现场的空间拉大、拉宽，由此可见，科学的动线设计使得他们的"动和静"符合报道规律。

【案例一之4】候鸟迁徙 西藏林周越冬地：人鹤接触更亲密

播出时间：2016年11月6日 10:29—10:36

播出平台：央视新闻频道

视频来源：央视网

https://tv.cctv.com/v/v1/VIDEkzsreuhHImXiVu2X013I161106.html

出镜记者：总台记者何盈

报道分析：

这段报道的看点是：360度报道空间的呈现。

这是一段动态报道，直播一开始，出镜记者何盈和西藏高原生物研究所李建川坐在车里跟观众介绍现场的情况。随后,何盈一个人下车,走到可以观察的农田里。

记　　者:这么多。好,李老师我们现在这个位置可以下车了吗?

西藏高原生物研究所李建川:可以了。

记　　者:李老师也特别说我们在这儿可以下车,因为到这之后鹤群距离我们大概是有一两公里之外,所以在这儿对它来说还是个安全的距离。其实这一片农田对鹤来说是它们白天要待的地方,它们会在农田里面去觅食,晚上它们就会从这儿离开,就到达附近的一个夜宿点,在那儿去休息。我们的西藏追鹤小分队也回顾一下我们的路程。我们从藏北那曲地区海拔4800米的申扎县出发,一路向着西南方向行进,沿途我们是经过了纳木措湖,翻过了念青唐古拉雪山,继续向南,海拔越来越低,最后我们到达了现在所在越冬地林周,这个海拔已经下降到了3800米。如果换一个角度,如果是一只鹤,这一路它会经历什么呢?藏族的老乡会管黑颈鹤叫作"冲冲",迁徙的第一天,太阳升起来之后,冲冲启程了,离开了他生活了7个月的申扎。接下来,冲冲要飞跃壮阔的藏北高原,这里是地道的牧区,可以跟羊群赛跑,每天太阳一下山,冲冲就得找地方歇歇脚了。高原的星空是不是美翻了?突然有一天,冲冲发现好像有一群人在追它们,其实这些人就是追鸟的我们。在我们眼里美丽的纳木措湖对冲冲来说,却是一段最艰难的路。这一天突然刮起了狂风,冲冲队伍还遇到了不速之客的骚扰,迁徙之路甚至还会有死亡。整理心情,努力南飞,积蓄力量之后,冲冲要一口气飞跃海拔7111米的念青唐古拉雪山。又是新的一天。离目的地越来越近了,大片的农田提醒冲冲越冬地林周就要到了。嘿,伙计,我们到了。是的,我们也到了。冲冲有可能就在我身后的这些黑颈鹤的鹤群里边,冲冲在它的越冬地要完成它的人生大事,就是在这儿,它要寻找到自己的另一半。开春之后天暖和了,冲冲会带着自己的配偶返回繁殖地,在那儿它们要孵育后代,生生不息。

回顾我们的这一路追鹤之旅,其实有很多的人和故事。其中有三幅画面在我脑海里定格,挥之不去,很难忘记。第一幅画面就是申扎县的县城,您看它紧挨着的一大片湿地,在这儿人的家园和鹤的家园紧紧相连。第二幅画面是这口铁锅,里边的青稞和大米是藏族老乡们专门放进去喂野生的鸟的。第三幅画面是这些,对,这些鹤不是在野地里,它们是在拉萨的一个野生动物保护园。我们节目关注了日喀则的一位老爷爷,他救了一只鹤,当这只鹤送到了野生保护园,我们去探访的时候,惊呆了,因为野生保护园里面有很多跟这只鹤命运相同的野生动物,他们都是被人救助的,被送到这儿的。那么在这儿我们看到的不仅仅是一个人救助了一只鹤的故事,我们看到了很多人救助了很多野生动物的故事。

6天时间800多公里,我们西藏追鹤小分队一直在关注黑颈鹤,关注候鸟。其实我们也是在关注我们自己,我们一路在追鹤,看鹤,或许鹤也在看我们。我们之间是平等的,平等就是我们对于生命共同体这个词的全新认识。

好了,在这儿我们小分队要跟大家说再见了。再见,观众朋友。再见,黑颈鹤。

这段报道的亮点是何盈说"6 天时间 800 多公里,我们西藏追鹤小分队一直在关注黑颈鹤,关注候鸟。其实我们也是在关注我们自己,我们一路在追鹤,看鹤,或许鹤也在看我们。我们之间是平等的,平等就是我们对于生命共同体这个词的全新认识。好了,在这儿我们小分队要跟大家说再见了。再见,观众朋友。再见,黑颈鹤。"的时候,她忽然转身,从画面中我们看到的是整个报道团队,好似室内情景喜剧《我爱我家》最后的画面,镜头一转观众入画。候鸟直播报道的这次镜头一转,是辛苦追鹤的报道团队入画,现场报道的空间由之前的 180 度,瞬间拓展到 360 度,观众的好奇心一下子被吊了起来,噢,原来是这些电视人在为我们做直播报道呀!特别像看成龙电影最后的花絮。作为候鸟直播的收官之作,何盈及团队这样的设计,从我们看鹤,变成鹤看我们的视角。既有跟观众说再见的意识,又有报道结束给大家揭秘现场的意味。这样的报道创意在央视的直播报道历史上,据笔者所知还是第一次出现。

记者简历:

何盈,中央广播电视总台江苏总站副召集人,中国人民大学传播学硕士毕业。

2000 年进入中央电视台,2010—2021 年担任央视驻浙江记者站站长,2021 年 2 月调任江苏。从业以来,何盈希望自己是"一个裤腿上永远沾着泥巴的记者"。

她先后参与"神七""奥运火炬传递""新疆抗严寒报道""走进墨脱""塔县皮里村蹲点日记""世界互联网大会""G20 杭州峰会""候鸟迁徙"、喜迎十九大特别节目"还看今朝""再见墨脱"等新闻事件的采访报道。出版著作《微光》《于无声处》。

其中走基层特别节目"塔县皮里村蹲点日记"获中国新闻奖一等奖、教育部优秀教育新闻奖特别奖。2020 年,何盈把多年来的采访手记整理成册,出版专著《微光》。

何盈还先后获得"全国优秀新闻工作者""全国广播电影电视系统先

进工作者""全国妇女'巾帼建功'标兵""第二届世界互联网大会新闻宣传先进个人""G20杭州峰会新闻宣传工作先进个人""中宣部宣传思想文化青年英才"等个人荣誉。

【案例二之1】特别制作：寻路"银三角"央视记者拉美制毒链条调查

【案例二之2】央视记者"银三角"制毒链条调查 毒品贸易的源头：古柯种植地

播出时间：2018年4月5日 20:31—20:44

播出平台：央视新闻频道

视频来源：央视网

http://tv.cctv.com/2018/04/05/VIDExBtZJ3Pw1SdHFO90RaJs180405.shtml?spm=C45404.P7ne1ttcoan4.S62385.46

http://tv.cctv.com/2018/04/05/VIDEppKnQdW3t4aGXeob5B3v180405.shtml?spm=C45404.P7ne1ttcoan4.S62385.49

【案例二之3】特别制作：央视记者独家调查拉美制毒链条 制毒集团允许记者深入隐蔽窝点

【案例二之3】特别制作：央视记者独家调查拉美制毒链条 政府禁毒为何引发农民暴力冲突？

播出时间：2018年4月6日 20:31—20:38

播出平台：央视新闻频道

视频来源：央视网

http://tv.cctv.com/2018/04/06/VIDEthMsmSCRApkDsSw2cscu180406.shtml?spm=C45404.P7ne1ttcoan4.S62385.70

http://tv.cctv.com/2018/04/06/VIDEMLJgZBa74p0aqXhT9HUQ180406.shtml?spm=C45404.P7ne1ttcoan4.S62385.71

出镜记者：总台驻外记者刘骁骞

报道分析：

在央视诸多的驻外记者中，刘骁骞的名字，如雷贯耳。第一次让我们认识、知道他，是他的成名作"毒枭"，第二次是"哥武"。这一次，他走进了"银三角"，一个我们需要看地图才知道的地理位置。刘骁骞调查报道《"银三角"之制毒链条调查》一共四集，2018年4月5日《东方时空》播出两集，4月6日播出两集。

第一集：第一站"可卡因之都"麦德林

第二集：毒品贸易的源头：古柯种植地

第三集：制毒集团允许记者深入隐蔽窝点

第四集：政府禁毒为何引发农民暴力冲突？

跟我们以往分享的现场报道类型不同的是，刘骁骞这次做的是系列调查报道，调查报道的记者出镜与消息类报道有所不同，出镜目的多样，出镜形式也更为考究。

1. 纪录性质的出镜

调查报道的记录性在出镜记者身上鲜明体现，记者进入不同的新闻现场、交通转移、行进途中等都会予以交代。在这四集报道中，刘骁骞的足迹通过镜头都有交代。细心的你一定会注意到，他的出镜以动态为主，他一直在行进中、行进中，没有停歇。整个报道的行进感，在记者出镜时潜移默化地影响着观众。不同的新闻现场，记者有进有出，一两个镜头就可以交代清楚，达到前行、进入、转移的传播效果。这些转场时的镜头交代具有鲜明的个人特征，在英、美、日等国的报道中比较常见。编辑的视角也比较讲究，不同于一般的深度报道。

2. 串场性质的出镜

调查报道中的出镜有一个重要功能就是完成串场，借助"新闻物理空间"还原曾经在那里发生的人与事。完成前后两个信息的衔接、或者是完成叙事的承上启下。刘骁骞在这次调查报道中的第一个出镜报道颇具有设计感。前一秒钟还是以往历史中的场景，第二个镜头就是他来到了这里。

这样的剪辑方法，让记者的出镜毫无突兀之感，反而让人印象深刻。

3.现场的前置与后置

在第二集的报道中，刘骁骞在种植地的田间地头与当地农民进行对话。除了常态的提问之外，关于古柯会危害人们身体健康的事情，他也没有回避。来到古柯种植地的刘骁骞全身马达开动，因为他就是我们观众的延伸，他对那里感受得越细致，我们对那里就会多一丝了解。毕竟对于我们普通人而言，这辈子去那里的可能性为零。

这其中有一段出镜值得关注。第一个是现场后置。他身后是农民把一袋袋新鲜的古柯叶子运进实验室。

第二个是现场前置。刘骁骞的眼前是正在制作古柯原浆的农民，他坐在那儿报道。由于使用了刺激性的化学用品，他忍不住咳嗽了一声。这个咳嗽的使用，恰到好处。

4.气味信息点的突出

对从未接触过任何毒品人来说，对于毒品的制作以及半成品的气味都是好奇的。所以，在毒品制作窝点的出镜报道中，刘骁骞的报道信息点紧紧锁定了"气味"。比如，处理古柯叶子时加入化学用品的气味、制作时空气中的味道以及古柯膏拿在手里闻上去的气味。他用指甲油这一日常生活中随处可见的物品，让我们去想象古柯膏的味道。

笔者印象最深的出镜有两段：第一段是跑道出镜。摄影机放在地上，刘骁骞从地平线走来，出镜的设计感十足，跟报道的内容也是十分吻合。据刘骁骞介绍说：那个跑道很空，太阳就在头顶，做普通机位的出镜，背景也没有，光也没有，所以临时决定把摄像机放在地上。这样即使脸是黑的，也没有关系，观众反而觉得是有意做成的效果。看来很多不利条件，反而创作出新颖的出镜形式。

第二段是最后的结尾，这是一段极具象征意义的出镜。这段由无人机拍摄的画面，给人的视觉感受很微妙。哥伦比亚的禁毒之路的未来在哪里？镜头暗示我们，这是一条没有清晰方向的路。

刘晓骞做的报道很多都是"硬新闻",这跟他文艺青年的外表、柔和的语气不太吻合。虽然他每次都身处险境,几乎看不到他惊恐的眼神和不知所措的表情。他平和的表达下流露出来的沉稳与淡定给我们留下了深刻的印象。由此得出,新闻现场不同,每一位出镜记者处理现场的方法也不一样。

然而,刘晓骞,绝对是最特别的一个。2018年4月6日《24小时》播出了刘晓骞的采访手记,就一些调查报道中不便交代的采访幕后故事做了回答。刘晓骞,一个特别有存在感的记者,他用自己的报道,存在于我们的视野中,让我们始终关注着他。

报道小贴士:

1.想要提升自身的报道能力,学习和观摩是一条重要的路径,"好片子"无论你什么时候看,都会有收获。这是笔者从教近20年来最大的感受。虽然很多报道已经在课上给学生看了无数回,可是隔一段时间还是会在观看时有所发现。所以,建立一个学习文档,把优秀的报道案例进行分类收藏,时不时翻出来观看学习,是提高业务的好方法。就像刘晓骞的这四集系列调查报道,三年后再次观看,还是会被其专业化的报道、整体的设计制作所折服。

2.大胆尝试与新颖创意是结伴而来了,看完刘晓骞的报道,相信你一定会被其独特的现场出镜方式所触动,原来现场还可以这样出镜。调查报道、专题报道的出镜方式与消息类新闻的出镜方式存在诸多差异。消息类的出镜功能相对单一,就在此地发生了什么,怎么发生的,当时的情景是怎样。而调查报道、专题报道的出镜除了上述功能外,还要将记者的一些报道意图、画面意义呈现出来。推荐读者观看一部系列报道《透视美国》,这部四集专题片中,记者的出镜形式一定会给你带来意想不到的惊喜。

3.阅读记者的报道手记也是业务学习的路径之一,刘晓骞在2020年出版了调查报道手记《陆上行舟》。书的封面是这样写的:为了追踪新闻现场,刘晓骞潜入贫民窟采访过毒贩,带着隐形摄像头暗访过枪支黑市,流连于殡仪馆和墓地,只为寻找一具即将下葬的遗体。为了最大限度降低报道风险,他从陌生人中招募线人,乔装成教师、商人和地质学家。这是一段"不入虎穴,焉得虎子"的职业选择,也是一条通向真相的必经之路。看完这样的介绍,想必你一定想看看做出如此专业报道的记者刘骁骞,他那些惊心动魄的采访幕后故事吧!

记者简介:

刘骁骞,福建晋江人,毕业于中国传媒大学,资深驻外记者,掌握四门外语,因勇闯巴西贩毒集团采访一战成名。2011年至2019年常驻拉丁美洲期间,他对里约奥运会、古巴前领导人菲德尔·卡斯特罗葬礼、阿根廷G20峰会、哥伦比亚和平谈判、智利强震等重大国际新闻都进行了实地采访,以独特的报道风格和观察视角获得了广泛好评。现为央视驻美国记者,频繁出现在全美种族抗议浪潮的新闻一线,被网友称为"美国暴乱中一个熟悉的中国身影"。2020年出版《陆上行舟:一个中国记者的拉美毒品调查》一书,首次曝光其采访幕后的真实故事。

【案例三之1】北京:"停车3分钟须熄火"进行听证

播出时间:2013年10月24日 13:33—13:37

播出平台:央视新闻频道

视频来源:央视网

https://news.cctv.com/2013/10/24/VIDE1382593321615548.shtml

出镜记者:原央视新闻中心地方部北京站记者张颖

视频文案:

主 播:为了减少机动车污染排放,相关部门建议驾驶员在停车超过三分钟的时候熄火灭车,这一规定是否可行,停车三分钟又该如何界定和执法。今天下午2点,北京市人大法制委员会就将《北京市大气污染防治条例草案》当中,群众普遍关注的问题举行立法听证会,详细情况我们就来连线正在听证会场外的本台记者张颖。张颖，你好。介绍一下一会儿就要举行的听证会的情况。

记　　者：好的，我现在就是在北京市人大听证会的会议现场的门口，刚才已经陆续有几位听证的代表来到了现场，从我们刚刚拿到的听证会的参会人员名单可以看到，关于今天下午即将举行的在北京驾驶车辆停车3分钟熄火是否可行的立法听证，有10位听证的陈述人，其中除了2名是北京市的人大代表之外，剩下的8名当中，有2名是专家学者，还有6名是普通市民代表。

我们看这2名专家学者分别是中国人民大学法学院的教授和原北京汽车研究所有限公司汽车排放技术总监，那么，另外6名市民代表也是有针对性的，我们看到其中的4名是涵盖了北京的公交、出租汽车公司和汽车行业协会和自然之友，那么，这都是跟车辆的驾驶和环境相关的行业。另外，剩下两名是普通的退休教师和退休干部。我们了解到最新的议程是这10位听证的陈述人在会议开始之后会分别用10分钟陈述自己的观点。顺序就是名单的顺序，如果有特别积极踊跃需要发言的，也可以随时发言。

虽然他们的观点我们现在还不得而知，但是昨天我们提前已经做了40份调查问卷，是针对北京已经有车的市民，我们随机地发放。这40份（问卷）涵盖的年龄层是从20岁到45岁比较平均的分布，统计了一下这3个题，大家的想法，来看一下调查问卷的结果。

第一题，我问大家目前停车3分钟是否会采取熄火这个做法？40位受访者当中有六成表示会有，四成表示不会。在这四成表示不会的受访者当中，我们又继续问了第二题，停车不熄火的主要原因是什么？这是一个多选题，大家可以看到47.5%的受访者都选的是因为天气原因，那么主要是天气冷的时候需要开暖风，天热的时候需要开空调。

第二个选项比较多的是42.5%的受访者选择了等交通灯，他们主要是考虑到现在我们北京的红灯有倒数计时功能的比较少，要是能够提前知道还有一分多或者两分钟的红灯，也有一部分司机表示说是会采取熄火灭车的，但是因为现在有倒数计时的功能的路口还是比较少，所以不会选择熄火。剩下两个22.5%和17.5%分别是怕麻烦，就是灭车以后再着车，还有担心再着车会更加费油。这两个选项是女性司机偏多。

最后一道题我问大家，对于停车3分钟熄火是否赞同？在45%的受访者表示不赞同的当中，也表示说不是完全的反对，而是要视情况而定。在55%表示赞同的受访者当中也有一些担心，就是说停车熄火应该怎么样来界定？因为毕竟停车3分钟它是一个延续并且时时在变化的情况，而且如果一个路口有好几辆车都在短暂停车，如何去监督它是否超过了3分钟，那么，我想可能如何界定也会成为今天下午听证会大家关注和热议的一个焦点。

报道分析：

1.听证会没有开始，记者报道什么内容呢？张颖在报道中做了两方面的信息增量。一方面是设计了调查问卷，更大范围地获取民众的意见，有效地弥补了连线前信息不足的问题。另一方面是对听证会参会人员的名单予以解读，对发言人的社会身份进行分析，解释为什么是这10个人参与听证会。在拓展了"参会人员名单"这一单一信息的同时还解释了"参会人员"在选择上的合理性。

2. 记者对前期的调查结果进行了可视化呈现，同时对部分信息进行了补充。在这里需要指出的是，如果在报道前进行了"民调"，那么，选择什么样的调查结果用到报道中，对调查结果如何排序和设计，需要记者在前期准备工作中予以考虑。

3. 记者对部分调查信息的解释与说明，有效解决了图表信息，将数据信息背后的"复杂性"通俗易懂地介绍出来。例如记者解释了45%不赞同的人中，也不是完全反对，是要分情况而定的，还解释了尽管有55%的人赞成，但在赞成的背后他们又有哪些疑问和担心。记者在现场对上述这些数据信息的详细解读，是观众自己看图表无法参透的。

4. 根据民调结果对听证会的热议焦点进行预测，为后续报道埋下伏笔。

【案例三之2】北京："停车3分钟熄火"立法听证

播出时间：2013年10月24日 15:28—15:33

播出平台：央视新闻频道

视频来源：央视网

https://news.cctv.com/2013/10/24/VIDE1382600401047196.shtml

出镜记者：原央视新闻中心地方部北京站记者张颖

视频文案：

主　　播：今天下午2点，北京市人大法制委员会就《北京市大气污染防治条例草案》举行立法听证会，此次听证会的听证事项为草案第81条当中，在不影响车辆正常行驶的地段，提倡机动车驾驶员在停车3分钟以上的时候熄灭发动机的规定是否合理可行，以及如何修改和执行。现在有10名陈述人分别发言，现在听证会的议程过半，详细情况我们就来连线正在听证会现场的本台记者张颖。张颖，你好，给我们介绍一下你从听证会上获取的信息。

记　　者：好的。我现在仍然是在北京市人大"关于停车3分钟以上熄火是否可行的立法"听证会的门口，现在里面听证会正在进行，因为有一名听证人请假，现在总共是9名听证陈述人，已经陈述过半了，先来向您简单介绍一下之前的会议内容。

（会议）先由北京市环保局的相关工作人员，对这次听证的主要内容做了一个解释。大家可以看一下，我手上拿的就是第81条的细则条款，原本有一个词非常的关键，写的是提倡机动车驾驶员在停车3分钟以上时熄灭发动机，这位北京市环保局的相关工作人员的建议，把这一条改为凡在学校、医院、宾馆、停车场等不影响车辆行驶地段，应熄灭发动机并设立相应的法则。

那么，为什么把这个界定在停车3分钟以上，而不是2分钟或者4分钟，为什么又建议设立相应的法则呢？我们先来听一段之前的现场录音。

发言人：我们也做了相关的一些测算，比如说我们一辆国二水平的小客车它的每秒钟排放的一氧化碳的大概11毫克，碳氢化合物3.7毫克，氮氧化合物0.3毫克，每怠速3分钟的时候，排出的污染物是大概在2.7克。如果全市有10万辆国二标准的车每天怠速3分钟以上，会排出各种污染物的总和为270公斤。

记　者：刚才大家听到的这段现场录音，主要是从停车3分钟以上会产生的有害气体排放量来解释的。其实北京市环保局的相关工作人员还提到了另外两点原因：一个是考虑到目前北京市大多数交通信号灯的时长和大家停车着车方便的时长，另外还有一点就是效仿目前加拿大和日本等国，以及我国的香港、台湾和珠海等地已经在实行的相关法规，比方说在日本的停车3分钟以上不熄火的话，最高可能罚款 10 万日元（约合 6500 人民币），而在珠海最高的罚款是 200 元。

除了北京市环保局相关工作人员的解释之外，我也听到 3 位听证陈述人的陈述，这 3 位都是有一定的驾龄，最长驾龄在 10 年的北京市民，这 3 位都表示赞同停车 3 分钟以上熄火应该立法的，其中还有一位提到 3 分钟，他觉得时间长了一些，他建议改为 150 秒或者 120 秒，也就是两分或两分半。

另外两位还提出了一些建议，比方说目前北京的交通信号灯能不能加装上红灯的倒计时装置，能够提醒更多的司机便于他们去判断是否熄灭这个车辆。还有一点，因为可能很多私家车车主会担心频繁的着车和灭车对发动机会不会产生损耗，有一位建议说目前已经有这样的相关设备可以加装在车辆上，它可以设定一个规定好的倒数计时的秒表，那么，它可以自动地完成灭车和着车的动作。

关于其他的听证人还有哪些观点，我们在会后也会陆续发回报道。

报道分析：

1. 这段报道是听证会进行中的一段连线报道，在会议进程中进行报道。这种情况下，最考验记者的是听证会中都有谁发言，发言的核心内容是什么。如何对发言人的大量内容进行概述和提炼，对记者的听辨能力、总结归纳信息的能力提出了要求。

2. 在这段报道中，张颖将其在听证会上听到的代表发言作为主要内容来说。北京市环保局的相关工作人员从停车 3 分钟以上会产生的有害气体排放量这一专业视角入手发表观点，3 位拥有一定驾龄的北京市民从停车时间、红灯倒计时装置等不同视角切入发表观点。张颖从陈述者的身份入手，揭示出陈述者代表了哪些群体，考虑的是哪个群体的利益。这样组织报道内容，让观众易于信服、理解。

3.现场录音的快速抓取和剪辑充分体现了记者较高的职业素养。这一呈现方式如何做到？在听证会前，需要对自己重点关注的陈述者有所准备，在其发言过程中进行全程录制，当抓住关键信息时快速记录摄像机上的录制时间点，关键信息表述后立刻进行画面剪辑。

【案例三之3】北京："停车3分钟熄火"立法听证

播出时间：2013年10月24日 16:34—15:37

播出平台：央视新闻频道

视频来源：央视网

https://news.cctv.com/2013/10/24/VIDE1382604121847771.shtml

出镜记者：原央视新闻中心地方部北京站记者张颖

视频文案：

主　播：接下来我们要继续来关注一下北京市人大法制委员会就停车3分钟熄火举行的立法听证会。今天9位陈述人在听证会上围绕这一规定是否合理可行，以及如何修改和执法等分别进行了发言，现在听证会刚刚结束不久，详细情况我们马上连线正在现场的本台记者张颖。你好，张颖。对于这样的一个规定，现场的这些陈述者大家有哪些看法？另外，你从听证会上还获取了哪些信息，来给我们一起介绍一下。

记　者：好的，我现在仍然是在北京市人大关于停车3分钟以上熄火是否可行的立法听证会的现场。可以看到听证会是刚刚结束，今天下午总共到场的9名听证陈述人都是表示赞同的。北京市人大法制委员会的工作人员表示说，在公开征求意见的过程当中，有不少明确表示反对的声音，其中有两名很有代表性，本来想要请到今天的听证会的现场,但是这两位市民都表示说不想公开,尤其是对着媒体表达自己反对的声音,所以并没有到场。但是在这9名都表示赞同的陈述人当中也提出了很多他们的建议和困惑,其中主要集中在3点:第一点是很多人都有的困惑,就是如何来执行,怎么样去界定我停车3分钟或者是超过3分钟。还有在北京是不是应该区分路段来执行?比方说有一些拥堵路段,如果频繁地灭车着车会不会加重拥堵?另外两点建议,其中有一点是9位陈述人都提到的,能不能在北京的交通信号灯加装倒数计时功能的装置。

还有一个建议就是对于目前北京有一些非法的上路的摩托车和非法改装了汽油机的这种三轮车,能不能够加大查处的力度,因为他们也会加大有害气体的排放。

出租车行业的代表还提出了一点,就是说目前北京的出租车行业有一个服务规范,为了给乘客提供更舒适的服务,要求他们提前在冬天开启暖风,夏天提前开启冷气,这一点有可能会对立法之后的规定产生一定的矛盾。

最后,我们也去咨询了北京市人大法制委员会,他们表示说今天的听证报告和最后的采纳情况都会向社会公开,尤其是法规的细则将在明年1月份北京市的十四届二次人民代表大会上审议表决通过之后才有可能执行。

报道分析:

1.记者介绍了听证会上发言的9位陈述者都赞成这一规定,但是,常理上说,规定的出台一定会有反对声音的出现,作为"民声"的重要通道,听证会上应该有这些反对之声,可事实上并没有出现。那么,反对的声音为什么没有在听证会上听到呢?是不是不让这些反对者发声呢?面对这一问题,张颖在报道中没有任何回避,而是给出最客观的回答。由此可见,记者的客观报道在保证新闻真实性的基础上，一定程度上增加了听证会的可信度。

2.记者对陈述人的建议进行提炼，将重点内容和核心信息归纳总结出来，同时将陈述人的困惑放到报道中去，这样的内容设计保证了听证会的公信力。

3.听证会后的报道内容，实质是对听证会前"民调"的一个回答。连线中让受众听到9人以外的声音，是对参与陈述的9人是否具有代表性的一个回答。

报道小贴士：

1.要完成同一新闻的三段现场报道，报道的信息还要有差别，只依靠听证会本身难度较大。这里的前期"调查"一方面增加了信息量，但另一方面，在调查的科学性和前期工作量上，给记者增加了不小的难度。

2.通过图表、文字等方式对数据和信息进行可视化呈现，直播前记者需要反复多次地进行内容的彩排。还要考虑可视化信息呈现时，观众从屏幕上是否可以看得清楚数据和文字，简易图表的话，最好用不同颜色的马克笔标注关键信息。

3.对于具有争议性的事件，记者需要做到的就是主动触碰，不要让观众感觉到你在刻意回避，记者对舆论影响和实际操作中的鸿沟要有清醒的认识，有经验的记者应该对报道后的舆论走向要有预判。

4.报道中如果使用到外国货币，需要统一换算成人民币进行比较。

记者简历：

张颖，曾任北京电视台财经频道新闻节目主持人，中央电视台新闻中心记者。"征战"一线十余年中，在"九三大阅兵"、北京联合张家口申冬奥、汶川地震、云南鲁甸地震、湖南超级稻大秋收、天安门国庆65周年升旗仪式等重大事件中担任直播和现场报道出镜记者。2017年转战新媒体，带领医疗互联网内容创业团队。在第二届北京市文化创意创新创业大赛中获得一等奖。现任阿里巴巴集团市场部奥运业务整合营销负责人。

第六章 移动视频直播的兴起与报道方法

2016年被誉为移动视频直播元年，国内外诸多新闻机构开始涉足这一领域。2016年3月19日，BBC通过Facebook直播了欧盟与土耳其峰会，7月14日，法国尼斯国庆日卡车杀戮案，德国国家电视台记者Richard在新闻现场用手机通过Skype直播了24小时。同样在2016年，腾讯新闻、新京报"我们视频"、央视新闻等媒体涉足移动视频直播领域，这些探索者的步伐稳健而迅速。

直播，对广播、电视等传统媒体来说，早已不是新鲜事。随着媒体环境的变化，直播这一概念的延展与呈现越来越让人眼前一亮。比如，微博直播和移动视频直播（小屏直播）的登场。以文字和图片作为信息发布主体的微博，因其社交平台的媒体属性和信息实时发布的技术优势，使得文字和图片可以实现直播。之后，微博开发了"一直播"等视频直播功能，至此，微博可以实现文字、图片、视频三种信息的直播传输模式。2016年，国内兴起的移动视频直播，则将直播的范畴进一步拓展到更为广阔的物理空间，一些前所未有的直播现场被挖掘出来，更多的新闻场景出现在用户手机屏幕上，直播不再是广播和电视的独享。发展至今，移动端直播的社会影响力早已超过以往任何一种传统媒体。

第一节 移动视频直播的兴起

一、腾讯新闻开启移动视频直播大幕

2016年，腾讯新闻的大胆尝试，使其在直播技术、商业化运作以及直播产品的探索和丰富性上堪称业界的探路者。2016年3月25日推出的一场直播，对业界、学界来说，意义重大。

2016年3月25日，腾讯新闻在中午12点30分推出了名为《撒哟娜拉——车站酱》的直播，与以往观众所熟悉的电视直播报道不同的是，这是一场有海报设计，直播前在社交媒体进行预热宣推的视频直播产品。

这场名为《撒哟娜拉——车站酱》的直播，拉开了中国移动视频直播的大幕，改变了中国新闻报道的传播渠道、报道选题、叙事结构、画面呈现和传播方法。因移动视频直播的出现，进而开发出许多崭新的工作岗位，新型的报道样态对报道人员的业务能力提出了新要求。

我们先来回顾一下《撒哟娜拉——车站酱》的故事背景。自2013年开始，一位叫原田华奈的女高中生成为日本JR北海道·石北本线上旧白滝站的唯一一名乘客，本该早就关停的车站因她一直被保留着，原田华奈每天都要乘坐这趟列车往返于家和学校之间。于是，这座小车站伴随着她度过了三年的高中时光，如今小姑娘要上大学了，车站在2016年3月26日即将完成它的历史使命。3月25日是列车运行的最后一天，腾讯新闻和45万网友一起跟这座充满暖意的车站说一声：撒哟娜拉！车站酱！

这次直播采用的是拍客现场报道与主持人画面同步解说相结合的方式，记得那天中午下课后，笔者来到传媒大学旁边一家日料小店，打开腾讯新闻的App，一边吃饭，一边看直播，作为移动端用户第一次体验了移动视频直播。直播开始没多久，用户在线数字一路攀升，拍客有一搭无一搭地解说着现场，主播张天娇用她那甜美的、颇具魅力的声音随着画面向我们介绍着相关背景信息以及异国的美景。

除了原田华奈与小车站的这条报道主线之外,直播团队还将铁道迷邀约进来,他们在直播中与我们分享那些跟铁道有关的美好故事,随后与小车站依依不舍地话别。移动视频直播从诞生之日起,就预示着她的未来将以策划型直播报道为主。事实上,随后几年,不同的视频平台,直播的主题侧重点也不同。腾讯新闻在2016年的选题策略是小切口、有深度,《撒哟娜拉——车站酱》这场直播的选题符合年轻人的兴趣,为直播产品的二次开发提供可能。《撒哟娜拉——车站酱》温和的情怀、独特的选题视角使其入围2016年"金熊猫"国际纪录片社会公益和教育类节目。

2019年3月,现已退休的原腾讯网总编辑王永治曾经说过:"视频直播,在移动时代焕发出了从未有过的生机与潜力。而我们要做的直播,一定是与传统电视直播截然相反的东西,从对现场的突破,到持续不间断的实时追踪,再到直播交互体验的升级,以及我们试图想要去传递的温度,都要求我们跑得快一些、再快一些。"

二、新京报"我们视频":成功转型发力于视频直播

2016年9月11日,新京报"我们视频"上线,截止到2017年9月11日,上线一年期间制作了超600场新闻直播,平均每天2—3场,累计观看流量过亿。发展至今,新京报已经从传统纸媒成长为当下移动端新闻内容生产最具有创作力、原创力、影响力的内容平台之一。"我们视频"是一个只做新闻的内容平台,以直播、短视频以及相关视频产品矩阵为主,其新闻属性之强从一开始便引起业界人士和研究学者的高度关注。

"我们视频"是由新京报和腾讯联合打造,新京报在内容生产上发力,腾讯从传播渠道、技术融合上助力。新京报从以文字、图片为主要报道内容向文字、图片、直播、视频、动画相结合的融合报道媒体转型。在进入新闻内容视频化原创道路的初期,"我们视频"将内容生产的主阵地放在

了视频直播上。直播产品中，一档名为《紧急呼叫》的栏目经常在重特大突发事件发生时上线，直播连线、现场报道，灵活的报道样态带给广大网友的是"大事发生，就看我们"。近五年来，新京报"我们视频"在移动端新闻内容的生产上早已成为业界标杆，"核心现场、核心人物、核心画面""突破、突破、再突破"，执行制片人刘刚的这些专业理念早已被业界人士奉为圭臬。

2016年6月1日，新京报记者做了《悬崖上的村庄》的视频直播报道，跟着小学生们一起走了天梯路，之后还做了后续报道，直到问题得到解决。2016年11月，河北保定蠡县中孟尝村一名6岁的男童坠井，新京报进行了107个小时的直播。这场直播对"我们视频"来说意义重大，不仅仅获得诸多殊荣，还为探索视频直播的未来路径寻找到了操作依据。春节时，新京报"我们视频"也会推出一些直播产品，其中《摩托车返乡》早已成为固定直播产品。网友一边看直播，一边在互动区聊天，常年在外的异乡人归心似箭，想家的心情相互感染，公屏区里身处各地的打工人聊起自己的家乡，那是异常热闹。2017年12月1日凌晨4点，天津河西区友谊路与平江路交口的城市大厦发生火灾，刚刚从传统电视媒体转型入职新京报"我们视频"的马骏赶赴天津，在中午的11点52分开始了历时4个多小时的直播，这场直播成为突发事件与调查报道相结合的经典案例。直播中，一位关键人物找到了正在做直播的马骏，胆大心细的马骏果断做出判断，稍作了解就在直播中对其进行了采访，获得了大量的一手视频资料，这条新闻成为当天的独家报道，当晚央视新闻频道《东方时空》也播出了马骏的这段采访。

在视频直播的报道内容、报道形式上，新京报"我们视频"的探索具有极强的前沿性。马骏、李婷婷、贾洁卿、许研敏、王清以这些优秀的出镜记者，随着新京报"我们视频"出现在广大网友的手机屏幕中，带着我们进入一个个突发的新闻现场，感受一个个鲜活的新闻人物。

三、央视新闻：小屏直播逐渐与大屏直播并驾齐驱

移动视频直播，这一专业概念缘起于腾讯新闻、新京报"我们视频"这样的新闻机构。对于电视媒体而言，电视是大屏，手机是小屏，移动视频直播在电视媒体领域通常被称为"小屏直播"。

央视作为电视新闻直播报道的前沿阵地，一直处于国内领先水平。在移动视频直播领域，与腾讯新闻、新京报"我们视频"等新闻机构相比晚了一小步。但是随着媒体融合力度的增强，以及移动视频直播影响力的扩大，小屏直播已经成为央视新媒体产品开发进程中，步伐最快、存在感最强的视频产品类型了。

2016年5月20日，在VGC（记者视频回传系统）技术平台的基础上，"央视新闻"开发了移动直播技术平台，第一场移动端小屏直播是《强降雨袭击江西多地央视记者深入吉安被淹地区》。以新闻报道见长的央视，第一次触达视频直播就是以突发事件报道作为入口，这也体现了其新闻媒体的属性。

央视这艘媒体航母，一旦启动，从能力到力量都是其他媒体无法抗衡的。2016年7月29日推出了《"邮件门"关键人物意外死亡 谁干的》，实现了3人同时在线交互直播样态，这也是央视在2016年推出的第100场直播。

央视的小屏直播从诞生之日起，就面临着与电视大屏直播一争高低的命运。2017年2月19日上线的"央视新闻移动网"平台包括："央视新闻＋"客户端和央视新闻移动网（www.newscctv.net）。该系统包括"记者视频回传系统（VGC）、移动直播系统（正直播）、账号矩阵系统（央视新闻矩阵号）、用户上传系统（UGC）。2019年2月19日这一天，央视记者蒋林在悬崖村做了一场近一个小时的直播，就是利用该技术平台。随着央视新媒体融合策略的改变，央视新闻移动网很快淡出公众视野，随之而来的是"央视频"的登场。

2019年11月20日上线的"央视频"，是总台基于5G+4K/8K+AI等

新技术推出的综合性视听新媒体旗舰平台，也是首个国家级 5G 新媒体平台。为移动端专门生产视频内容是"央视频"上线以来最明显的变化。以往大屏内容搬到小屏播出，或者将大屏内容进行拆分，以更短的篇幅进行剪辑播出。这些做法显然无法适应移动端对视频产品内容的需求。视频时代，各个视频平台将发力点着眼于短视频上，于是，在形态上，"央视频"也以短视频为主，兼顾长视频和移动直播，力图通过"以短带长""直播点播关联"相结合的视频制作思路。通常来说，央视新闻的小屏直播侧重新闻类的选题，"央视频"除了新闻类选题之外，还有一些资讯类选题。2019 年 11 月 21 日世界电视日之际，"央视频"邀请笔者参与了相关直播报道，那时候其直播团队刚刚开始起步。

2019 年 10 月 1 日，网友打开央视新闻客户端的时候，一定会发现手机中看到的直播内容跟电视里播出的不一样。电视里演播室中是大家熟悉的白岩松、欧阳夏丹和出镜记者出身的新闻主播王春潇，而出现在新闻现场的则是《新闻联播》主播刚强、李梓萌、潘涛等知名的主持人。同一时间，出现在小屏直播演播室的主播是沙晨和王音棋，新闻现场的是记者王宇、张鹏军、吕小品等经验丰富的出镜记者。以往的并机直播变成了各成体系，笔者注意到此次国庆直播大屏、小屏报道重点不同，带给观众和网友的报道空间也是截然不同。网友发现在小屏看到的内容更亲民、更接地气、更有趣。吕小品站在天安门前报道时说的那句："走过南，闯过北，天安门前踢过腿"，风趣幽默的表达着实让网友拍手称快。

对电视新闻报道从业者来说，同样是面对镜头、同样是在新闻现场，但是镜头那边由一家人看大电视的多位观众，变成了拿手机小屏幕看直播的一位位网友、用户。信息接收方在信息接收场景、观看直播的时长、参与直播的意愿与电视直播截然不同，电视记者面临专业认知重塑的问题。很多出镜记者认为大屏直播需要严谨、严肃、规整，小屏直播则是松弛、轻松、增加亲和力。事实上，移动视频直播与传统电视新闻报道存在着诸多差异。

大小屏兼顾的央视，在打通"双屏"上也做出了很多尝试，比如"小屏套大屏"的报道策略，作为电视媒体颇具创新性。

首次在小屏直播时连线做大屏报道的是徐德智，时任央视驻叙利亚大马士革的驻外记者。

北京时间2018年4月14日上午9点，美国联合英国和法国，以叙利亚政府军涉嫌使用化学武器袭击平民为由，对叙利亚展开了军事打击。徐德智从叙利亚首都大马士革的一家酒店的阳台第一时间发回报道。他的报道跟以往的记者报道截然不同。他在利用小屏直播的同时，把自己与电视大屏做直播连线的过程也同步直播出去。手机前的网友被这位看上去憨憨的小伙子给震慑到了。站在阳台上，耳边是清晰的爆炸声，徐德智却有条不紊地做着报道工作。他一边对着手机镜头做报道，一会儿接通北京同事的电话，网友看着他为大屏直播做着前期准备，这种揭示"直播幕后"花絮感颇强的小屏直播内容，极大地满足了网友的"窥视"欲。这一专业化的操作得到网友的高度评价。

4月14日，"美英法空袭叙利亚"是小屏直播兴起以来最引人关注的突发事件。用户拿着手机，看着万里之外发生的战争，移动端传播的新场景出现了。

小屏直播最令人诟病的是信息冗余，因无法做到像大屏直播那样信息集中与饱满，所以在小屏直播报道中信息增量就显得尤为重要。在媒体转型期，小屏直播已经成为各大新闻机构信息发布的标配，它的"江湖地位"已经确立。从观看人数、转发量、评论量和点赞数可以看出，这是一场值得关注的突发事件小屏直播的典型案例。

（一）真实记录与内幕呈现

此次徐德智的小屏直播让网友耳目一新，最大的看点是把"幕后"直播给你看。徐德智刚刚在小屏直播时跟你报道了最新情况，随后离开镜头，细心的网友会听到他跟同事就大屏直播事宜进行沟通。虽然看不到他打电话的身影，但是沟通过程，网友听得一清二楚。这里面既有新闻现场真实场景的记录,同时让网友有机会"看到"内幕。在直播的过程中,用户知晓了最新信息的同时,外带着了解了记者的工作过程。这样的"信息增量"操作手法吸引了用户、留住了用户。徐德智这次做了好几个工种的活,出镜记者、编辑、导播、摄像、卫星传送工程师、新媒体移动直播等。大家说他:一个人就是一支队伍。

(二)小屏"套播"大屏

在徐德智驻地的阳台上,他做小屏直播时兼顾做大屏直播。这样小屏"套播"大屏的直播状态,首次出现。

笔者看过的报道是同一新闻事件,大小屏直播是穿插进行的。比如14点、18点连线大屏,15点做小屏直播。原央视新闻中心内蒙古站记者张晟在报道黄河凌汛的时候,就是完成大屏直播报道之后,启动了小屏直播报道。即便是同一个新闻现场,如果条件允许大、小屏的出镜报道也会分别由不同的记者承担。比如2016年10月10日浙江温州农民自建房倒塌事故,央视新闻中心浙江站记者何盈负责下午15点的小屏直播,记者贾林负责下午16点的大屏直播连线。而这次徐德智只能自己一个人来完成大、小屏直播工作,他采取的策略是小屏直播信号一直开着,网友听着他跟同事对接直播事宜,看着他为央视新闻频道做电视新闻的大屏直播连线报道。等大屏直播结束后,回来再接着做小屏直播。

央视新闻中心浙江记者站的高姚也做过一次"小屏套大屏"的直播报道,2018年6月4日,杭州保姆放火案做出终审判决,高姚的报道点在法院外,其同事通过手机把终审判决发给他,高姚第一时间通过小屏直播把判决书的内容报道出来,这是央视关于该事件的"第一报"。小屏直播的启动是下午15:30左右,在了解到最新判决内容之后,高姚把小屏直播的话筒交给自己的同事,他开始为16:19开始的大屏直播连线做准备。此时小屏直播的内容就是高姚为大屏做准备的过程,根据最终判决的内容,他在一块大提示板上,把关键词、关键内容一一列举出来,方便直播连线时观众更容易明白判决书的具体内容。在短短的20分钟的时间内,高姚准备就绪，大屏连线时，一气呵成完成直播。

与徐德智一人一支队伍不同的事，高姚的这场直播的亮点既有对判决书内容的详细解释，还有一个最重要的媒体责任，就是当受害人林先生从法院走出来的时候，高姚说，此时我们还是不要打扰他为好。

（三）海量信息报道策略

每当有信息更新时，徐德智都会走到镜头前为网友做报道。如何把最新收到的信息报道给网友，记者怎样用语言"包装"到手的文字信息呢？笔者阐释一下报道方法。

策略一：时间节点法

利用时间节点把信息隔断打好，这是最好的信息处理方法。

为了方便用户理解信息，以用户可以最明白的时间节点表达最好。

比如，叙利亚时间凌晨 5 点 05 分，也就是北京时间……最新的消息是××××，这样网友听起来就很好明白。最好不要说，空袭发生以来第几个小时，如何如何，因为网友是无法知晓空袭从何开始的，让网友自己计算时间，增加了其对信息的理解难度。

策略二：信息分类法

把信息投放在不同的属性盒子里。

记得 2013 年芦山地震发生时，笔者的一位学生在电台做主持人，他在跟我沟通时说，分分钟钟都有新消息进来，真是不知道怎么处理才好？笔者是这样告诉学生的，把收到的信息分别放到不同的信息属性栏里去。比如："最新震情（来自地震局的消息）""最新路况（最新抢通的路段）""最新救助（最新救援信息发布）"等。

放到徐德智这个新闻现场也是一个道理，如何让网友听得懂、听明白最新的消息呢？需要对最新消息进行归类，在一些信息前面加一些归类前缀。这一时段的最新消息主要有以下三个方面：首先是最新轰炸的地方……，其次是叙政府最新声明是……最后是……。在每一个小段直播后，打个结子，方便用户对记者刚刚报道的内容有一个全面了解。

策略三：信息的"新"与"旧"的处理

同一新闻现场，如果需要进行多场连线报道，记者会面临一个问题就是"新、旧"信息如何处理。如果连线时间是 3 分钟，把最新信息放在整个报道的最前面。在报道前一定要说：距离我们上一档连线，此刻的最新消息是……，这样的报道设计特别重要。另外就是可以选择 2＋1 的形式，2 分钟新消息，外加 1 分钟旧消息。

徐德智的小屏直播报道在微博社交平台上引起高度关注的根本原因还是事件本身。通过手机可以看到战争，这是很多网友都没有过的体验，这恰恰是这场直播最大的产品亮点。

第二节 大小屏直播报道的差异

前一节我们谈到了央视出镜记者如何在大小屏之间穿行，事实上，由于大小屏的报道规律和传播特点的不同，在实际操作的过程中，记者们面临着诸多疑惑。笔者就这一问题，从以下六个方面梳理出大小屏直播报道的差异。

一、报道时长

电视新闻直播报道以分钟为单位，视频直播是以小时为单位。也就是说电视直播报道是节点性质的直播，一般的电视新闻直播报道体量较小，3 分钟左右的报道居多。重要的报道会有超过 3 分钟以上的时长，还有 5 分钟或者是 7、8 分钟，超过 10 分钟以上的报道较少。

而移动视频直播主要是以小时为单位计算，最少也要一个小时左右。也就是说小屏直播是时段性质的直播。央视新闻的一些突发事件报道会有几十分钟的报道，直播时间相对灵活，数量不多。新京报"我们视频"在视频直播初期，其直播体量较大，一般是三个小时起。一些特别报道会几个、十几个小时甚至是几天，之前讲过的河北保定男孩坠井报道，直播时长超过了107个小时。

二、报道内容

电视新闻报道以结果型为主，视频直播以过程型为主。由于直播时间的限制、报道思维的影响，电视新闻报道侧重于对现场信息的梳理和总结。即便是有一些涉及过程展示或者是直播中加入采访等内容，从整个播出体量上来说，这些过程和采访所占时间比重也是相对有限的。

移动视频直播则是以过程展示为主，由于直播时间较长，有的直播需要记者到不同的新闻现场做报道，报道的体量较大。长达多个小时的直播，对出镜记者来说，除了现场信息之外，需要增量信息的加持。另外，在直播中增加采访环节，不仅可以增加信息量和可看性，还可以建立一个谈话场，由记者的单人独白报道变成双人交谈式报道。比如"央视频"在2019年11月21日推出的时长60多分钟的世界电视日的直播，前后分为两个段落，前半个小时邀请了一位对电视技术发展颇为有研究的老师作为采访嘉宾，后半个小时由笔者接受采访跟出镜记者一起聊电视节目。这样设计直播就要比出镜记者一个人在中国传媒大学传媒博物馆做报道要好看多了。

三、报道者与观众（用户）之间的关系

电视新闻直播报道属于"自嗨型"报道，小屏直播属于"互动性直播"。笔者多年研究发现，移动端传播的三大特点主要包括：即时性、互动性、社交性。小屏直播作为移动端传播的重要方式，在这三方面表现最为突出，甚至有业界人士提出："无互动，不直播"的口号。

"互动意识"对电视新闻记者来说，是一个全新概念，是记者们适应小屏直播时需要具备的专业认知。不同的直播领域，互动的目的、方法不同。新闻资讯领域的直播，希望收看直播的用户深度参与直播报道中来，在公

屏区形成聚集一定人气的讨论区，为出镜记者提供丰富的"增量信息"。

四、从"为你们"转变为"为你"的"一对一"报道

从"你们"到"你"，虽然是一字之差，事实上却是差之千里。在中国人的家庭中，电视通常放在客厅中，是家中最有存在感的家用电器。我们通常是坐在沙发上和家人一起看电视，近几年，我们家里的电视机屏幕越来越大，考虑到观看效果，观看的距离通常在一米以上。上述客观条件决定着电视直播时，出镜记者与观众之间的关系。电视是为不确定多数受众服务的大众传播媒体，属于"一对多"的传播关系。

而日常生活中，我们用手机看视频的时候，与手机之间的距离大概是10~15厘米，这一观看距离使得用户与手机画面中的人很"亲密"。作为移动端传播信息的手机，其内容只为接受信息的这一个人服务，记者与用户之间是"一对一"的关系。

从"一对多"到"一对一"，即"大家好，我是×××"变成"欢迎来到直播现场，你此时正在收看的是由×××为你带来的直播报道"。以往电视新闻直播报道记者与观众之间的距离感是客观存在的，如今小屏直播需要记者与用户之间形成虚拟的"亲密关系"。在此关系下，记者使用的词和语言都要以"照顾"用户情绪为第一考量，只有这样，用户才会在直播间停留得久一些。

五、"遮挡"与"外露"的差异

电视新闻报道是"遮挡"性质的直播，小屏直播属于"外露"性质的直播。电视新闻直播报道时长较短，报道团队经过精心的预演也好，彩排也罢，现场把控、直播进程、突发情况等影响直播的不可控因素大多可以降到最低点。

小屏直播由于报道时间多、转场多、不可控因素相对较多。即便是有前期策划，但是很多新闻现场是无法事前彩排、预演，更多的是"纸上谈

兵"，这一现实情况，使得记者在小屏直播过程中时不时地需要把同事之间的沟通或者是记者与相关人员的沟通放进来。笔者曾经采访过原中央电视台新闻节目主持人李小萌，她回归公众视野的第一份工作就是参与腾讯新闻2017年春节前夕推出的大型直播活动《回家的礼物》。

拥有近20年电视新闻直播报道经验的她，在谈及自己小屏直播首秀的体会时，说道："我第一次经历一边导演说可以了，另一边导演说，还得等一会儿。所有的沟通都是在直播中进行的，可以播出去的。在直播中呈现幕后，让她对这次直播有了不一样的感受。直播在未知中进行。"[1]李小萌的这个感受代表了绝大多数从事电视新闻报道的记者转战到小屏直播战场时，表现出的诸多"不适应"，但是这些"不适应"回归了直播的本质，也就是"直播在未知中进行"，记者和网友无法判断打开这扇门，会看到什么。

六、窗口有无限制

电视直播是"有窗口限制"的直播，小屏直播是"无窗口限制"的直播。电视虽然可以对一些新闻事件进行直播报道，终究还是会受到播出时长的限制，毕竟电视资源是稀缺和有限的。对报道信息的密集度、画面信息的有效性、新闻现场的把控性上，电视直播的要求更高一些。

视频直播是一个"无窗口限制"的直播，只要报道团队觉得现场重要，直播就可以进行下去。有时候新闻现场会处于较长时间的信息低谷期状态，这时候就需要出镜记者依据其他的增量信息来完成直播。

2021年1月初，国内疫情出现新情况，河北石家庄、邢台情况相对严重，在1月14日开始建立临时隔离点。新京报《我们视频》利用视频号进行直播，工程现场一派繁忙景象，直播画面是一个大全景机位，挑灯夜战的工人们忙碌着，直播以工地为背景，看到疫情严重，大家都想出点力。于是，网

1.《李小萌：手机直播首秀后，这样说》，公号《晓阳特训营》20170124

友们纷纷发声要当志愿者。心细的网友会发现直播的重点是看网友们热情的留言。视频号的新功能此时发挥了作用,以往在评论区留言的网友,内容再好,最多也就是让出镜记者读出来,一旦留言人数多,很快就会被新留言覆盖了。这次直播采用了视频号的新功能:把网友的留言从评论区拉到直播的画面中,这一功能通俗来说就叫"上墙",起到了"点亮"作用。

网友@送新砖旧砖:我也会开车,我的证是A2;

@庄家:我是合肥市的,我可以去扛材料;

@永远:有没有志愿者报名电话;

@听风#:我是护士,我要当志愿者。

广大网友在这个寒冷的冬日留下了最暖心的话语。

无窗口限制,对报道团队来说,对身处新闻现场的出镜记者来说,都是体力、精力的巨大消耗,也是对其综合能力的全方位考验。

第三节 移动视频直播的报道方法

虽然移动视频直播的报道与电视新闻报道存在差异,但落实到一些基本操作方法上,还是有着诸多相同之处,比如现场描述、细节呈现、采访时切口小等。除此之外,移动视频直播由于其独特的传播特性,使得其报道方法有着自身的特点,本节围绕移动视频直播的一些报道方法展开介绍。

一、策划"粗"线条,直播有"悬念"

移动视频直播的时间较长,策划案细化到以"分钟"为单位,从操作层面上来说,显然是不现实。作为直播,前期策划案是必须做的,那么,直播策划案的单位时间如何划定?笔者与多位做过小屏直播的记者沟通,他们给出的意见是:以五分钟为单位进行内容上的划分相对可行。

前期策划制定"粗"框架的目的是为了给出镜记者"留有余地",与电视直播犹如"手术刀式的精密"直播不同,移动视频直播伸缩性较强,如果前期策划过细,势必导致记者在新闻现场产生束缚感,而粗框架的策划可以为直播留出许多空间,可以帮助出镜记者灵活地处理现场情况。

小屏直播还有一个魅力就是"不可预测带来的悬念与惊喜"。

小屏直播具有极强的伴随性,直播中的不确定性会为网友创造诸多的惊喜和悬念。2017年8月6日央视记者张晟在"和林格尔剪纸——庆祝内蒙古自治区成立70周年"小屏直播报道中,被调皮的网友着实给捉弄了一下。当采访进行到一个段落之后,张晟询问直播助理网友都有哪些留言时,突然有一位网友要求张晟马上也剪一个。从张晟的表情来看,网友的这一要求让他颇为意外,其他的网友也跟着起哄起来,纷纷留言让他必须在直播中剪一个。被逼无奈的张晟只好硬着头皮拿起了剪子,和林格尔剪纸学会会长段建珺学着剪了一个"回头虎"。网友以为会长也就意思一下,没想到会长教记者剪了一个这么复杂的剪纸作品,看张晟手忙脚乱的样子,网友们着实开心了一把。

这就是直播中的不可预测性带来的传播效果,善于使用这样的惊喜和悬念,直播的效果就会在评论区有所体现。

二、代入感与四个"注意"

移动端传播的特点决定了出镜记者做小屏直播时,其报道的语言需要时时刻刻考虑到用户。如果报道的内容跟用户无关,用户就会很快离开直播间,直播效果将大打折扣。

随时随地将用户代入新闻现场是小屏直播记者需要谨记的报道原则,除此之外还需要注意到四个方面:客观事实的报道、主观感受的表达、多种情绪的使用、共情能力的把控。

客观事实的报道:无论大屏还是小屏,出镜记者的主要职能将新闻现场发生了什么、怎么发生的、为什么会发生等一系列客观信息报道给用户。

主观感受的表达:移动端传播用户对报道者传递的信息侧重于主观性

和感受性。对小屏直播记者来说,客观观察,主观表达是报道策略之一。

多种情绪的使用:视频时代的当下,一条视频之所以有着极高的播放量与该视频是否可以拨动、点燃用户情绪有关。一位来沪的务工人员为了用免费的 WiFi 跟远在家乡的老婆视频,一位接到女儿考上理想大学电话的出租车司机,一位在寒冷冬日坚守疫情防控岗位的志愿者冷得开始原地跳舞,这些带有极强情绪感染的视频构成了当下视频时代的"情绪底色"。

四川电视台新闻主播胡幸儿为"四川观察"的网友带来川航 A350 处女秀飞行时,全程采用体验的方式。在介绍贵宾厅为乘客准备的"Cupcake"时,她随手拿起的一块蛋糕,上面的熊猫被碰掉了一条胳膊。看到这个情况,胡幸儿急中生智地说:"这个熊猫胳膊掉了,我是一个颜控,我得换个好的。"

这段报道中的点睛之处就是"我是一个颜控"这句话,记者说出来的那一瞬间迅速点燃用户的情绪。生活中很多女孩子都有"小确幸、小美好"的心思,当记者这么说的时候,用户会意识到,原来"你和我"是一样的心态,记者与用户之间的距离被拉近了。类似的情绪化表达是小屏直播中记者报道语言的主要着力点。出镜记者在直播中使用情绪化的表达不仅可以锁定用户,还可以通过触动用户使其留言,创造出良好的互动直播效果。

共情能力的把控:记者、主持人在直播时体现出现的共情能力,包括对话的提问中,对话时的反应,还有对话时的姿态与动作。

央视总台节目主持人董卿在《朗读者》首次慢直播中的表现,让学界和业界再次感慨其强大的共情能力,由这一能力呈现的精彩画面成为直播中最大的看点。让素不相识的人,在直播时,打开自己、深挖自己甚至展现不堪的自己,这对主持人的业务能力提出了较高的要求。董卿在与程奶奶聊天时,从足球聊到奶奶爱人生病后她产生了焦虑情绪,一看足球焦虑情绪就消解了,聊到这儿,董卿顺势摸了摸程奶奶的胳膊。这一举动像极了生活中朋友聊天时的样子。看到这一幕的网友被她们之间真诚的话语所打动,主持人共情能力最终呈现出来的是自然的对话氛围,网友沉浸其中，乐此不疲。

三、信息增量，直播利器

小屏直播时间较长，想要直播很好看，有效信息是关键。小屏直播中倡导的"信息增量"又是指的什么信息呢？

信息增量就是用户认知以外的东西，比如说最新的调查数据、行业领袖的最新观点或者是出镜记者自己的观点、立意，或能够突破用户现有认知和思考界限的东西。简单来说，信息增量就是用户看到你报道的标题后，无法预判你接下来要说什么。

通常来说，出镜记者信息增量的表达方式主要是依靠有声语言，对记者来说，信息增量可谓包罗万象，比如新闻事实、行业知识、社会评价、人物故事、行业新闻、电影电视剧与之有关的剧情等。除此之外，信息增量在画面中的呈现方式可以是实物、道具、图表等不同形式。

没有信息增量的直播可想而知是多么的干瘪，在直播中，加入丰富的信息增量不仅让直播本身具有了传播价值，也为直播的"互动质量、情绪产生"提供了信息土壤。

四、适当重复，打好"结子"

小屏直播时间较长，有些信息需要反复强调，比如直播的标题、主要内容、分发渠道、收看平台、互动方式等信息。这些信息通常是记者直播大概每 8 分钟—10 分钟就可以重复说一遍的内容。之所以可以反复说，除了告知作用之外，还可以起到"给信息打隔断"的作用，帮助记者从 A 信息块过渡到 B 信息块。央视记者孙继文在北京南站做的一场跟春运有关的直播，她在车站的进站口做完报道之后，接下来要去的是候车大厅，转场的时候她就把此次直播的主题、主要内容、分发渠道、收看平台等信息说了一遍。

还有一个需要注意的问题是给信息"打结子"。

出镜记者在做现场报道时，需要依据新闻现场的情况，依托某一逻辑把信息点一个一个地"推出去"。"打结子"是记者完成一个报道点（信息点）之后，进入到下一个报道点（信息点）时，将两个报道点（信息点）进行有效分割的一种信息表达形式。还以孙继文这场直播为例，在北京南站的进站口，通过工作人员的介绍，我们了解到哪些物品是不能随身携带进站上车的。进站口完成报道后她需要转场到候车大厅，转场时孙继文把自己在进站口时采访报道的内容重新梳理了一下，一边走动，一边把核心信息按照一定的逻辑再说一遍，这就是打结子。

五、突发情况，灵活处理

小屏直播最具可看性的是不确定性带来的惊喜和悬念，而对出镜记者来说，不确定性也会带来不可控制的突发情况，甚至会影响到播出安全。

直播中遇到干扰因素：这是记者在直播时最担心的问题。新京报"我们视频"记者马骏在谈到这一问题时告诉笔者："如果有人在我直播的时候上来抢夺话筒的话，我先用手把话筒捂住，防止声音播出去，因为视频直播中，我们也会有这样的方法去跟素不相识的被采访对方进行沟通。这也是视频直播操作中经常会用到的方法。跟对方首先说明此时正在直播，其次，如果对方对正在直播的内容有所顾虑，我会让他就站在身边，如果哪里报道得不合适，他可以再跟我说。"

他坦言这个方法其本人在很多直播中都使用过，来阻止他直播的相关人员对"处于直播中"这句话都会有所顾及；其次对说"可以站在他身边，看着他直播"的处理方法，也会比较认可，作为记者他拿出了一个合作的态度。马骏说，当他手里拿着新京报"我们视频"的话筒时，媒体平台本身也会为记者增加底气。

采访对象的回答出乎意料怎么办？小屏直播中很多采访是随机的，无法像电视新闻直播报道那样，可以事前安排一些采访对象，保证采访质量。面对"不友善"的回答，记者需要随机应变，保证直播报道的安全。央视记者信任在一次地震报道时,来到了一处安置点。村干部一边介绍安置点的设施,一边带着她到处看看。来到一处医疗帐篷前,信任介绍了自己的身份后,向负责人提问:"您能给我们介绍一下目前的救治情况吗?"没想到的是这位负责人眼睛都没有抬一下,一直看着手机,漫不经心地说道:"我不接受采访。"看到这儿,信任没有再问下去,而是拉着村干部说道,我看大家都在忙着,我们去别处看看。

信任的这个处理避免了其与被采访人之间的尴尬,对方的"不合作"态度已经很明显了,这位负责人也有可能正忙着处理工作,那就不要打扰了。信任的方法是"适当规避",而央视记者蒋林的一次直播,可谓是"迎难直上"了。

2017年春节大年初六,蒋林在昆明机场做了一场20多分钟的返程高峰直播。在登机口直播时,他看到一位老人家,从气质和穿着上看很像是一位知识分子,职业经验告诉他这是一位可以采访的对象。于是,蒋林上去搭话,果不其然对方是一家利用春节休假来云南旅行的,很自然地聊到在云南旅行的事。没想到的是一旁的女儿突然说道:"如果你问的是我,我肯定要说坏话。"

蒋林心里有点打鼓,这位"小姐姐"会说点什么呢?这还在直播中呀!虽然心里"咯噔"一下,可是,直播进行中,一旦记者此时"视而不见",生生地转到下一个话题,网友们是看得清清楚楚的,"逃之夭夭"是绝对不行的。于是,他果断地追问下去。原来这一家在云南遭遇了导游恐吓,事后他们打了投诉电话。老人家对接待他们投诉的有关部门的工作人员的服务态度表示满意。蒋林听完,并没有试图掩饰,而是转过身来,直面直播镜头,呼吁相关部门进行关注。

小屏直播时间较长,不确定因素较多,对记者来说,直播状态下脑力需要长时间高度运转,其体力和精力都是极大的消耗。与电视新闻报道出镜记者有声语言的表达相对严谨与规范相比,小屏直播中的记者表达是无法做到每一个词都准确无误,每一句话的语法都是正确的。但是,这不是记者废话连篇、词语乱用的借口。

　　移动视频直播的兴起改变了新闻现场，面对这一变化，出镜记者需要更新专业认知，提升报道能力。从大屏到小屏，从电视到手机，移动端传播对我们日常生活的改变已经开始了。

第七章 策划型移动视频直播报道法

　　移动视频直播以策划型报道为主，从大型活动到工程竣工、从新闻发布会到科学文化大讲堂、从日出东海到夜游城市、从总统就职到疫情下的伦敦，移动视频直播的报道选题极为丰富，可谓是"一切皆可直播"。

　　移动视频直播报道题材很多，以策划先行为主的视频直播也是有规律可循。笔者选取其中的经典报道产品，从视频构成、报道分析："报道者说"等方面入手，分析每一款直播产品的可取之处，从中寻找可以值得我们学习和借鉴的地方。

第一节 走进丁真的世界——蒋林对话丁真

【案例一：美丽理塘 丁真珍珠带你游】

直播时间：2020年12月5日

直播时长：1小时43分55秒

直播地点：四川省甘孜藏族自治州理塘县

视频来源：央视新闻客户端

https://v.qq.com/x/page/f3209yz52se.html

出镜记者：总台记者蒋林

视频构成：

时　　间	标题与内容
00:00—04:40	空镜头
04:40—07:39	理塘宣传片：丁真的世界
07:39—22:00	地点：康巴人博物馆 标题：走进康巴人博物馆　蜡像再现先人生活 出场人物：理塘县旅投公司　员工　丁真 　　　　　理塘县旅投公司　总经理　杜冬 　　　　　理塘县旅投公司　副总经理　高小平 　　　　　翻译　卓玛
22:00—25:00	转场：短片、双视窗（小片+转场画面） 从康巴人博物馆转场到仓央嘉措博物馆
25:00—31:00	地点：仓央嘉措书房 标题：仓央书屋　书籍承载网友寄托
31:00—59:00	地点：仓央嘉措博物馆 标题：丁真给央视新闻网友送礼了！ 插入短片：牧区的小学
59:00—1:00:00	转场　从仓央嘉措博物馆转场到那木萨民宿

续表

时间	内容
1:00:00—1:17:00	地点：那木萨民宿 标题：那木萨民宿 喝酥茶捏糌粑 藏地风情浓 双视窗：那木萨民宿＋理塘美景
1:17:00—1:31:53	转场　从那木萨民宿驱车去看珍珠 插入短片：美丽的理塘 　　短片：牧区的小学
1:31:53—1:40:53	双视窗：丁真喂珍珠吃香香＋丁真骑马短片
1:40:53—直播结束	理塘宣传片

报道分析：

2020 年 12 月 5 日央视新闻记者蒋林对丁真进行了一场 100 多分钟的直播采访，这场报道堪称小屏直播的经典之作。直播以丁真带着网友游理塘为故事线，理塘县旅投公司总经理杜东、副总经理高小平为讲解人，以丁真学习理塘旅游知识为脉络，介绍了蜡像博物馆、仓央嘉措书房、那木萨民宿等理塘县有代表性的旅游目的地，最后以丁真带着珍珠奔跑在草原上结束直播。整场直播板块设计合理、信息丰富、互动性强，蒋林的出镜报道与直播中的多人采访等一系列专业化操作值得我们学习与借鉴。

1. 双故事线 效果颇佳

这场直播采取的是双故事线的叙事方法，以记者采访丁真的日常生活为故事线，以宣传介绍理塘旅游资源为信息线。记者蒋林利用现场信息将两条故事线有机结合，相互借力，突出主题。

在康巴人博物馆里，蒋林发现康巴人在灶膛边给猫咪准备可以休息的小洞时，他感慨康巴人与牛、猫、狗、马这些动物之间的相处如此和谐，话题自然就落到了丁真的小马珍珠身上。蒋林说：很多网友都好奇，丁真的马，为什么要叫珍珠？在向丁真询问时，丁真说给自己的小马最初起的名字是：灰色的梅花鹿。当大家在议论"灰色的梅花鹿"这个名字时，摄影记者捕捉到丁真正在调皮地抚摸着蜡像人的头发。他的这一举动十分可爱，犹如"大人说事，小孩无事做"的生活场景。丁真的"真"，通过镜头画面一一呈现出来了。

2. 多线调度 互动为先

这场直播最大的看点是他们在仓央嘉措博物馆二层为网友做礼物时的互动段落。为了答谢央视新闻的网友,在直播进行到第 31 分钟时,丁真亲手为网友做礼物。如果此时将直播的重点仅仅放在丁真做礼物上,那么,整个直播就过于静态了。为了让整场直播更好看,蒋林将新闻现场的空间进行了有效设计,他将多点调度与直播进程有机结合,创造性地使用了"齐头并进式"的直播策略。

礼物线,这是一条背景线。

整个直播以丁真做礼物为播出背景,由于礼物做起来需要花费一些时间,蒋林利用这个时间空档去抓取其他信息,以填补丁真做礼物的静态现场。最终从直播画面来看,在整个直播进行的过程中,这条报道线一直"铺"在那里,随时都可以根据情况,拎起来说,作为"信息备胎"随时为直播作贡献。

采访杜东,这是一条信息线。

丁真因七秒视频火爆网络,面对外界铺天盖地的围观,对外部世界知之甚少的少年面临着 20 岁人生以来最大的困难。如何保护自己、如何面对质疑、如何与外界交流,对丁真来说,这一切有些难以应对。这时候,杜东将丁真保护起来。于是,趁着这个时间档,关于丁真如何面对当下的舆论环境,未来如何去发展,网友最关心的问题,蒋林详细地采访了杜东。杜东就是丁真的防火墙,这其中的压力可想而知。

网友回复口令,这是一条互动线。

本场直播央视做了全网推送,为了满足不同视频平台的网友需求,报道团队设计了多次抽奖环节。蒋林分别向快手、抖音、微博、B 站以及央视新闻客户端五个视频平台的网友发出征集口令,聪明的蒋林考虑到公平起见,于是他把每一个平台的口号设计得跟直播主题有关,但每个口令又都不一样。把不同平台的网友一一照顾到,与直播开始时,蒋林说丁真的笑容让网友的"心"融化的报道意愿前后呼应起来,这也是移动视频直播中注重互动性的有力表现。

3. 发现细节 呈现细节

细节的作用就是从另外一个维度来诠释现场，把记者对现场的观察赋予了专业化的解释，是一种具有人性化视角的解读。事实上，细节可以帮助记者重新定义现场。

这场直播中，两个细节给网友留下深刻的印象：一个是藏在灶膛边上的猫洞，另一个是丁真戴口罩出门。这两处细节都承担着"一石两鸟"的作用。

第一个细节是灶膛边上的有一个洞，这个洞在灶膛的侧面，不容易被发现。发现这个洞的一瞬间让将林很兴奋，感觉像在游乐场发现藏宝图一般。这个洞是干吗用的呢？已经做过功课的蒋林，向丁真发出了疑问？一问丁真，他还真不知道。这个信息点的呈现过程很有趣，兜兜转转地吊足了网友的胃口。当蒋林告诉丁真这是猫洞的时候，眼神里是满满的傲娇之感。这个细节的呈现有两个作用，第一个是藏族人民与动物之间的和谐相处，第二个是用这个洞来"拷问"丁真，增加直播趣味，可谓是一石两鸟。

还有一个细节，也是同样作用。从民宿出来，蒋林、丁真一行要去看珍珠（丁真的小白马），一出门丁真就戴上了口罩。看到这儿的时候，笔者也有点奇怪，虽然是疫情期间，可是理塘应该是很安全的地方。在播放了一段小片之后，蒋林第一时间回答了网友在公屏上的疑问，丁真为什么戴口罩。这个细节的作用，一是记者时刻注意到网友的关注点，二是火爆网络的丁真日常生活已经被打扰，面对这样的打扰，他采用这样的方式保护自己，侧面提醒网友我们需要给丁真一些空间。

4. 报道比例 智慧表达

移动视频直播中的策划型报道，经常在直播中安排一些人物的伴随式采访。这次直播蒋林既要采访丁真、又要采访杜东，还要根据现场情况，合理设计自己的出镜报道，这其中的时间分配比重需要记者在现场灵活处理。

在仓央嘉措书房的这一段采访，其报道分配比例就很合理，报道从丁真拆快递切入,讲到丁真走红进一步带动书房的知名度,得到网友书籍的捐赠。进入书房蒋林将网友寄来的"鸡腿"靠枕和小马礼物拿出来,使得现场立刻活跃起来。书房设计中最有新意的是灯笼,每一个灯笼下面都是藏族大知识分子的名言,听到杜东介绍这些箴言,相信广大网友颇有获得感。从人物故事到现场细节的讲解,蒋林在多重信息中自如穿行。这种穿行是在完成规定动作的同时,把一些自选动作安排得自然、贴合。

丁真火了之后,各路媒体纷至沓来,面对这样的情况,小伙子有些不知所措。他很害羞,在镜头前的表现是不自然地躲闪。从直播效果来说,这对蒋林是一个考验。多年的采访经验使蒋林在处理自己与丁真之间的关系时,发挥了重要的作用。真诚的态度,诚恳的语气使丁真在直播中逐渐打开自己。在仓央嘉措书房前的采访报道时,蒋林说道:"我为什么总是喜欢问丁真呀?因为他一腼腆就会笑,网友看到他的笑,心就融化了。我今天的工作就是让网友的心化掉。"这一段的讲述设计巧妙,既回答了自己为什么要采访丁真,又大大地满足了网友的愿望,一举两得。

蒋林直播采访完丁真发了一个微博,阅读量超过了1500万,流量时代,采访顶配流量网红对记者来说,也是压力山大。

2021年1月23日央视新闻频道《新闻周刊》栏目对丁真进行了采访,完成这一报道工作的还是记者蒋林。针对前一阵网络上流传的丁真抽电子烟一事,理塘县旅投公司总经理,丁真的领导杜东回答了这个问题。笔者事后看蒋林的微博,发现网友对蒋林在《新闻周刊》中的表现同样给予了高度评价。

正是之前这场直播建立起的信任感,才会为接下来的《新闻周刊》的采访打下良好的基础。网友@西瓜瓜没有汁在蒋林微博下留言说:蒋老师我特别喜欢看你采访丁真,采访的时候感觉你不像记者,更像一个朋友和家人,很亲切。

12月5日这场直播的最后是丁真带着网友去看自己的小马珍珠,这个段落请到了一位马术协会的老板为大家做讲解。当问到珍珠属于哪种马的时候，蒋林忽然想起来还没有让自己的同事播放丁真骑马的小片，为了化解这个小尴尬，他聪明地利用了高原反应脑子转不过来给自己解了围。从让网友的心融化到由于高原反应脑子转不过来，蒋林在处理类似情况时候的智慧表达值得我们借鉴。

报道者说：

在谈及此次直播时，蒋林使用了这样的一个公式：与流量的交流＝流量中充满孤独感的个体＋流量巨大又存在不确定性的群体。这是他来央视工作之后，最难做的一场直播。之所以觉得直播难做，被采访对象丁真已经经过了多家媒体的采访，对媒体采访给他个人带来的压力，使得他接受蒋林的采访报道兴致不高。丁真作为备受关注的网红，向他提问这件事似乎比满足网友更容易一些，现在让网友满意对记者来说更难一些。所以，直播一开始，蒋林说了这段话，"我不难为丁真，我也不难为自己"。

第二节 直播连线采访报道——杨东昊对话丁真

【案例二：丁真做客观观直播间聊聊家乡理塘】

直播时间：2020年11月15日15:30

直播时长：54分20秒

直播地点：四川成都·四川省甘孜藏族自治州理塘县

视频来源：四川观察官微

https://v.qq.com/x/page/c322513rcqc.html

出镜记者：原四川观察主持人、记者杨东昊（现新京报我们视频记者）

视频构成：

时间	内容
00:00—51:08	杨东昊采访丁真
51:00—54:20	杨东昊采访后的点评

杨东昊采访丁真的笔录：

主持人：他有名字吗？（指着丁真的小马）

丁　真：他没名字。

主持人：噢，他没有名字啊，那我觉得，今天我们在直播间可以发起一个（为小马）大家（来）起名儿吧。这样，我们大家一起，（各位网友）你觉得，丁真的小马应该叫什么名字，可以来跟我们互动一下，在下面的直播间里，当然啦，最后起什么名儿，还得丁真说了算。

主持人：有人说让丁真把美颜关了，我想问一下在丁真（旁边的）这边直播的工作人员，丁真的这个直播间，开美颜了吗？

工作人员：关掉了，只有滤镜，好像。

主持人：关掉了，现在大家看到的是他的素颜，美颜已经关了。所以说，大家看，我们丁真的颜值是"抗打"的。下面有人说建议小马叫"珍珠，小珍珠"你喜欢这个名字吗？

丁　真：喜欢。

主持人：喜欢啊，好，但具体叫什么，还要你自己决定哦。现在因为大家比较关心的是丁真每天的生活情况是怎么样，我想问的是，现在网络有谣言……丁真又掉线了，我们再等一下。

主持人：小珍珠，我觉得小珍珠，这个名字听起来，还挺好听的，因为好像扎西丁真这个名字在藏语里，就带有珍珠的意思。丁真他生活在甘孜藏族自治州的理塘县，理塘县又是一个非常非常美的地方。在直播开始之前，我们看到的这个宣传片里面讲的就是理塘县。

主持人：关滤镜，丁真已经关了，他又掉线了，我们现在马上再跟他说一下，看看怎么回事儿啊，问一问。大家不要着急。

我现在再邀请一下。欸，回来了。

主持人：丁真多大了。丁真今年20，对吧？

丁　真：对。

主持人：20，是家里面（只有）自己吗？还是有一个弟弟或者哥哥？

丁　真：有一个弟弟。

主持人：有一个弟弟，好的，那你平时跟弟弟的感情怎么样？弟弟比你小几岁呀？

工作人员：小两岁。

主持人：噢，小两岁，那今年是18，刚好到了成人的年龄。下面我们的网友在问，说很好奇，丁真生日是几月几号？这个你自己决定，因为涉及个人隐私哦，你觉得可以说那就说，如果你觉得还要保密，那就可以再神秘一会儿。

丁　真：保密。

主持人：哈哈哈，保密，行。丁真有点儿害羞了。大家听到了，丁真自己说的，生日现在要保密，但是哪一年大家可以自己算一下嘛。你看，今年是2020年，他20岁，那证明丁真是一个00后，应该是00年生的，对吧？是千禧宝宝。那接下来，我们再接着问。现在丁真火了，好多人说丁真好帅呀！丁真你自己觉得你自己帅吗？

丁　真：不帅。

主持人：噢，你觉得不帅。那今年已经20岁了，有没有别人遇到你的时候会说，丁真，你真帅，真好看，或者说小伙子长得真精神。

丁　真：有。

主持人：有，你看，大家还是觉得丁真帅的。大家在问你的耳朵上戴的是什么呢？耳朵。（用手摸了摸耳朵）。

工作人员：有藏族特色的一个耳环，耳钉。

主持人：噢，有藏族特色的耳环、耳钉。你看网友就是这么的八卦，我们的粉丝在直播间留言问："丁真有没有喜欢的女孩子了？"

丁　真：没有。

主持人：没有，很直接哈！大家听到了，是没有的哦。然后还是说回我们自己的话题，刚刚中间插了两个网友的问题。在平时的生活里面，大家都说觉得丁真的好看、丁真的帅是纯天然、无污染的，让人看起来很干净、很舒服的感觉。我想问一问丁真，你平时生活的环境是怎么样的呢？我们想象中的蓝天白云吗？

工作人员：生活在大草原和蓝天底下。

主持人：大草原和蓝天底下，就每天睁开眼，就能看到飘过去的云和一片一片的大草原。想想都觉得美。

主持人：丁真，现在有人说你是康巴汉子吗？

丁　真：有。

主持人：那你觉得自己是算小伙儿，还是算汉子呢？

工作人员：他觉得他不算康巴汉子。

主持人：啊，不算是康巴汉子，那现在顶多算是康巴小伙儿。

工作人员：对。

主持人：嗯，好。还是接上我们刚刚的话题，说现在已经火了，有好多粉丝了，觉得很帅，那丁真未来有什么打算呢？刚刚网友在问有没有打算学习学习普通话？

丁　真：有打算。

主持人：有打算学习普通话，大家听到了，所以说，以后再交流起来的时候，可能丁真和我们的交流就会通畅很多。现在很多的网友帮助丁真打算和考虑，甚至说操心。有人说觉得丁真可以，比如说签了公司，做网红，做明星，也有人说丁真应该保持现状，过他自己想要的生活。丁真，你以后想怎么去生活？

工作人员：丁真说，现在还没有想过很远的这些。

主持人：还没有想过很远的这些，目前就是想当好赛马王子。

丁　真：对，没错。

主持人：我刚刚看到我们的评论里面也在说，主持人替我们告诉他，我们就希望丁真能够好好地做他的赛马王子。这说明一个问题，就是大家希望你按照自己想要的生活方式，去过接下来的生活。

丁　真：谢谢。

主持人：客气，我替大家谢谢你。你刚刚说你自己还不算康巴汉子，顶多算是康巴小伙儿，那在你眼里，康巴汉子是什么样的？

工作人员：丁真说，康巴汉子的形象应该是高大威猛，体格比较大。

主持人：高大威猛，体格比较大，那你觉得你和康巴汉子差在哪儿，是年龄吗？还是不够高大威猛？

工作人员：他想说差一个胡子。

主持人：差一个胡子是吧？有了胡子就是康巴汉子，没有胡子就是康巴小伙儿。

工作人员：头发还不够长。

主持人：噢，头发还不够长，因为我们知道康巴汉子可能头发都很长，在头发里面还要绑一个红色的丝绳，叫英雄结，是不是？

工作人员：对，英雄结。

主持人：好多人都说你好可爱，好可爱。那你有没有打算，比如说出理塘到成都看看，或者说走更远，到北京、上海这些大城市去看一看的打算呢？

工作人员：他说他没有想过这个。

主持人：还没有想过，现在就想在理塘先把自己的第一个小目标实现了，做这个赛马王子。这样，因为我们有几个问题，网上的网友也比较好奇，刚刚已经问了几个，还有几个就是说当初拍第一个视频的时候是怎么想的，突然想拍这个视频呢？

工作人员：他俩是偶遇的时候拍到了他。

主持人：偶遇的时候拍到了，那真的是机缘巧合。我们现在评论区在问啊，丁真喜欢什么样的女孩子？

工作人员：他还没有这个想法，没有这个目标去喜欢女孩子。

主持人：现在还没有这个目标哈，所以大家听好了，丁真现在还没有这个目标，所以说不要太着急，我们把最好的丁真留到最后。评论区还有人在问，丁真考不考虑汉族的女孩子？这个问题就要留给丁真自己了。

主持人：还有一个问题，大家都在说希望丁真能够过自己想要的日子，好好学普通话，好好上学。这样我也替大家转达给丁真，大家希望你过自己喜欢的生活，喜欢你在蓝天白云下这样，也喜欢你眼睛里面都是阳光，都是温暖的样子。

丁　真：谢谢。

主持人：客气客气，我也替大家谢谢你。然后呢还有个问题，就是说现在你已经有了很多的粉丝了，很火，以后打不打算自己开一个账号呢？发一些视频。

工作人员：有打算。

主持人：那我估计到时候你发了第一个视频的时候，大家知道是你的时候，那粉丝一定非常非常的多。因为现在以你的名字命名的账号就是"假的"，丁真都已经有好多好多的粉丝了。我的导播提醒我看一下B站弹幕……让我看一看其他的弹幕，说错了！

主持人：大家想让你介绍介绍在你的家乡有什么好吃的？在理塘，在甘孜，有什么好吃的，你最爱吃啥？

工作人员：丁真说，他最喜欢吃的是牦牛肉，然后是咱们的松茸。

主持人：牦牛肉和松茸哈，松茸我知道，是咱们甘孜那边的特色，一种菌。牦牛肉都知道，是高原地区特产的牦牛肉，我每年都要买好多牦牛肉干。丁真能不能给我们介绍介绍在你的家乡有哪些好玩的地方？你喜欢的，常去的。

工作人员：有格聂景区，仁康古街，还有长青春科尔斯这些。

主持人：噢，听起来还很多。我们知道在高原地区生活，可能海拔比较高，时间长了呢，紫外线照射也比较强。丁真，因为你说你有偶像包袱，那你觉得自己现在应该是注意保养皮肤呢，还是应该继续在草原上被晒呢？

工作人员：丁真说没有必要护肤。

主持人：哦，没有必要护肤，紫外线、太阳、高原上的空气就是最好的护肤品，对于丁真来说，是这样吗？

工作人员：嗯，是的。

主持人：我们的网友都跟我说，主持人，你叫他涂点防晒霜，别晒坏了。那其实大家喜欢的就是这样一个纯真的丁真，直男哈。是的，我们丁真小哥哥，钢铁直男。大家比较关心的还是你平时的日常，甚至刚刚有网友给我们留言说想看丁真骑马。

工作人员：欸，主持人有没有发现我们丁真的牙齿特别白？

主持人：我在直播开始之前，就发现了这个问题，我每天刷牙都没有他白，你是怎么保持的？

丁　真：天生的。

主持人：天生的是吗？

工作人员：天生的，然后就刷牙。

主持人：那这样，丁真有没有什么话想送给喜欢你的这么多的粉丝们、网友们？

工作人员：他说，特别感谢大家喜欢他，然后有空的时候有兴趣可以来理塘这边玩。

主持人：那我替大家问吧，到了理塘能见到你吗？这才是大家最关心的吧。

工作人员：他说的是靠缘分。

主持人：反正你肯定是要在理塘，对不对？如果缘分到了，到理塘就可以见到你。

丁　真：嗯，是。

主持人：然后大家在问哈，比较关心的就是能不能……大家现在好多人在刷我要去理塘，我要去偶遇你。大家问的是，因为你说以后有打算去开一个账号，那大家问你有手机吗？你那里网络怎么样，条件允许吗？

丁　真：条件好。

主持人：条件很好。大家看我们在直播过程中，虽然说丁真那边有掉线，但是在直播过程中是没有卡顿的，证明网络是可以的。然后，有人又问了，说今天丁真在直播中，一直用纸擦鼻子，你是感冒了吗？

丁　真：对的。

主持人：噢，感冒了，那要多喝热水！

丁　真：谢谢，谢谢。

主持人：不客气！然后呢大家还说，到理塘要怎么样才能见到你呢？在理塘县城里就能见到，还是说要到大草原上才能见到？

工作人员：在他的家乡可能几率会大一点。

主持人：在家乡的几率可能会大一点，好的，那这样的话，接下来，理塘这两个月的客流量可能会激增，就是为了去和丁真偶遇。但是要跟大家说，去偶遇丁真可以是我们去理塘打卡的一个理由。但是，丁真，大家都知道他很可爱，也很纯真，但是，他也是一个属于自己的人，他不是一个吉祥物，大家一定不要在理念上，出现什么错误。

　　下面的问题就关系到丁真了，丁真你在未来的一个打算。我们接着问你，想留在理塘，还是想到成都或者到大城市去，作为一个打算来问，那你在理塘的话，打算接下来，赢了赛马比赛之后，想做什么呢？

工作人员：丁真说他就会去赚钱，然后买一些好的马回来，孝敬家里面，然后喂它们，再去参加赛马比赛。

主持人：反正就是这次比赛赢了之后，下面还想继续赛马比赛，做赛马王子。

工作人员：对，就是想去做这个，因为在理塘的话，我们这边的男人都比较喜欢赛马。

主持人：看来丁真是从小就在这种文化里面熏陶，就是想赛马，可能赛马对他来说就是最大的愿望。

工作人员：对。

主持人：看丁真的脸上现在出现了一个小心心。那我们就再聊聊赛马这件事。其实，刚有人说想看丁真骑马，还有人说想看丁真在比赛的时候，也能有直播或者有视频，大家想看看你在骑马时候英姿飒爽的样子。丁真，你现在骑马的时候多吗？在家里。

丁　真：挺多。

主持人：挺多的。

工作人员：对，平常大家都几乎在骑这个。

主持人：嗯，都在骑这个，那这匹小马是你的第一匹马吗？

工作人员：那就是他的第一匹小马，然后他有两匹小马。

主持人：噢，那是他的第一匹小马，一共有两匹小马。我觉得这个心情可能就是像说我们生活在城市里面买了人生第一辆车一样兴奋和激动，丁真拥有了自己的第一匹小马的时候。有人问，赛马有奖金吗？方不方便透露，如果拿了冠军，你能有多少奖金？

丁　真：没有。

主持人：噢，没有，是吧？

工作人员：因为丁真他还没有拿过咱们的第一名，所以他还不清楚这一点。

主持人：看来一定要等丁真拿到第一名之后，才知道有没有奖金。那这样，我问一问丁真。你长20岁，长这么大，有没有自己的偶像，或者说羡慕的人？

丁　真：有。

主持人：有，是谁啊？

丁　真：ANU。

主持人：谁？

工作人员：ANU，有个藏族组合叫ANU。

主持人：噢，有个藏族组合，因为我对藏族组合了解的不是很多，翻译小姐姐或者丁真能不能和我们说一说，这是一个什么样的组合？你最喜欢他什么地方？

工作人员：他们有一首特别火的歌，就是《飞》，《fly》这首歌。

主持人：哦，想起来了，想起来了，ANU。

工作人员：然后可以让我们丁真唱一下。

主持人：嗯？丁真还准备了。

工作人员：对，因为 ANU 还参加过《我是歌手》。

主持人：来，有请丁真。

工作人员：有一点小害羞。

主持人：害羞了，我们的丁真脸比刚才还红。

主持人：简单地哼两句就行。

主持人：来深呼吸，丁真。

工作人员：丁真需要一个伴奏，然后，我们现在在这边给他准备一个伴奏。

主持人：好的，还需要伴奏。那在找伴奏的时候，我们也问一问丁真，你平时喜欢唱歌吗？

丁　真：不喜欢。

主持人：噢，不喜欢啊，我下一个问题可能会比较尴尬。你平时放牛啊，或者骑马的时候，会不会边唱边放，或者是边骑边唱，特别豪爽的那种感觉。

丁　真：是，对。

主持人：那你平时骑马，或者是放牛时候唱的歌，能不能给我们哼哼两句？

工作人员：丁真就直接唱这一首歌吧，伴奏找出来，直接可以唱这个。

主持人：嗯，好。

　　　　　（丁真唱歌）

丁　真：谢谢。

主持人：谢谢，谢谢丁真。我觉得刚刚这段儿我们的网友可以录屏了，回去可以当个手机铃声什么的，晚上睡不着觉的时候听一听，欸，感觉非常棒。

丁　真：谢谢。

主持人：谢谢丁真，谢谢丁真，好多网友现在在这儿给你点赞。我

  看一下时间，我们的导播要看一下时长还有多久，继续是吧，好。刚刚唱了歌，我问一个唱歌的问题，有没有以后打算自己……就是因为我知道在咱们甘孜这边，青藏高原这边有好多康巴汉子有的时候会自己写歌，自编自唱，你有写过吗？

丁　　真：没有。

主 持 人：好，我们的这个网友都在说啊，说主持人帮我告诉丁真，我们很喜欢他。

丁　　真：谢谢，谢谢。

主 持 人：网友说主持人想下班了，不是，主持人不是想下班了，主持人要先看一下时间。

主 持 人：录屏了哈，苹果11，对，刚刚用的是这个手机。那证明什么呢？证明在丁真生活的地方，无论说是科技也好，网络也好，还是环境也好，都还比较不错。如果丁真以后自己开账号拍视频也好，直播也好，或者有什么其他打算都好，条件和环境是完全能够支持的。

主 持 人：那丁真你是一个藏族男孩儿，你平时会跳舞吗？

工作人员：会一点点。

主 持 人：因为我对藏历不太清楚，我不知道离藏历新年还有多久。丁真，你们在每年，比如说在藏历新年这种大的节日的时候，你们会有什么样的仪式吗？然后你会不会还有这个下面的直播或者是拍视频什么的，大家比较关心。

工作人员：丁真说他如果有空的话，会去给你们开直播或者是更新一下咱们的抖音账号这些。

主 持 人：当然了，大家现在在所有的社交平台或者App里面搜到的这个丁真都不是他本人，在这儿再跟大家强调一遍，不是丁本人哈。现在丁真本人还没有开账号。

主持人：大家问说去理塘，可以去你家留宿吗？

工作人员：什么？没有听清。

主持人：去理塘可以到丁真家留宿吗？就是你打算让大家进来当成民宿住吗？

工作人员：可以。

主持人：可以？可以到你家去留宿吗？

丁　真：可以。

主持人：好，大家听到了，丁真说可以啊，这是尊重他本人意愿的，但是如果人太多了，可能家里就招待不下那么多人了。我们接下来问丁真还是关于未来打算的一个问题。话题已经聊到这儿了，刚刚说到一半的时候掉线的话题把它捡起来。之前有网络上盛传的谣言说2021年的《创造营》和《明日之子》都有邀请你了，这事儿我想求证一下，是真的吗？

工作人员：他不清楚。

主持人：不清楚，既然丁真本人不清楚，那说明就是没有接到邀请，所以说这个谣言就可以不攻自破了，大家已经听到了。接下来在未来里面，除了赛马还有什么别的事想完成吗？

工作人员：他就一直想完成的就是当赛马王子，然后心里面就没有其他啥事儿。

主持人：嗯，就是想当赛马王子。我看好多的网友在我们下面留言，说建议丁真开个民宿，就在理塘开个民宿，肯定会大赚一笔。

主持人：好多网友在下面留言说，不希望丁真涉足演艺圈儿，或者希望丁真过他自己想要的生活，但是我们大家可能忽略了一个事儿吧，就是丁真他无论做什么都是自己的选择，他要决定自己的命运，自己去做自己想做的事儿，所以说没有人能够替他做决定，这都需要丁真本人来选择自己未来的路啊。这个和大家说一下，那我们继续聊一聊丁真平时生活里的一些问题吧。

主持人：平时是跟爸爸妈妈住在一起吗？

工作人员：对，和爸爸妈妈在一起住。

主持人：嗯，那爸爸妈妈知不知道你火了呢？

工作人员：父母还不知道。

主持人：那你想要什么时候告诉爸爸妈妈？

工作人员：可能就是过几天会告诉父母。

主持人：嗯，等过几天再火一点，再告诉他们说，爸爸妈妈，你们的儿子火了。那你的好兄弟，你跟你一起玩的朋友、同学什么的，他们知不知道你火了？

工作人员：他们都知道。

主持人：都知道你火了，那现在见到你会不会跟原来不一样？以前见到你就喊"嗨，丁真"，现在见到你，"哎呀，大明星"，有吗？

丁　真：有。

主持人：那你都是怎么回复他们的呢？

工作人员：就回应一声。

主持人：就回应一声，相当于是默认了吧，是这意思吗？

工作人员：对，就回应一声，然后就转头就走了。

主持人：害羞了。我们的网友还说，说你们全村都已经知道了。

丁　真：谢谢。

主持人：丁真面对我们的镜头一直在笑。全村人都知道了，现在就剩你爸妈还被你蒙在鼓里，你赶紧告诉他们。

丁　真：好的，谢谢。

主持人：那比如说，你的朋友见到你之后，会不会拉着你一起拍视频、做直播，有吗？

工作人员：没有去尝试。

主持人：嗯，没有和朋友一起拍东西，对不对？

丁　真：没有，没有。

主持人：接下来还有人在问丁真多高，刚刚我问了，人家丁真说这个暂时保密，不能说。然后在问，哪个村儿。丁真是在哪个村？你方便透露吗？如果不方便透露的话，就不要说，这是个人隐私。

主持人：不方便？

丁　真：不方便。

主持人：不方便，好嘞。所以说我们大家也给丁真留点隐私，不然他一旦说出来是哪个村的，明天早上一睁眼，村子里边满了，全都是人，那太可怕了。多高？丁真人家说了也不方便，暂时保密多高。具体的生日和身高，还有家到底是哪个村，暂时保密，这事儿涉及到丁真的个人隐私，所以说丁真自己觉得不太方便，那我们就不要再继续追问下去了。

主持人：继续刚才的话说，每天回家之后跟爸妈，你们的生活是什么样子的？爸妈会跟你一起白天去喂马放牛，还是怎么样。

工作人员：就是放牧为生。

主持人：嗯，放牧。家里面主要的收入来源和这个平时的日常都是放牧，对不对？

工作人员：对，然后他们通过脱贫攻坚也有了一些经济产业。

主持人：这样吧，由于时间问题我看已经一个多小时了，丁真也已经有一点疲惫了，有点儿累了，那我们再问两个问题就抓紧让丁真去休息。这个问题是关于你家乡的，丁真,你觉得你的家乡理塘美不美?为什么美?

工作人员:丁真说,理塘这个地方的话,卫生方面特别干净,是天空之城,人都很淳朴。

主持人:介绍很简单,很官方,但是呢,大家能听到,从丁真这么一个很淳朴的少年或者小伙儿嘴里面说出这样一个话,那应该就是真的了,是他自己的真实所想。那第二个问题同样是关于你的家乡。嗯,你现在火了,会不会考虑未来为家乡做形象代言?或者说是宣传家乡的好山好水,好人好风景。

工作人员:有这个想法。

主持人:有这个想法。好的!那我们今天再次谢谢丁真,现在时间已经来到了16:28。还有两分钟我们的直播就满一个小时了,谢谢丁真今天能坐在这里一个小时,和我们聊一聊关于他自己和家乡的这些事儿。谢谢你,那我是不是要说一下扎西德勒?谢谢,谢谢。

丁 真:谢谢,谢谢。

主持人:谢谢,好,谢谢丁真,你可以去休息一会儿了。

丁 真:嗯,好的,谢谢。

主持人:谢谢,谢谢。让大家多看一看丁真,对,我觉得我少说两句话。

主持人:可爱满分,可爱满分,谢谢主持人。

主持人:网友在问下次啥时候来,那下次我觉得要看缘分了,可能明天,也可能是下个月。

丁 真:谢谢,谢谢,再见。

主持人:再见丁真,谢谢你,你一定要过自己想要的生活。

主持人杨东昊点评:好,现在丁真已经离开了啊。丁真跟我们聊了聊,他从火了到现在的一个心理状况的变化,已经开始有点儿有偶像包袱了，然后呢，（他）未来想做家乡的形象大使。他自己的梦想就是做赛马王子。（他的想法）非常好，（人）很淳朴，很天真的这么一个小伙子。但是呢，其实我想苦口婆心的，可能是费力不讨好的话，再劝一劝大家。

现在网上有人把丁真过去的照片儿扒出来，或者说有人去蹭丁真的热度，还有很多公司，因为觉得丁真现在火了，就想把他签到自己公司的旗下。很多网友是出于好心，帮他操心，帮他参谋和考虑。但是我想说呢，他过去的照片被抛出来，有过"杀马特"，但不能就说，这人已经翻车了，我们在刚刚的视频里面看到，丁真仍然是那么淳朴的、纯真的一个小伙子。对于有人说的翻车了，其实我觉得，我是为丁真感到有点儿难过。因为互联网能围观他的颜值，但是却接受不了他照片里边的手势，我觉得（这样）有点儿不对。

丁真不能是只把一张脸给人看，不能把自己的真实展示给世界，那是不对的，因为他是一个立体的人。"杀马特"也好，清澈、干净也好，那都是他自己，他不是一个完美的一个作品，或者说是产物。他被我们贴上"纯真"这样一个标签儿，但是呢，却没有人去真正关心一下丁真平时生活中是不是一个活泼的，是不是一个开朗的一个小伙儿，一张照片说明不了什么。所以说呢，请大家一定要摆正自己的心态。

还有就是替他操心的这些网友呢，谢谢大家关注他，喜欢他，替他操心，但是无论谈恋爱与否，签公司与否，走演艺圈儿也好，还是留在理塘，留在草原上，继续过他自己想要的生活，这都是他自己的选择。他需要的是，有人在关键的时候，提醒他这背后选择的风险，但是，绝对不是去替丁真做一个决定，不要让丁真在我们大家的观点下裹挟着，走上了他不喜欢的一条路。活成他自己想要的样子，这才是我们大家都想看到的。

所以说，直播现在已经来到了下午的4:32，快一个小时了，丁真也累了，回去休息了。感谢大家今天一直关注我们的直播，关注我们"四川观察"，我们也会继续关注丁真，给大家带来丁真生活中点点滴滴的状态和变化。当然了，还会做好我们的本职工作，做我们自己"关注新闻"。好，谢谢大家，我们今天的直播就到这儿。

报道分析：

1. 直播连线 抢占先机

主持人杨东昊对丁真的采访，选择的是直播连线的方式，这是目前很多移动视频直播都会采取的报道方式。此类直播采访的特点是：

（1）时效性强

由于一些客观原因，无法进行面对面的采访，采用此种形式可以为媒体更早地发布信息、抢占先机的同时占据舆论高地。

（2）直面问题，最短时间得到回应

此种直播连线方式可以采访到核心人物，社会和公众关于事件的相关疑惑通过这样的采访可以"一问到底"，从信息的获得感上来说，有效地满足了用户对于信息的饥渴。对于一些关注度比较高的事件，可以通过相关人物的采访，给事件以最早的定性，为媒体抢占舆论高地提供可能。

（3）采访时间自由度高

直播连线采访随时可以开始，随时可以结束。记者或者主持人一旦觉得聊不下去，可以随时结束直播。如果采访过程中，出乎意外地精彩，直播团队又可以延长时间，这对直播团队来说，伸缩有余，可操作性强。像杨东昊采访丁真，之前由于信号的问题，前15分钟网友看不到画面，但是从 15 分钟之后信号稳定，最终收获了 400 多万的播放量。

但是，直播连线采访这种方式，需要考虑周全，否则会给记者、主持人带来直播上的压力。第一时间采访到核心人物，满足了用户的信息饥渴，但是，有些新闻事件是无法通过一个采访就可以弄清楚、整明白的。直播采访涉及一些需要跨越专业壁垒的选题时，比如法律、保险、野外救助等相对专业性比较强的领域，需要主持人、记者对被采访对象所讲述的内容进行研判，这对于缺少相关专业背景的主持人、记者来说，就会显得有些吃力。类似这样的选题，直播中最好设置多个信息源，新闻当事人、相关专家同时在线，这样，对于当事人所谈内容，通过专家的解释，帮助网友理解事实，做出合理判断。

2. 记者提问的专业性：问题短，切口小

看完杨东昊的采访笔录，大家会注意到一个问题，就是杨东昊的问题都很短。与面对面采访不同的是，直播连线采访由于信号等问题的影响，为了让被采访对象可以很清楚地听明白问题，主持人的问题必须指向性强，让对方一听就懂，尽量不要绕弯子。

切口小，这是采访时主持人、记者需要具备的专业认知。

你有喜欢的女孩子吗？

你耳朵上戴的是什么？

你喜欢什么歌？

丁真的汉语水平不高，考虑到这一客观条件，为了保证直播连线的采访质量，杨东昊采访策略，在这一点做得很好。

3. 网友提问的八卦感

直播连线采访如何做好互动？其实，最好借用的肩膀是"让网友做提问官，主持人做传声筒"，网友驱使主持人替自己发问的"下命令"感，某种程度上可以满足用户的"虚荣心"。事实上，广大网友作为智库，肯定比主持人一个人想问题要脑洞大开得多。主持人在挑选网友提问的同时，也可以有机会去发现网友们的关注点，为自己接下来的提问生成寻找养分。

4. 主持人对丁真个人隐私的公开保护

当网友问丁真你住在哪个村，具体是哪天生日的时候，杨东昊大大方方地提醒丁真，在保护个人隐私的情况下，这些问题你是可以不回答的。如此"明目张胆"的提醒，是杨东昊身为主持人，特别是这样远程直播连线采访方式，与被采访对象存在沟通不便捷的情况下，最直接、最有效的方法。他以强势姿态保护着丁真，这样具有鲜明人格化的表达方式也是当下视频时代的传播特点之一。从网友的反应来看，大家也是很认可这样的提醒。

5. 媒体采访严肃性的强调

《四川观察》对丁真的这次直播连线采访，分发渠道包括四川观察客户端、四川观察的抖音媒体号、四川观察的官微等。众所周知，很多视频平台都会鼓励网友在直播时给主播送礼物，有些礼物还可以变现。基于这种情况，杨东昊在直播中提醒网友，我们这个是媒体的严肃直播，大家不要送礼物，只需要留言参与直播互动就可以。这样的"事前声明"使得这场对顶配网红的直播连线采访颇具新闻性和媒体气质。

报道者说：

主持人杨东昊就采访丁真做了如下总结。

1. 事先准备——明确"争议点"

丁真太火了，遗憾的是我对他太不了解。准备工作的第一件事就是找资料，搜集一番之后，我发现网络上有关他的信息是碎片化的。这样的前期准备工作对我来说，就好像是大海捞针，看什么都是重点，但是支撑起一场直播的专业养分又不够。

虽然案头工作的准备有少许无力，但是在搜集信息过程中，丁真的形象在我脑海里却逐渐饱满起来。我决定从三个方向予以关注：事情经过、网友最关注的点、其他媒体关注的点。

（1）厘清事情的来龙去脉；

（2）以"吃瓜"群众视角提出疑问；

（3）总结出自己的观点。

事实上，采访前准备的提纲有点像警察断案，问题都是一环套一环。

社会上围绕丁真的关注点有两个：一个是出名之后，有没有经济公司要跟他签约；另一个是以往拍摄的"杀马特"照片被网友扒出来后，有人说，他的人设翻车。

带着这些思考，我在直播中采访了丁真。

2. 直播前沟通——让丁真放松

丁真是一位普通的康巴汉子，在走红网络之前，他跟大多数人一样，没有任何媒体经验。一个普通人面对自己的"爆红"，加上一些不利的"传言"，陷入这样境地的他，在接受我们连线采访前很紧张，一脸的"小问号"。

考虑到这一点，在开播前我和他之间的沟通，就显得尤为重要。于是，在交流中，我清楚地表明，哪些提问我不会问，哪些问题我需要问，这些需要问的，我是不会伤害到他。现在回想起来，这一步做得对。起码让他在心里吃了定心丸。

《四川观察》抖音号原计划15：30开始直播，事实上，15：25信号就已经悄悄切给了我，那时我问他，"中午吃饭了吗？吃的啥？我还饿着，想吃你们那儿的牦牛火锅。"一开始的聊天，从他的日常生活开始聊，让他在不知不觉中进入直播中来，而不是让他在导播倒数着5、4、3、2、1中紧张着开始，我要避免让丁真一下子进入到被拷问的场景中去。

除了吃喝拉撒，看似很日常的问题，我还想让他知道，我很关注他。于是，你的小马叫什么？你的马术怎么样？这些提问抛过去，我想让他知道，我是了解你（丁真）一丢丢的。

3. 直播中——流量大，尺度需拿捏

丁真的粉丝多，直播中弹幕更多，这对主持人来说，绝对是一场艰难的考验。对于主持人来说，一场直播是多么希望被网友关注。可是，一旦某一场直播被社会高度关注，关注就变成了千斤压力。跟丁真做直播，我第一次有了这样的感受。

直播时，我意识到，我的提问已经不是丁真本人能不能接受的问题，而是直播间的粉丝们能不能接受的问题。提纲里原本有好几个关于网络传言的问题，比如摄影师跟他是什么关系？那张引起关注的照片，到底是什么意思？上没上过学？这些带尖、带刺的问题说出来，嘴巴是过瘾了，过瘾之后就是杀气腾腾。作为主持人知道怎么问会引起关注，还要知道怎么问最合适。

作为主持人，关键的问题又不能不问。比如，有没有公司打算与你签约呀？你想不想做明星？这些问题，直白地问出去，显然是不合适的。我的方法是把这些问题埋在一个语言环境里，循序渐进地问出来。比如，丁真在之前的一段视频里唱过歌，我就问："看你之前唱过歌，你很喜欢唱歌吗？"

他说喜欢一个藏族歌手组合。我继续问"这个组合叫什么名字？你会不会唱他们的歌？"接着，他果真在直播的时候唱了一段。

接下来的两三轮对话，跟丁真聊他喜欢做什么的时候，我顺势问道："听说某节目要签你了？"他回答说"不知道"。这个答案有些模糊，我补充了一句："丁真本人说不知道，那说明起码经济公司还没有找到他本人"。我问到了我想要的，又关照了粉丝。

4. 直播采访时——保护好采访对象

丁真太小了，很多回答的后果，小小的他是弄不清楚，整不明白的。评论区有很多人问他：多高？多重？住哪个村？我要把这些问题转达给丁真，但这些问题很可能给他造成麻烦。所以转达后，立刻接了一句"丁真，这是你的隐私，你可以选择告诉大家，当然也可以保密"，这是我对采访对象的一种保护。只是没想到因为这样的保护，自己也得到了网友表扬。

5. 直播后的评论——"网端"不等于"围观"，官媒要有自己的态度

首先，给出官媒的态度。虽然《四川观察》是网红媒体号，但我们是官媒，如果跟风、围观、消费丁真，我们就成"江湖小报"了，所以，我的观点是要有官媒的态度。

其次，这段评论，我做了前期准备，当我有了大概思路后，只是个别地方，我需要在直播中去确认。比如：丁真到底是一个什么样的人？我必须自己去认识他。作为观点输出者，我需要通过他给自己一个明确的信号。

最后，这段评论一定得等到丁真下线了之后，我再抛出来。

因为整个事件有两个群体——我们和丁真。

丁真下线后，串门结束，我送走了客人。

接下来，要和家人（粉丝）说几句心里话。

记者简历：

杨东昊：本科就读于辽宁大学，中国传媒大学2017级研究生，2019年6月进入四川电视台新闻中心，担任四川电视台全媒体新闻中心主持人、四川观察直播记者、网端直播主播。进入四川电视台后，先后参加2019年四川电视台6·17长宁地震、汶川暴雨泥石流、2020年广汉金雁花炮厂爆炸、2020年四川百年一遇洪峰过境、送别四川援鄂医疗队、深入四川成都疫情风险地区等大型突发新闻的移动视频直播；疫情期间对话重点医疗专家，紧跟热点事件，策划主持《抗疫专家说》《观观会客厅》等网端访谈直播节目。2021年5月杨东昊加入新京报我们视频团队。

杨东昊先后连线专访丁真、新疆昭苏女县长、西藏冒险王家属、张志超案当事人、百香果女孩案当事人等社会热点人物，引起舆论广泛关注。其中丁真采访的报道频频登上微博、抖音、豆瓣、B站等热搜榜。获得中央电视台、人民日报、环球时报等央媒点赞和关注。除此之外，杨东昊还负责采编四川观察全媒体内容矩阵，策划在四川观察抖音账号，策划制作的《四处观察摄像头大揭秘》获得4300万播放和175.8万点赞。与李雪琴、黄雅莉、"猴哥说车"等联合搭档直播，探索直播带货，客单销量在同级别新闻账号中位居前列。

第三节 重特大新闻报道——庆祝新中国成立70周年之吕小品的小屏直播报道

【案例三:《日出东方 庆祝新中国成立70周年》中央广播电视总台央视新闻新媒体70小时直播早上6点—8点时段】

直播时间:2019年10月1日

直播时长:2个小时

演播室主持人:沙晨 王音棋

出镜地点:北京天安门广场

视频来源:央视新闻客户端

https://v.qq.com/x/page/t3225rgyq0c.html

出镜记者:央视总台记者齐莉莉、王刚、马文佳、张鹏军、王宇、吕小品、柴婧、陆明明、刘峰、李屹等

视频构成:

时　　间	报道地点	标题与内容
00:00—05:35	演播室:沙晨 王音棋	开场白,内容简介
05:35—11:46	国博楼顶:齐莉莉	从国家博物馆楼顶看天安门
11:46—12:51	演播室:沙晨 王音棋	串场
12:51—27:00	徒步方队:王刚	15个徒步方队陆续抵达长安街:"最帅天团"抢先看
27:00—27:55	演播室:沙晨 王音棋	串场
27:55—38:24	女兵方对:马文佳	适应性训练正在进行
38:24—40:59	演播室:沙晨 王音棋	串场、互动环节
40:59—49:27	长安街北侧:张鹏军	走进国庆集散保障组 把镜头对准幕后英雄
49:27—52:07	演播室:沙晨 王音棋	串场、互动环节
52:07—57:48	观礼台东侧:王宇	记者带您打卡广场临时观礼台
57:48—58:39	演播室:沙晨 王音棋	串场

续表

58:39—1:08:47	天安门观礼台西侧： 吕小品	"观礼台视角"什么样？央视记者带你看
1:08:47—1:09:48	演播室：沙晨 王音棋	串场
1:09:48—最后	天安门广场军乐团： 柴婧 武警部队方队：马文佳 联合指挥部：陆明明 天安门北侧东临时观礼台：刘峰 群众代表方队：李屹	解锁联合军乐团"彩蛋" 15个徒步方队陆续抵达长安街："最帅天团"抢先看 揭秘新中国成立70周年群众游行如何集结与疏散 盛典将启 直击东临时观礼台

报道分析：

1. 行进式 多角度 深挖据

10月1日小屏直播报道最突出的特点就是对现场的深度挖掘。早上6点小屏直播《日出东方》开启"全方位、多视角、新体验"的报道态势。在接下来将近4个小时的直播报道中，十几位出镜记者从不同现场发回鲜活的报道。本段视频节选前两个小时，具体来说：第一棒齐莉莉来自国家博物馆楼顶的报道、第二棒王刚来自仪仗方队的报道、第三棒马文佳来自女兵方队的报道、第四棒是张鹏军来自撤离指挥部的报道、第五棒是王宇来自观礼台的报道、第六棒是吕小品来自西观礼台的报道、第七棒是柴婧来自军乐团方队的报道。这之后，还有刘峰来自东观礼台、李屹来自中国人民大学方队的报道。从报道地点的选取来看，小屏直播注重对"人"的报道。几乎所有的现场报道都有对相关工作人员的采访。最出彩的是对各个方阵的官兵所做的采访，网友们通过这些采访，了解了他们即将接受检阅前的心情，辛苦付出背后的赤子之心、家国情怀。

简单梳理过后，不难发现，小屏直播的报道特点是："时间长、行进式、接地气"。"时间长"主要体现在每位记者的连线时间，通常都在七八分钟，甚至是10几分钟以上，目的是把现场做"透"、做"深"、做"新"。"行进式"主要体现在画面的灵活切换。小屏直播在画面上没有那么讲究，但是其灵活性同样可圈可点。

2. 接地气 节奏好 表达活

阅兵盛典前央视新闻新媒体的直播中，最值得关注的是出镜记者吕小品在天安门观礼台西侧做的 10 分钟报道，央视新闻新媒体部此次阅兵前的现场报道，十几位出镜记者围绕天安门广场各个关键点做报道，相信看过这段报道的网友一定会对记者吕小品印象深刻。从 58 分 48 秒开始，当吕小品出现在画面中的时候，整个直播的"话风"完全不同了。

吕小品的连线报道时长 10 分钟左右，发话量达到 3000 字左右。他的语言活泼、俏皮，报道中使用了诸多的象声词、拟声词，极具张力的表达颇具代入感，如此生动有趣的报道在央视新闻的平台上，十分少见。

我们一起来看看他这三段的描述："就像我们前两天在阅兵报道当中所说的，走过南，闯过北，天安门前踢过腿，刚才就是一群一排大长腿从我面前踢过去，真的是，虽然我感觉自己的腿也不算短，但是，跟他们相比起来，总觉得还是差了那么一点。"

"我们这有一些方阵是有枪的，（走到这儿）直接就开始端枪，'咔'端枪，然后，'啪啪啪'往前走，那种感觉真的是我从电视上看，都能感觉到我自己的热血在沸腾，然后，整个（的）身上都是起了鸡皮疙瘩。"

"有网友就说，他们好像是复制、粘贴一样，那么，复制、粘贴的 ctrl+C、ctrl+A，在我们的礼毕线（的时候）发生了变化，那么，（之前）当他们在天安门城楼前（面），从主席台前走过的时候，你可能怀疑自己的手机是不是卡了，因为整个的画面完全都是一模一样，每个人的动作都是一模一样的，都是一致的。"如此生动，接地气的表达十分难得。

吕小品这话一说出来，很多网友发出啧啧感叹，这记者"太敢说了、太会说了、太好玩了"。网友不禁诧异，为什么吕小品面对这样的新闻选题，身在这样的新闻现场，他会选择这样表达呢？网友听后觉得这样的报道生动有趣，十分接地气。

一般来说，这样的选题和现场，很多记者会把报道的内容向规整、严肃、书面化靠拢，认真中忽视了一个问题，自己的报道是要通过移动端传递给用户的,而不是电视。

与大屏报道侧重点不同的是小屏直播以"内幕揭秘"为主,从徒步方队到女兵方队,从天安门东西临时观礼台到捕捉画面的摄像机,小屏直播报道的内容可以聚焦到某一个体的信息点上,从报道宗旨和报道内容上来说,可以有效满足用户的信息饥渴。所以,吕小品的个人表达的风格与报道内容有机结合,带着一点"吃瓜群众"的网友视角来介绍身边的所看、所听,把自己在现场感受、自己受到的视觉冲击生动地传递给网友。像极了大学宿舍里那个最会讲故事的同学,在校园里和社会上看到的有趣的人和事,回到宿舍绘声绘色地讲给室友听的感觉。

报道者说:

吕小品的报道生动活泼,内容上又特别的接地气,他是如何准备这场直播的?他平时又是如何在专业上提升自己的?笔者为此向他提出了四个专业问题,以下是吕小品的回复。

问题一:"走过南闯过北,天安门前踢过腿""我看了看自己的腿,觉得也不短了,可是跟他们比还是短""复制、粘贴、Ctrl+C、Ctrl+A",这些词放进来,创作的动机是什么?

吕小品:"走过南闯过北,天安门前踢过腿""复制、粘贴"并不是直播时的灵机一动,而是源于日常工作中的留心积累和现场的即兴发挥。

当时,我在央视新闻新媒体中心担任《央视新闻》微信公众号的主编工作,我这个岗位天天跟新媒体报道打交道,每天都会接触到大量与国庆、阅兵有关的新闻报道。我平时很喜欢琢磨一些押韵、朗朗上口的句式或表达方式,所以,这个"踢腿梗"早就印刻在我的脑海里了。

阅兵当天,一排排"大长腿"扑面而来的时候,我就适时甩出了这个"包袱"。俗话说,没有对比,就没有伤害,我拿自己的身高和腿跟他们做对比,我相信这种"适度自嘲"的做法,不会让网友"感觉被冒犯",反而让"大长腿"带来的震撼更加直观。"复制、粘贴"则是当时我在现场的即兴发挥。当时近距离看着受阅官兵们整齐划一的步伐和动作,情不自禁脱口而出。

这是我的有感而发，希望这样新颖、直白的比方，可以让网友和观众们能感同身受。

问题二：看你的报道，有一种这样的感觉。你特别像我的舍友，今天出门遇到好玩的事情，回来跟我们讲，到底有多么好玩。所以想问一下你的报道风格是如何做到这么接地气的？

吕小品：因为自知够不着帅气，所以只好在"接地气"的道路上马不停蹄。我觉得，在报道的时候，我不会刻意营造出"报道感"，我更注重真实感、同场感和共情感，带着好奇心去观察、去体验，将我感兴趣的、感受到的，用网友们喜闻乐见的方式与他们分享，我享受其中。

现在转战央视频后，有了更多的出镜机会，无论是在前方做移动视频直播，还是在演播室做主持人，我的风格都是带点幽默感的"接地气"，不是那种一板一眼的逐字稿，大部分都是心中有数的 freestyle。

问题三：这次直播报道都做了哪些前期准备工作？

吕小品：说来好笑，我的这次出镜报道内容其实是我的 PLAN B。那时，我是一个每天坐在电脑屏幕前工作的《央视新闻》微信公号小编，属于后方团队。之所以能有幸去前方参加国庆阅兵报道工作，是因为项目当时需要一个英语好、有出镜经验的记者，在国庆当天可以采访前来报道的外国媒体。我是英语播音专业出身，又曾在大、小屏有过出镜经验，我就被临时抽调到了项目组。在一轮又一轮的采访点位删减中，作为"双语"报道的"独苗"保留到了最后。

由于阅兵相关工作的高度保密性，直到国庆当天凌晨进场前，我还不知道自己所属的报道点位是否在外媒采访区旁边。到达指定点位后，我先对所处位置的环境信息进行了大致观察和整理，力争将这个黄金视角所覆盖到的有效信息都传达给屏幕前的网友，这就是我 PLAN B 的框架。

天蒙蒙亮后，外媒同事们扛着各种设备进场了。幸运的是，我的点位就在外媒采访区的旁边。不幸的是，这些外媒同事们进场之后，各种调试、架设设备，一阵忙活，根本没有工夫让我前去"搭讪"一下。同为媒体人，我非常理解，这时候的采访需求可能对他们是一种打扰，因此我识趣地站在旁边，及时与后方沟通修改原定采访报道计划。

由于多路记者同时在线，演播室何时会连线到我这里，准确时间一直定不下来，我只好一边听着耳机里不断传出的指令，一边环顾四周搜寻可以捕捉的人物、设备信息，不断往脑海中的 PLAN B 框架中填充内容。

就在大体捋了一遍后，我从耳机里听到了主持人 cue 我的话口。连线开始！直播的紧张感一下子让我兴奋起来，熬了一夜的疲惫，在开口的瞬间荡然无存。在简要介绍了我身后原计划占据主要篇幅的外媒报道团队后，我又对现场走来的"大长腿"、空中划过的飞猫等信息进行了介绍。其实，在直播开始前，后方团队关于我这个报道点，只掌握了一个大概框架，中间的"肉"都是我现场即兴发挥出来的。

问题四：你在报道中使用了一些象声词，比如他们走路脚步"咔咔"的声音，这一下让报道生动起来，这些语言表达上的创意，从何而来？

吕小品：这些语言表达的方式更多源于我的个人风格，平时和朋友交谈聊天时，我通常都会是"话比较多"的那一个。我热衷于用生动、活泼的方式把我喜欢的、感兴趣的事儿分享、安利给我的朋友，一般来说，打比方、象声词、讲故事等手段都会特别受大家欢迎，所以也成为了我的习惯表达方式。

记者简历：

吕小品，香港浸会大学硕士毕业。曾任中央电视台亚太中心站实习记者，参与马航 MH370 失联、韩国"岁月号"沉船等特别报道等；曾任央视新闻官方微信主编，作为主创人员参与运营的央视新闻新媒体品牌栏目《夜读》，获中国新闻奖三等奖；以编辑、导播、出镜记者等不同身份参与国庆 70 周年、香港回归 20 周年、上海进博会、G20 杭州峰会等重要新媒体直播报道。目前就职于中央广播电视总台视听新媒体中心，作为央视频记者探班总台 2020 国庆晚会、《新时代最可爱的人》等特别节目录制；作为央视频主持人参与《月圆家国好》《走！去云南》等多档特别直播，作为主要策划人、主持人负责央视频原创 IP 栏目《你品你细品》设计运营。

第四节　周期性新闻选题的报道——孙继文在北京南站的小屏直播报道

【案例四："春运回家路 央视帮你问"系列直播 北京南站：如何正确安检、防盗、找失物】

直播时间：2018 年 2 月 5 日下午 15:10

直播时长：58 分 39 秒

出镜地点：北京南站

视频来源：央视新闻＋

https://v.qq.com/x/page/h3225oy9vpk.html

出镜记者：央视总台记者孙继文

视频构成：

时　间	标题与内容
00:00—00:15	直播海报
00:15—01:20	开场白
01:20—17:46	报道点：北京南站进站口安检处 标　题：安检查危 小小物件大讲究 采　访：北京南站安检处处长孙璐璐
17:46—41:07	报道点：从安检处转场到失物招领处，途径候车大厅 标　题：背包前背 挎包拉链朝前 采　访：北京南站派出所所长李凤明
41:07—57:22	报道点：失物招领处 标　题：央视记者探访失物招领处 　　　　失主可登录 12306 官网查找失物 采　访：北京南站客运间业务指导张润秋
57:22—最后	结　尾

报道分析：

"央视帮你问"是央视新闻中心地方部首创的一档大、小屏主题互动栏目，有过"两会帮你问""探秘江湖源 央视帮你问""世界环境日 央视帮你问"等品牌节目。这次的"春运回家路 央视帮你问"，是在2018年春运大幕2月1日正式拉开的前一天启动的直播，该系列直播将一直持续到2月14日。

孙继文之前是央视新闻中心地方部驻新疆站的记者，早在2016年就开始做小屏直播，是央视最早开始接触小屏直播、短视频制作的记者。她的形象甜美，声音亲和，深受网友的喜爱。从介绍新疆美食到上海进博会，从内蒙古自治区成立70周年到海南文昌"胖五"报道，孙继文在小屏直播和短视频的内容生产上，积累了丰富的报道经验。

2018年2月5日笔者跟随孙继文，深入新闻报道的一线北京南站，从直播前的彩排、走场到直播进行中突发情况的灵活处理，孙继文的整个报道板块清晰、节奏紧凑，采访详略得当，尊重现场。

这场直播从选题上来说，带有一定的科普性质。主要是告诉网友乘坐火车的时候如何进站，候车时怎么注意保护好自己的财物，一旦财物丢失在火车站去哪里可以找到自己的物品。既然是科普性质的直播，干巴巴的讲解显然不具备可看性，这场直播利用北京南站这一现场，结合大量的实物进行了具体的介绍。记者孙继文为了提升趣味性，在安检处的现场安排了安检中那些囧人囧事、在失物招领处安排那些不可思议的丢失物件，使得整场直播科普信息干货满满，一些趣闻趣事让人忍俊不禁。

1. 板块清晰 报道紧凑

从上面的视频构成表中的时间线可以发现，这次直播一共由开场、进站口、候车大厅、失物招领处以及最后收尾五部分组成。

直播一开场仅用了1分钟简单开场后，孙继文很快进入了主题，不啰嗦、不拖沓。最后的收尾也是1分钟，简单总结后干净利索地结束。报道的标题是："北京南站如何正确安检、防盗、找失物"。围绕这三个报道点，孙继文选择了进站口、候车大厅和失物招领处，这三处现场，通过人物采访、现场演示、现场观察等方式呈现。

在进站口，安检人员就安检时乘客容易出现的问题向记者作了介绍，这一部分采访结束后，孙继文立刻进入到下一部分的主题报道中，避免出现以往小屏直播场景切换慢，直播节奏拖沓的问题。

2. 环节设计 生动有趣

北京南站作为重要的交通枢纽，每天上演着形形色色的人和事。出门坐火车，乘客们都会携带哪些"奇葩"物件，都会丢失哪些"不应该丢"下的东西呢？在孙继文的直播中，这些趣味十足的信息一亮相，让网友们哭笑不得。将这些有趣的信息点报道出来，恰恰是记者在实地踩点之后，从小屏直播的特点出发思考的结果。既要服务好出行的乘客，还要吸引网友们进入直播链接瞧瞧热闹。既要满足乘客对于出行信息的需求，还要满足"看瓜"网友的趣味需求。

女性喜欢的指甲油，10毫升一小瓶的只能带两个，男生要是抽烟，你知道乘火车最多能带几个打火机吗？答案是两个。还有一些乘客在乘坐火车的时候，想削个苹果吃，随身携带了一把陶瓷水果刀，陶瓷水果刀是不能带上车的。听安检人员这么一介绍，网友们看了热闹，学到了知识。类似这样我们日常生活中模棱两可，但又需要知晓答案的情况，这场直播在安检方面的内容设计真是特别实用。说到乘坐火车丢行李、手机、钱包等物品，不是什么新鲜事，可是有乘客竟然把拐杖给丢下了，网友不禁纳闷：这位乘客是怎么上的车？当孙继文带我们来到失物招领处的时候，小物件有手机、钥匙、荣誉证书、小朋友的鞋，大物件有婴儿车、28寸的大行李箱、行走用的助力器等，竟然还有一位乘客把轮椅的一个轮子丢了，这些物品着实让网友们大开眼界，感叹道"有人竟然把这个也丢"了？

3. 采访对象 认真筛选

孙继文的这场直播有三位被采访对象，分别是：北京南站安检处处长孙璐璐、北京南站派出所所长李凤明、北京南站客运间业务指导张润秋，这三位被访者业务熟练，表达清晰，镜头前状态松弛。对记者来说，能与这样的采访对象一起完成长时间的直播，真是一件幸事。

小屏直播报道中，像春运、开学或者是政务类直播，需要记者与相关部门合作完成。在前期踩点的时候，记者根据现场情况策划直播选题，一方面考虑直播的整体设计，另一方面寻找可以在直播时接受采访的人。

直播中可以接受记者采访的人，筛选的标准可以参考以下要求：了解行业、业务熟练、语言表达能力强，说话逻辑清楚，吐字清晰，尽量说普通话。我国南北语言差异大，方言有时候影响到内容的传播。有些部门在这个时候会考虑让有一定资历的人给记者介绍情况，这时候记者需要将上述因素考虑一下。

直播中，记者的注意力需要多渠道使用，与后期导播的沟通、看网友在公屏上的留言，与采访对象的交流，还要时时刻刻关注直播的进程以及自己要表达的内容，一心多用是直播时的常态。相比较来说，与采访对象之间的沟通会占据出镜记者最大的精力，这个沟通渠道的不确定性因素较多。为了减少这一部分的直播压力，记者在前期踩点和策划时，就要多留心、多观察，选择合适的被采访对象参与到直播中来。

报道者说：

孙继文在完成这场直播后，做了一个业务复盘，其总结的相关内容在《晓阳特训营》公号2018年2月12日上线推送。以下是孙继文的直播体会。

春运报道，大屏小屏齐上阵，央视、新京报、腾讯的小屏直播报道各出奇招。此次央视推出了系列报道"春运回家路 央视帮你问"，我的同事已经漂亮地完成了五天直播，第六天上阵的我，如何在内容上、形式上跟他们不一样呢？这是我在直播前需要思考的地方。

1. 常规选题 多维思路

春运是年度大戏，媒体关于春运报道的内容，连站台上换了垃圾桶、小卖部来了新人，记者都知道。而今年的春运报道，小屏直播较之去年有了更多空间可以发挥。

小屏直播最大的优势是：直播时间长、场景可转换、信息多呈现。这些优势最适合在火车站这样场景典型、客流集中、故事丰富的地方了。跟同事相比，我这次把小屏直播的重点放在了科普上。

从"央视帮你问"互动栏目诞生之初，到现在的"春运"系列直播，作为策划者之一的我，参与了各类型主题的节目设计和播出，深知这一类移动视频直播，主题和内容的设计想要吸引用户，获得用户良好互动，在内容上，要找到用户的"场景痛点"，必须了解，一个人出门坐火车，最担心什么呢？

2. 换位思考 内容来了

我如果要坐火车回家，进站后需要的是安检、候车、检票、上车……这8个字说出来不到2秒，但是只要哪个环节出问题，就会使得这一段旅程显得那么不自在了。我就在这"不自在"上做文章。

安检，我们几乎天天过，车站的、机场的、地铁站的，谁敢说自己了解"安检的正确姿势"？酒水、指甲油、喷雾发胶、打火机、防狼辣椒水……这些东西能带吗？怎么带？不清楚吧！

经常坐火车、飞机，困劲上来了，歪头就睡，口水满地的。偶尔想安静地听个音乐，可是耳机还在耳朵里，手机却不见了踪影；人多的地方，手就多，有些手总是不揣自己的兜。着急忙慌上车的时候，为什么东西转眼就没了？防盗、反扒、识破骗局，春节回家，这一课，需要补一下。

这大白天，在火车站，我把行李给丢了，还能找到吗？还有我大姨的拐棍、我二叔的奖状，丢了的话，上哪儿找去？火车站的失物招领，是不是也需要知道一下呀？

此次直播选址在北京南站，这里硬件设施较好，在一个小时的时间内完成三个场景的直播，条件很合适。

于是，北京南站版"春运回家路 央视帮你问"来了！

3. 直播，意外就是正常

进站口的这段采访，被采访对象孙璐璐是安检班长，脑子清楚，说话利落,就喜欢这样的被采访对象。

从两个塑料大箱子到展台上,安检处的物品的报道点说得很清楚。我的注意力都在跟璐璐的交流上,听宋老师说,就在我们直播安检处的时候,有一位乘客过完安检身体不适,就在我们直播需要经过的地方,吐了一地。几分钟后等保洁大姐收拾完了,我们才走过来。而这一切,就发生在旁边。所以说,直播,意外就是正常。

由于设备调试等问题,直播开始时间比原定的三点整推迟了十分钟,这样就导致之前策划在17号进站口排队候车的现场没有了。现场没有了,我的"心情不好"了。

直播结束后,宋老师给我支招说,这样的情况下,可以"再现现场"。举个例子:可以让现场的工作人员和巡警做"群众",演示一下乘客在进站口排队检票时,扒手如何下手……通过"情景再现"的方式,目的只有一个,就是告诉网友,这种情况下怎么做。

踩点的时候人流量大,我们直播的时候,乘客在候车区整整少了一大半。踩点时,没有一个乘客呼呼大睡,直播时宋老师帮忙"发现"了一位睡着的男生,她给我打手势,我们顺势做了防盗演示。

1983年出生的李队长,个子高大,眼睛不大。私底下他是特好玩的段子手。可爱的他,一直担心直播时,自己说不好。不好意思的时候,笑起来,眼睛就看不着了。

我这边跟他对流程,时不时就有乘客上来问:

取票在哪儿?警察同志!

厕所在哪儿?警察同志!

南出口在哪儿?警察同志!

他会停下来跟我的交流,耐心地给乘客解释。

与车站工作人员相比,警察被乘客咨询的比例更高。

李哥表达的内容特别好。信息点,一个接着一个抛出来,绝对一个最佳采访对象。

润秋姐姐是北京南站的"明星人物",很多服务台标示牌写的就是"润秋服务台"。跟我这位记者沟通,润秋姐姐很快就知道她应该完成哪些辅助工作。她说起话来,思路清晰,表达也自然。我们一进到失物招领处,她就打开话匣子,主动引导着我们开始介绍五花八门的遗失物品。

在失物招领处,还遇到了"不配合"直播的乘客,对方来交接在南站捡到的失物。其实,我特别感谢他,因为他遵从了自己的意愿,而我尊重了现场。当这位先生,面露难色的时候,我和摄像很快从失物招领处走出来,干净利落地做了直播最后的结束语。

因为,这就是现场,我们最需要尊重的就是现场,这才是直播的魅力所在。

4. 你很棒 我需要调整

这次配合直播的三位采访对象,直播前沟通的时候都很放松,每个人都是语言表达能力很强,思路清楚,内容准确。但是在正式直播的时候,大伙儿都有一些拘谨,反倒没有达到之前沟通的效果。

事后跟宋老师探讨时,她说这是由大屏直播的惯性专业操作导致的。我本人对直播内容和信息量的释放要求过高,导致被采访对象容易受前期沟通思路的影响,进而限制了他们个人魅力的展示。

作为一名长期从事采访工作的记者,也深感,不论是录播还是直播,要在镜头前呈现出真正的"聊天感",其实是每个记者都要努力做的功课,前期沟通的度,也一定要把握好。

5. 一些小感受

这种带有服务性质的科普类的直播,不同于逛吃类的或活动类的直播,我希望在一个小时的直播中,节奏要控制好,每个段落都有干货分享给用户,整场直播能够释放足够多的信息量;并且我希望,即便直播结束了,这也是有回看和继续被转发价值的一场直播。

直播一结束,宋老师就说,今天的摄像给的镜头很好。

跟我合作的摄像是王龙老师,他本身就是一名专业摄像师。虽然是做小屏直播，但是我们一点也不含糊，王龙老师不仅准备了带台标的麦克风，还准备了一套便携式小蜜蜂做备份。我还准备了第三套方案——一个有线的、可以直接插手机的迷你小话筒。

直播过程中，带台标的麦突然出现了接触不良的技术问题，导致无法使用，依据经验我对现场做了判断，当时所处现场不是特别嘈杂，加上李队的嗓音洪亮，所以我们没有再浪费时间，没有更换其他话筒，而是立即拔掉话筒线，就地改成了用手机直接收声。

说到准备的细致，必须感谢好搭档王龙老师，为了应对火车站的灯光不足，他特意带了一个便携式的灯。为了保证直播时，摄影记者不会因为在人多的场合被路人冲撞到，或者是倒着走路导致摔倒，他的人体保护就是我的另一位同事余鹏，直播全程他就是瞭望哨，尽可能保证直播行走路径的畅通。

一场春运中的小屏直播，从设计、踩点、采访到直播，每一个环节都需要我们以专业的视角切入、专业的行为完成。当然，也要感谢北京南站以及南站派出所的给力配合和支持。

记者简历：

孙继文：前央视驻新疆站记者（2013—2019），现任央视新闻新媒体中心出镜记者。在总台央视新媒体平台以及《新闻联播》《焦点访谈》《东方时空》《中国新闻》等重点栏目等推出众多优秀融媒体作品。多篇作品获得不同层级奖励，并曾在央视国内记者站业务大比武中获评"金牌新媒体记者"，其主创的多场移动视频直播作品被中国传媒大学、浙江传媒学院等高校收为教学案例。驻疆期间，身处新疆反恐和去极端化舆论斗争最前沿，孙继文与同事们创新敏感题材报道议程设置，采制的一批节目成功抢得国际话语权，并成为地方开展去极端化生动的宣教材料。近两年参与报道香港暴乱、国庆七十周年、军运会、进博会、新冠肺炎疫情、长征五号和嫦娥五号火箭发射等。

第五节 大型直播活动报道——李小萌《回家的礼物》小屏直播报道

【案例五：腾讯新闻《回家的礼物》2017 年 1 月 16 日】

直播时间：2017 年 1 月 16 日 17 点—19 点

直播时长：2 小时 02 分 47 秒

出镜地点：北京 T3 航站楼

视频来源：腾讯新闻

https://v.qq.com/x/cover/x03tnqoci4a3t05/v00228dfgif.html

出镜记者：资深媒体人李小萌

视频构成：

时　　间	标题与内容
00:00—01:00	标题：《回家的礼物》看别人的行李箱都装些啥 画面：T3 航站楼出发大厅
01:00—08:10	标题：《回家的礼物》看看别人的行李箱都装些啥 出镜记者：李小萌 开场白——出发大厅的送别 镜头：自拍、第三方拍摄相结合 出发大厅采访了一位送老人回老家的女士、从新疆来在北京转机去美国留学的两个女学生。
08:10—21:20	两位厦大大一学生在北京转机回内蒙，两个人是发小，他们给父母带的是厦门的土特产。 送走两位大学生，串场。
21:20—25:35	采访秦杰，大二学生。从台湾回运城，北京转机。 给家人带的礼物是台湾的土特产凤梨酥、面膜。 故事是台湾一位普通人怎么帮助他和同学回学校。
25:35—30:50	在俄罗斯圣彼得堡开中餐馆的老板 礼物是俄罗斯的烟、酒、糖。
30:50—35:30	标题：《回家的礼物》海外援助工人春节不回家惹埋怨 江苏南京人在北京转机去非洲打工，做援助工程。

续表

35:30—41:00	标题：《回家的礼物》少年约旦看望父亲姐姐，很想他们 11岁小男孩给爸爸带的礼物是真空烤鸭。
41:00—45:50	标题：《回家的礼物》看看别人的行李箱都装些啥 两位云南文山小伙子来北京旅游，带的礼物是北京土特产。
45:50—56:20	出发大厅采访航站楼行李打包工作人员 画面：第一视角采访、第三视角相结合
56:20—1:25:15	出发大厅边走边采 山东老乡：北京做完手术后回家，给父母和丈母娘带的烤鸭 采访：一对母子、姥爷、妈妈、外孙女一家子
1:25:15—1:43:00	转场到总控室 六小时前回放沈阳火车站的采访片段： 主持人天娇采访张洪铭 直播信号：长春站 京东送惊喜礼物 天娇跟张洪铭视频连线 张洪铭拆开礼物后，把纸盒放进垃圾箱后，消失在夜色中。
1:43:00—1:56:00	标题：《回家的礼物》第一位幸运乘客正式收到礼物 　　　　《回家的礼物》少女表孝心亲自制作陶器送爷爷 从台湾回家在北京转机回哈尔滨过年。 给从小带大自己的爷爷带了吃的、药膏和自己做的茶具。
1:56:00—最后	宣传片

背景介绍：

由腾讯新闻制作的大型直播活动《回家的礼物》自2017年开始，连续直播报道了四年，2021年由于新冠肺炎的影响项目搁浅。

1. 老题材新做法

最难报道的是周期性题材，春运、两会、国庆等。2016年因移动视频直播而崛起的腾讯新闻迎来了2017年春节。一场连续五天每天十个小时超长时间段的大型直播活动《回家的礼物》出现在腾讯新闻页卡首推位置时，广大网友和同行们颇感新鲜，这年夜饭到底做的是什么菜式呢？

节目组选取了北京T3航站楼、上海虹桥机场、沈阳火车站、成都火车站和西安火车站，在这五地的候车（机）大厅设立了直播间，临时抓取过往旅客，随机直播采访。采访的过程中，主持人根据被采访人的故事，判断其是否具有深度挖掘的价值空间。直播中与网友互动，关注网友留言，寻找最佳人物，帮助其实现礼物梦想。在大时段直播中跨越地域限制，实现时空穿越，完成惊喜礼物赠送环节。直播中的精彩段落剪辑成短视频，再次分发。

熟悉央视新闻频道"海采"报道形式的观众看完《回家的礼物》一定会产生这样的错觉，这不就是"无剪辑、直播版"的海采吗？从策划上来说，颇有几分相似。可是，腾讯新闻围绕这一固定选题，从直播技术到环节设计竭力与移动端用户的使用诉求相结合。

2."回家的礼物"之惊喜连连

大型直播报道活动《回家的礼物》是让接受主持人采访的你，打开行李箱，把你送给家人的礼物展示给网友。细心的网友发现，中国真是吃货多，大家带的礼物最多的就是吃的。虽然现在物产丰富，物流便利，但是过年回家必须大包小裹的情结丝毫没有削弱。

如果说仅仅让大家展示礼物，这没有什么新鲜的。互联网公司做直播，怎么不突出电商气质呢！节目是由京东冠名，于是，被节目组挑中的被采访者也会收到礼物。这些礼物是他们想给家人买，但是由于各种原因没能买的礼物。哥哥送给妹妹的电子琴、老公送给老婆的化妆品、老爸送给女儿的机器人，等等。有着广告支持，使得礼物的市场价值感得以体现，也让节目组送出去的"惊喜"沉甸甸。

惊喜的礼物不仅仅来自京东，有一些礼物则是节目组给被采访对象准备的惊喜。困在上海，没车票回家的刘发翠，节目组给她买了一张回家的头等舱机票和几箱舟山海鲜，还为她叫了专车送她回家，她得到惊喜之后，立刻哭了。这样的惊喜，广大网友备受感动。虽然这个惊喜不是给我，但是这个惊喜让一个辛苦一年无法回家过年的陌生人收到，"我替你高兴"的美好心情，也会让收看直播的网友心情大好。

如果说让被采访者收到礼物，也不足为奇的话，那么干了五天直播的主持人，收到礼物时，真是万万没有想到。邱启明干完活，在车上，节目组给他看了一段视频，这位相貌帅气的原央视新闻主播一边流泪一边说：

我又可以吃到爸爸的味道了。他采访的一位铁路列车长的老父亲，给邱启明烙了饼。因为邱启明的父亲，2015年走了。刚刚从香港出差，又接到去沈阳直播的张天娇，2岁多的儿子几天没有看到妈妈了。在直播的最后，收到来到节目同事的感谢视频，感情细腻的她，眼泪止不住流下来。

3. 超长直播报道的"环环相扣"

此次"回家的礼物"有5个直播点，北京、成都、沈阳、上海、西安。每个点直播2个小时，每天10个小时。这10个小时，不仅仅是接力棒式的一个地方连着一个地方直播，还有一个功能是，对于那些可以完成旅程的人来说，送礼物的时间也可以在整个直播中完成。比如在北京T3航站楼李小萌直播时，已经是晚上六点多了。信号从T3切到导播组，几个工作人员在商量信号切换，把直播幕后作为直播内容呈现出来。接下来直播的内容是6个小时前在沈阳直播的主持人张天娇采访一位小伙子张洪铭的画面。再接下来就是长春车站的站台，当地拍客跟着京东快递小哥已经等着给张洪铭送惊喜了。在一个超长的直播带里，很多设计都可以去实现。

直播的呈现是这样的。可是做节目的人都知道，张洪铭这个人是在沈阳车站临时找到的，他希望得到的礼物是未知的，他去哪里是采访时才知道的，他到目的地时间需要在直播的时间带里的，他到目的地时需要有拍客和快递小哥到岗的。他收到礼物时候的反应是不可预测的。这些未知都在直播中进行着，同时也让直播的每一个环节扣在了一起。

4. 来自陌生人的信任与善意

李小萌和张天娇在谈及这次直播时，都说到了这一点，很多人进门就唠嗑，没有掩盖和戒备。面对手机直播时，他们不紧张，也不装，虽然也有人真的不太爱说话。只要想说的，真是愿意跟你唠。主持人的平易近人，没有任何预设的"答案"，没有引导到哪个高度的"真知灼见"，没有非借着你的嘴巴，说我要听的那些"高大上"的升华与意义。其实，类似的采访方式之前也有，问题不是出在采访方式上了，而是出在采访目的和传播目的上了。都是老百姓，说的都是实在话，是原生态呈现，还是"粗粮细做"呢？

无论是出镜记者，还是主持人，即兴的语言能力、采访能力，这两项能力很重要。即兴的语言能力是自我控制，而采访对于发问者来说，算是"半自我控制"，特别是对那些没有媒体经验的陌生人，主持人把控起来比较难。"回家的礼物"恰恰做的就是这样"不靠谱"的直播采访，结果是成功了。被采访者不是被故意"整哭的"，是自己说着说着，就哭了。

报道者说：

原央视新闻节目主持人李小萌，从台里辞职后一直未曾露面。当公众发现她复出的时候，竟然是在腾讯新闻这样的移动端新媒体的直播活动中。有着20年电视新闻报道经验的她，为适应小屏直播，她从多个角度进行了深度思考。笔者就其专业体验在微信上与其进行了长时间的对话，之后在专业公号《晓阳特训营》中推送上线，阅读量近万。

从大屏直播到小屏直播，从资深电视新闻节目主持人到"万能网络女主播兼摄像"（腾讯新闻团队对她的称呼），为了做这个新鲜玩意，李小萌都做了哪些准备？跟以往大屏直播相比，小屏直播哪些操作方法、传播策略让她颇为意外？没有任何预采的直播采访，如何控制被采访对象？带着这些疑问，笔者开始了与李小萌的对话。谈及这次小屏直播的感受，她说：直播在未知中进行，可以说是"一种更高级的直播"。

1. 带着什么 feel（感觉）去直播？

作为有着丰富电视新闻报道经验的记者、主持人，李小萌在做这次特别节目直播之前，最需要调整的是什么呢？

她的回答：直播时的松弛感。

她最先提及的是腾讯新闻2016年3月25日那场具有划时代意义的直播《撒由那拉车站酱》，拍客在直播时的松弛感留给她深刻印象，她把这种"印象"转化成"状态"并带到了2017年1月16日的第一次直播中来。如果看过李小萌以前报道的人，一定会有这样一个印象。她是一个有存在感，但是没有碾压感的主持人。她的特点在这次腾讯新闻特别直播节目中，恰恰是最合适的。传统媒体对于发话者的信息量是有要求的，所以主持人在节目中一张嘴需要考虑信息量、考虑内容的紧凑与节奏。可是小屏直播对发话者的要求不一样。这一点李小萌提前考虑到，话松一些，给信息，但不需要一个接着一个，让网友觉得有些"噎着"。因为用户是在伴随状态下收看，又不是盯着屏幕啥也不干。腾讯新闻在北京T3航站楼临时搭建的演播室只有两把椅子，当采访对象是两个人时，她就提议：大家坐在椅子扶手上。她会聊着聊着，就像坐在自己家沙发上那样倚着。从身体姿态到采访提问，状态的松弛与2个小时的长直播的节奏，刚刚好。

2. 如何准备唠嗑的"料"？

与火车站颇为市井的气氛相比，北京T3航站楼出发大厅实在是太文明、太时尚了。很少会看见有旅客拿着一塑料袋的腊肉坐飞机，还正巧被主持人给逮住，他还愿意停下匆忙的脚步跟你唠几句。机场是彼此拥抱说拜拜，然后快速去安检的"待不住人"的地方。腾讯新闻把李小萌放在T3，颇有心机。事实证明，把最棒的人放在最困难地方，是对的。

直播的主题是"回家的礼物"，核心采访点是你给家人带了什么礼物？那就拿出来，让大伙儿看看呗！把人从他行走的轨迹中拉过来，进入到直播的轨迹。从两个素不相识的陌生人之间的打招呼进入可以聊家人、聊亲情、聊心里话，这需要跨越的物理与心理距离，都需要主持人去完成。

拉进来一个人，必须花费一些时间短暂接触，接触时需要聊一会儿，都聊些什么呢？看似没有目的地聊，事实上，主持人心里很清楚自己是有目的地在跟对方说话。这跟电视节目中嘉宾参与的访谈节目的"对话和聊天"是不一样的。通俗来说，访谈节目是双方都努力贡献谈话内容。而像《回家的礼物》这样的与陌生人之间的直播采访，是主持人的"独角戏"。

考虑到机场的环境特点，考虑到旅客的社会身份以及出行目的，李小萌把"采访的枝杈"考虑得更加多元一些。这些思考与她20年的媒体经验有关，她需要为不同的人物准备不同的"唠嗑的料"。

李小萌说，她考虑了这些拓展性的问题："该不该回家、父母和子女的新关系、人在哪儿、家在哪儿、害怕回家过年吗？"等等。有了这些"唠磕的料"来招待不同的旅客，在回家礼物这个大招牌下，把人请进来，再根据他们的口味做好菜。说到采访，李小萌说，自己就是来唠嗑的，好像在火车中，素不相识的人碰到了，东拉拉西扯扯。在主题采访目的下，开展起其他话题的聊天。

即便对面坐着的是小孩，也可以聊，比如聊压岁钱，与参加国际数学比赛的小朋友聊人工智能。话题的跟进在采访时随时拿出来，主聊有主题，散聊有散题。

3.没有预采的"直播型采访"，怎么采？

此次腾讯新闻《回家的礼物》是在直播点"临时抓人"，临时抓人采访的不确定性给主持人带来的直播压力可想而知。从直播中可以发现，有时候是工作人员找好了人，带进临时演播室接受采访，有时候是李小萌自己手拿稳定器在T3航站楼"溜达"，捕捉采访对象。虽然还是采访，但是对采访对象的了解是从搭话的那一刻才开始的，通过聊天逐步知道。直播型采访的不确定性也是此次直播的魅力所在，一个个采访对象就像一个个"盲盒"一样。

李小萌有两段采访给笔者留下了深刻的印象。

1月17日直播中，一位来自黑龙江佳木斯的大妈在北京转机去迪拜看望儿子和媳妇，大妈是腾讯新闻的工作人员找到的采访对象，李小萌对她的采访是在T3出发大厅完成的。一口东北大碴子口音的大妈，一张嘴浑身都是戏，虽然网友看到的是一本正经的报道采访，可是观感上倒是有东北小品的喜感。从佳木斯到迪拜，路途遥远，她带给儿子、儿媳妇的宝贝东西用小锁头牢牢地锁进了行李箱。大妈从腰包里拿出钥匙，打开装得满满登登的行李箱，沉甸甸的母爱呈现出来，一包包码放得很整齐，给儿子带的榛蘑，给儿媳妇带的红糖。

打开行李之后，有两个惊喜：一个是大妈给做生意的儿子请了一尊财神，李小萌说能不能看一看，大妈不好意思地拒绝了。另一个惊喜是就在大妈接受采访时，正好有快递小哥的电话打进来，第一次她没有接。快递小哥接着又打过来，李小萌说，阿姨你接吧。大妈一看这样，接起来。这一接起来，浓烈的生活气息扑鼻而来。大妈跟快递小哥打电话时，小萌就拿着手机拍，啥也不说，嘴角都是笑。整个采访，人物太鲜活了，看着太过瘾了。如果是传统媒体，"财神"这个信息点就不会播出来。可是，现场就是这样的真实存在。谁会想到大妈随身行李的提兜里，是为了儿子千里迢迢请的"财神"呢？大妈啥都展示了，就是没给看"财神"，估计怕被一照，财气没了吧！

　　另一个被采访对象也是非常有趣。1月16日的直播中，李小萌在出发时边走边寻找值得采访的人。这时候有一个人引起了她的注意。有一位先生，坐在地上，在给手机充电。看直播时，网友一定会感觉到，在接受采访时，这个人有些不礼貌。李小萌无意间看到他，聊了几句，这位先生没有改变任何身体姿势，还是四仰八叉地那么坐着，甚至连想起身换一个礼貌一点姿势的意图都没有。他回答问题的态度，虽然没有那么迎合，但是也没有那么冷淡，稍微有那么一点点的"小轻慢"。这就是现场，真实的存在。看直播回放时，笔者就想：这样的人，也就在这样的直播里你会看见，生活中会有，所以直播没有把他过滤掉。

4."两个小时"长直播，作为主持人怎么扛下来？

　　说起长直播，李小萌提到了2003年的珠峰直播经历。那次直播是前方决定后方的直播，前方说什么时候切回去，后方才会切回去。登山运动员在7000米处登山，从画面上看就是一个小点儿，大量的空白时间需要主持人去填补，而这样填补的方法，经历过那次珠峰直播之后，她已经具备了。所以，虽然这次是两个小时的长直播，但是对于她来说，她是"有备而来"的。

　　在看直播时，我也注意到了这一点，在采访空隙，在T3大厅寻找采访对象时，她说春节是中国的"感恩节"，春节去给老师拜年多么的与众不同。还有一处让我印象极其深刻，她说：今天有这么多人愿意接受采访，让她发现了大家身上天然的信任与善良是媒体人最感恩的地方。面对这些人，主持人在该给信息时，立马给出来。该给信息空白加佐料时，立刻填补上，这就是主持人直播能力的价值体现。

5. 直播在未知中进行

李小萌谈到参与此次腾讯新闻直播的感受时，说道：对小屏直播的理解，她借助的是大屏直播的经验，小屏直播中的每一个思考都能找到出处。在这次直播时，她提出了一个要求：就是我要自己手拿一部稳定器，上面架着一部手机，她希望从自己的视角去拍摄。这也许是国内小屏直播报道中最早有主持人"第一视角"的直播吧！

对很多女主持人来说，自拍需要开启美颜模式、画面则需要呈现小脸效果。可是，在李小萌这里，这些统统都没有。按照她自己的话说，自己的一张大脸占满屏是没有关系的。

手里的这部手机，让李小萌多了一个道具，为直播增加了"另一个镜头视角"，她说，很多拍摄的意图因此产生。让她颇有感触的是，普通人对手机拍摄的"习以为常"，面对手机，普通民众是那么的自然接纳。2016年之所以被称为"直播元年"，不是学界和业界的自娱自乐，而是普通人的无防备面对。

虽然网友看直播用的是手机，画面也就只有巴掌大小，作为资深的媒体人，李小萌对直播画面却是有一定要求的。她要求临时演播室的取景在可承受的范围内"卡大头"，她自拍时也是如此，巴掌大的画面，她觉得需要画面的强烈和集中，因为只有这样的画面，才适合小屏观看。

说起整个直播最大的体会时，李小萌说，我第一次经历一边的导演说可以了，另一边的导演说，还得等一会儿，所有的沟通都是在直播中完成的，可以播出去的，在直播中呈现幕后，让她对这次直播有了不一样的感受。直播在未知中进行。这是一场真正的、没有被粉饰过的直播。

记者简历：

李小萌：亲子教育专家，萌享汇创始人，聚匠聚才创始人，前央视著名主持人，曾主持《东方时空》《24小时》《新闻1+1》《半边天》等节目，曾获得全国三八红旗手、中国广播电视主持人金话筒奖、中国金鹰奖优秀主持人奖等荣誉。

2018年以来，她将全部精力投入对中国家庭教育问题的研究和探索，并出品、主持东南卫视大型访谈节目《你好爸爸》《你好妈妈》。2021年出版《你好小孩》一书。

如何选取被采访对象

2018年腾讯新闻《回家的礼物》第二季，笔者通过师姐李小萌有幸去T3航站楼现场观摩学习。我带着研究生张瑞桓来到出发大厅。既然来现场学习，我们也需要参与到可以接受直播采访的人物寻找工作中去。

从留学生到警务人员，从回家过年的公务员到去中东打工的劳务派遣人员，我们在直播前就开始找人，从外观打量、亮明身份搭话、是否具有采访价值、自身带着怎样的故事、语言表达能力如何、行李箱里是否有礼物等，综合上述因素并在短短的三五分钟之内弄清楚、做判断。

我们找到了一位去中东打工的大哥，身为四川人的他，竟然带了一小行李箱的四川调味料，我至今都无法忘记他打开行李时扑面而来的麻辣气味。他手里拿着刚刚结婚不久的大女儿送给他的手机。这位大哥接受了主持人陈晓楠的采访，他高兴地把直播链接发给家人，同行的伙伴向他投来羡慕的眼神。

如何找到适合的采访对象，笔者的研究生付子晴2019年参与了《回家的礼物》第三季的实习工作，关于如何选取被采访对象，她总结了一些业务思考：

腾讯新闻年度大型归途直播节目《回家的礼物》第三季在春节前推出，今年的形式发生了很大变化。2018年腾讯最火的网综《创造101》中，五位火箭少女空降"互动演播室",与创意 KOL 成员傅首尔、刘泽煊、徐腾、史里芬组成"惊喜魔力团",在"惊喜召唤师"曾宝仪、陈铭的带领下,与北京、上海、深圳、西安四个站点的春运前线进行互动……我负责在北京首都国际机场的人潮中,寻找旅人身上的故事。

直播时间是 1 月 27、28 日,我们实习生组 23 号就到达了机场,为正式直播做前期准备。北京站的负责人赵丰老师要求实习生先预采一波。事实证明,前期预采环节十分重要。在直播的时候,我们需要发现、寻找到有五颗星"故事力"的被采访对象,茫茫人海,怎么可以找到,怎么可以把他带进演播室接受主持人的采访侃侃而谈。我们这些"生手"必须先试试水才行。

实习初期我们已经对填写了调查问卷的网友进行过电话采访,电话那头的陌生人向我这个陌生人倾吐内心,那几天给我感触特别深,因为我被信任着。电话采访好像一个神秘而安全的树洞,我收集了很多不同身份、不同社会角色、家庭角色的人的或喜或悲的各种故事。自认为在电话采访阶段已经练就本事的我,在首都机场前期采访环节,所有的信心轰然倒塌。

第一关:心理建设需重建

与电话采访不同,在机场,需要实打实地与一个陌生人面对面地去搭讪,经历毫不留情的无视、拒绝。面对冷漠、质疑、烦躁,面对形形色色,面对步履匆匆,对我来说,迈出这第一步着实困难不小,那个时候,我的内心戏丰富极了。

"怎么上去说呢?

对方会不会把我当作骗子?

人家本来着急办理登机、拎着大包小包的,哪有时间应付我?还说心里话,我是不是太没有眼力见儿了?

坐着玩手机的人倒是不忙,他们是不是会讨厌被打扰呢?……诸如此类的想法在我的脑海里挥之不去。

预采的那天下午,我就像热锅上的蚂蚁,在北京 T3 航站楼出发大厅暴走，身上却冒的是冷汗，情急之下，我给好朋友打电话求助。5个实习生出去找了50分钟，连根头发丝都没有带回来。北京站的负责老师赵丰说，如果在直播的过程中出现这种情况，开了天窗，后方无米下锅，对直播节目来说是致命的。

当天晚上回到宿舍，我开始反思，温习了之前培训时，老师教给我们的内容，怎么跟人聊天，怎么引出故事，怎么快速勾勒出人物画像。方法论虽然手中拿，但是，我知道自己需要的是心理建设。我需要进行自我鼓励和疏导，明天一定要打起120分的精神，面带"甜死人不偿命"的笑容，甩掉包袱，放平心态——当你不怕被拒绝、不怕遭白眼的时候，别人的拒绝是伤害不了你的。

第二天，元气少女上线。遇到想问的人，立马面带微笑冲上去，"大爷、阿姨"招呼起来。第一步总算是走出来了。说白了，第一关是心理战。

第二关：察言观色选人物

像北京T3航站楼这样世界级的大型机场，人流量之大，一个一个去问，那就犯傻了。选择合适的采访对象，首先需要学会观察：在行色匆匆的人流中去寻找。慢慢坐下来，你就会发现找什么样的人成功率较高：在休息区坐着的，时间往往比较宽松；自己一个人默默待着的，往往比较无聊，也愿意跟你聊两句；看起来比较友善的，看起来和和气气的，往往不会言辞激烈地拒绝；提着大包小包的，往往装了很多带回家的东西，从"回家的礼物"入手可以窥见很多故事。

第三关：顺藤摸瓜找果子

跟旅客说明来由后，前几个都是基本信息问题，可以帮助我们迅速勾勒出人物画像。今天是不是回家过年？（如果回家的话，有没有带什么礼物，或者很想送给哪个人什么礼物；不回家的话，可以问问不回家的原因）、家庭基本信息（是否跟家人生活在一起、平时交流和联系的频率与方式、最挂念谁等），简单的问题用来判断，这个人身上是否有故事可挖。

1月25号那天，看到一位穿着时尚的女士，30多岁的样子，保养得非常好。她一个人站在那儿，脸上挂着甜甜的笑。我带着好奇心上前去问，她说在等老公，要送他去美国读书。我和她之间的对话，就这样自然地开始了。

子　晴：哦，那是要异国了哦，你们异国多久了？

女　子：我们结婚三年了，一直都异国，从恋爱开始就异国了。（这么神奇的经历）

子　晴：那您和您老公一定非常恩爱啊，明明知道要异国，还是结婚了。

女　子：其实，我们是闪婚，比较冲动，那次也是因为异国有矛盾闹分手，我让他回来当面说分手，可是在机场我们一见面就抱住了，立马就去领证了。

这样的人生一幕，太有意思了。

她老公办完托运回来了，说起这段令人惊讶的婚姻，又给我添了一剂猛药：上个月他刚刚补了一个求婚，求婚还非常搞笑，他去接夫人下夜班（女士是妇产科医生），突然单膝跪地，妻子一时没反应过来，还以为他膝盖受伤了。听到这里，你一定会意识到：情节、情感、细节、画面，这些直播所希望寻找的素材活生生地都出现了，像一盆水直接浇了过来。

通过跟这位女士的聊天，我意识到我的目的就是不断引导她往外说，引导她去讲更多的信息和细节。其实，这时候考验的是我对于细节的敏感度。敏感度高的话，就会从一个细节挖下去，找到另外一个细节的枝丫，顺藤摸瓜就会找到果子。

第四关：故事核心巧来挖

找到合适的被采访对象是第一步，把人拉到演播室聊故事，工作难度一下子升级。此次直播北京站的五位实习生平均每个人、每天可以"搭讪"10—15位被采访者，这些人中，能有一位进演播室就不容易了，因为不是所有的故事都能进演播室来分享。

我们五位实习生在前方找到故事，与被采访者一边聊，一边把故事梗概发到工作群里，负责老师看了梗概，会给出该故事的话题方向和挖掘路径。拿到老师的指示后，接下来就需要在聊天的过程中，迅速提炼故事核心，抓住要点，用简单几句话总结出来。宋老师说，这是即兴口语中听辨训练最好的训练方法，没想到实习中可以如此大体量地得到锻炼。27号那天，一对颇有气质的爷爷、奶奶出现在我的视野中。他们拿了两个大箱子、两个背包。上前一问得知，这对老夫妇的儿子在德国安家，他们出国去看儿子。

奶奶说，箱子里都是给孙子、孙女带的中文书籍。这对已经退休的大学教授夫妇，儿子在德国博士后出站后，在那里安了家，为了帮助儿子照顾两个孩子，他们老夫妇三个月往返一次德国。每次去的时候都会给孙女、孙子带一些中文儿童读物。他们说：不能让孩子因为生活在一个德语的成长环境中，就忘记了自己的母语。

聊到这儿，我心里暗喜，这个故事点好赞，赶紧往群里发梗概："博士老夫妇去德国看儿子，带了100多本书，教孙子、孙女学汉语，不能让孩子忘记母语。"

指示来了，两个字"可挖"。

"可挖"，挖什么？我懵了。

我已经挖到了呀！学习汉语，不能忘掉母语呀！这还怎么挖？这个点不就可以用吗？

后来老师告诉我："这个点是可以用，但是仅凭这一点是撑不起10分钟的聊天的。"看着"可挖"两个字的时候，我真是没有办法领会到指导老师的意图，我挖不下去了。

新的故事线索来了，"他们还有一个女儿，在美国读博士，老夫妇很开明，支持孩子们的选择，不能让父母成为孩子去更远的世界的限制。"随后，我发回后方的文字都是补充性信息，故事没有"魂"。那时那刻，我没有能力去把那层窗户纸捅破。

就在此时天降神兵，指导老师来到我的身边，我们又一起跟爷爷、奶奶交流了一下，她发回后方的内容是："空巢夫妇，孩子成才定居国外，平时生活会孤独也有不便，每三个月往返一次德国很辛苦，但是在这些和孩子发展做选择的时候，他们依然选择了对孩子发展好的一条路。这次他们去德国带了一百多本儿童读物，教孙子孙女学汉语，孩子不能成为'香蕉人'，一定不能忘了自己的母语。"

故事的核心找到了——"空巢老人"，一对夫妻的背后是一个社会问题，这一类人群的形象立住了，他们代表的人群是广泛的。故事从一个小家庭的爱子、爱孙拓展到有血有肉、有纠结、有舍弃、有思念、有付出的鲜活社会生活场景中去了。

第五关：三寸不烂之舌功

故事通过了，被采访人物是不是就可以进演播室了呢？事实上，并没有。如何把聊天对象请去直播室，这也是一门大学问。遇到不排斥镜头、想进去说说自己故事、而且距离登机有一段时间的人，简直就像中了彩票。

26号那天，实习的小伙伴遇到一位大婶。她长期在北京打工、挣得一份微薄的工资，要赶去深圳陪儿子过年，母子已经两年未见面了。提起儿子，她心酸又骄傲，干枯的脸上时而神采洋溢，时而潸然落泪，对立的情绪相互交错，好像麻辣烫里的那块"甜不辣"。

说了很多儿子的事，但当我们提出去直播室聊一聊，她却坚持不去，我们几个人轮番上阵，希望她可以接受，在镜头前表达对儿子的爱和骄傲，讲述自己的经历和生活，但她还是拒绝了。处于艰难生活的人，总会有一种不为人说的"羞耻感"。"我怕给儿子丢人。"她说。

"我是一个没有文化的农民，什么都不懂，勉强吃口饭，我不能影响我儿子，让他抬不起头。"我们没有再劝她，一个在北京市郊工厂干苦力、双手关节都因过度劳累发生病变、两年才能见儿子一面，以儿子为傲的母亲，我们懂她的顾忌、尊重她的选择。她说："跟你们这些好姑娘说一说，已经很开心了，阿姨谢谢你们。"

记得培训的时候，老师说过这样一句话："讲别人的故事可能有好坏差异,但是每个人都能讲好自己的故事。"每个人对自己的经历和情绪都是有倾诉欲的,这种情绪会帮助他们再次融入自己的经历中,并可以极具感染力地传递出来。

第六关:学会共情,认真生活

"生活幸福的人总会低估别人经历的痛苦"——这是实习中我最深刻的体会。对于生活的苦痛,由于缺少人生阅历,自然也就无法理解到。使得我在面对别人坎坷经历时,难以准确地预估和把握。记得赵丰老师说过:"我们做采访,最终其实是关注人,理解人的命运、情感,而不是完成一次采访。"

这种大海捞针式的采访,需要对生活的各方面都有所了解,见到什么职业的人都能聊上几句。这哪里是看几本书就可以掌握的专业技能,没有那么简单,观察生活、留心生活才可能有一点储备,要对社会保持敏锐度和好奇心。之前老师说的这些,此时才在心里扎下根。

作者简历:

付子晴,工人日报社融媒体中心记者。参与 2021 年全国两会、2020 年全国劳模大会报道,在工人日报新媒体平台推出各类音、视频作品;参与雄安高铁站开通直播,担任出镜记者。

第六节 校园新媒体的前沿阵地——中传电视台东街 1 号 LIVE 的"艺考"直播

【案例六:直击 2019 中传"新"艺考】

直播时间:2019 年 2 月 15 日 9:30—12:00

直播时长:2 小时 30 分钟

出镜地点:中国传媒大学校园内

视频来源:视友网

https://v.qq.com/x/page/c3231a67ubi.html

出镜记者：田尹男 吴天晴（中国传媒大学播音主持艺术学院2016级本科班，现中国传媒大学播音主持艺术学院2020级研究生在读）

视频构成：

时间	内容	出镜记者
00:00—06:00	头图海报、宣传小片	
06:00—16:20	标题：直击2019中传"新"艺考，两个人在南门做报道。开场白、介绍学校地图以及各个考点。介绍直播环节。	田尹男、吴天晴
16:20—33:18	地点：从南门转场到播音学院考点，途中见到来自江苏的考生曹同学和妈妈。介绍播音学院考场的情况。 与网友互动，回答网友提问。	吴天晴
33:18—01:03:39	地点：48号教学楼（博学楼） 介绍招生的新专业、现场场景的介绍、采访报考表演专业的考生、采访17、18级广播电视编导的两位在校生，介绍考试经验和在校的学习内容。通过三视窗方式，连线采访了两位2017级动画专业的学生。介绍一下专业特点和学习内容。	田尹男
01:03:39—01:14:20	地点：南苑餐厅（考试期间家长的休息所在地）；与网友互动；采访播音专业考生、采访家长。	吴天晴
01:14:20—01:15:20	地点：48教前，寄语墙展示	
01:15:20—01:26:55	地点：大学生活动中心 介绍2019年考试情况、采访两位家长，连线采访2018级视觉传达设计的学生。	田尹男
01:26:55—01:32:10	地点：播音学院考场内外	
01:32:10—01:50:10	地点：大学生活动中心 采访家长；寄语墙展示；采访刚刚结束考试的考生。	田尹男
01:50:10—02:00:00	地点：播音主持学院 考生正在等待进入考场 地点：大学生活动中心 寄语墙展示 地点：播音主持学院 采访刚刚结束考试的考生	吴天晴

续表

02:00:00— 02:18:55	地点：大学生活动中心 采访三位绿色通道的考生 总结此次艺考情况	田尹男、 吴天晴

背景介绍：

为顺应新媒体时代，与媒体一线接轨，中国传媒大学最早成立了国内首个高校媒体直播品牌"东街1号LIVE"，由中传电视台新媒体部策划、执行。该直播团队由在校学生组成，参与其中的学生涉及学校多个相关专业。在专业老师的指导下，他们用鲜活的视角，关注校园、社会，通过市场分发渠道打造了一场场直播报道产品。团队的slogan"东街1号，青春视角，为你呈现有趣有料的直播！"成为他们直播产品最醒目的注脚。

2017年4月23日，"东街1号LIVE"正式上线。从此，开启了中国高校新媒体人才养成的序幕。2017年9月29日，东街1号LIVE开通微信公众号，截至2020年1月，"东街1号LIVE"已完成新媒体直播50余场，微信公众平台发布近30篇原创内容。其中，"大年初八：直击中传艺考第一天""中传学生记者节晚会幕后探访""直击2019中传'新'艺考""中传校史馆揭幕、带你回看传媒教育65年""6.5小时直击中传65周年校庆日"等直播产品引起社会上广泛关注。

"东街1号LIVE"是一支新媒体团队，同时也是一支人才养成团队，团队成立了不同职责小组，主要包括：内容统筹组、视频摄像组、宣传推广组、运营组、后台技术组、导播组等。

内容统筹组主要对选题、策划、总结等内容进行审核，该小组成立目的在于养成团队成员的统筹能力和项目推进能力、策划能力。对于校园新媒体机构来说，直播策划是第一步，也是项目是否可以成立的关键一步。

视频摄像组是锻炼学生技术能力的小组，主要负责直播的内容拍摄，包括直播、短视频、相关宣传片等，还要定期组织内部培训。

宣传推广组的工作内容主要是对团队发布的直播产品进行包装，制定相应的宣传推广方案，并在视频组、制片组的帮助下执行相关方案，同时负责团队内部宣推技能的培训。

运营组负责团队选题的汇总工作、团队日程安排工作以及直播前的场务协调、嘉宾沟通等工作，同时需要养成内部的运营能力。

后台技术组的主要工作是完成直播前"趣看"平台的建立（融媒体内容生产与分发平台）以及互动图文的后台创建。后台技术人员应熟练掌握直播声音调试和直播设备参数设置，优秀的后台技术人员还应了解不同直播平台的操作，做到多直播平台的自由切换。

导播组负责推进直播方案在技术和内容上的融合和实现，该组需要撰写直播台本、技术彩排前建立通联、准备好直播时所需要的字幕、包装、素材等物料。技术彩排时，导播组要根据直播方案、彩排效果与摄像沟通走位、景别、构图等事项，与直播记者沟通口令、商讨内容推进等事项。此外，导播组要与后台技术组共同掌握后台系统的搭建和基本操作，以分担工作压力，同时要定期收看各大媒体平台的小屏移动直播，吸收导播经验，参与团队分享。

以上是"东街1号LIVE"的岗位职责分工，不难发现，这是"一组两用"的工作模式，既要承担直播职能，又要承担养成功能。将媒体资源与教学资源有效结合，形成了具有高校特点的人才养成模式。

策划者说：

我是王帅天，2019年大三的我作为《直击2019中传"新"艺考》的策划和导演参与到此次直播报道中来。《2019中传"新"艺考》于2019年2月15日正式发起，从上午9:30持续到12:00，通过趣看媒体云进行多平台分发，央视新闻移动网、中国日报、凤凰凤直播、北京时间、新浪微博、学校官方B站、视友网、南方+等多个平台同步播出，中新网在直播中也采用了"东街1号LIVE"提供的信号，截至2月18日，各平台用户在线人数接近74万。直播结束后，按惯例团队各岗位对本次直播中出现的问题、遇到的困难进行总结。对于团队师生来说，这是一场直播，更是一次难得的教学实践活动。

下面就由我来介绍一下这场直播的具体策划和执行情况。

"东街 1 号 LIVE"由前方采集团队和后方编辑团队依照"选题确定、搭建团队、方案制定、宣传推送、发起直播、后期编辑"的流程，实现内容生产。按照操作流程，《直击 2019 中传"新"艺考》这场直播分为"前期、中期、后期"三个阶段运作阶段，每一个阶段对我们学生专业能力养成的侧重点各有不同。

前期，即直播的准备阶段，该阶段的核心目标为：确定合宜选题、搭建承接团队、制订直播方案、制作宣传推送。

（一）选题的确定

《直击 2019 中传"新"艺考》这一选题，就是团队在学校统一安排部署下承担的官方直播任务。一般来说，我们团队成员会按照时新性、重要性、显著性、趣味性等新闻选题价值标准，在校园内外选取与校园生活紧密相关的活动或事件，如开学典礼、社团招新、艺术展览等选题，随后大家在团队例会上进行集中讨论，从选题价值、操作可行性等角度对选项加以评估，最终确定直播选题、传播重点。

（二）团队的搭建

团队搭建遵循着"核心＋辅助"的原则，围绕直播核心岗位"记者＋摄像＋导播"搭建团队。在满足直播需要的基础上，加入边缘岗位如"图文""宣推"以加大直播的影响力。为了"艺考直播"工作的顺利进行，"东街 1 号 LIVE"早在 2019 年春节前就启动了前期准备工作，全队师生通过微信联络方式，搭建起了假期返校直播团队，为直播做好准备工作。

（三）方案的制定

直播小组搭建完毕后，成员从切入点的选取、直播角度、呈现方式、时长分布等方面制定具体的直播方案。然后，根据直播方案及专业特点确立成员的分工，在直播方案确定后，选题申报人负责直播场地与采访对象的沟通协调、导播建立直播后台，生成直播二维码，方便用户扫码看直播。

《直击2019中传"新"艺考》的前期准备工作时值寒假，笔者作为直播团队的负责人以线上选题会的形式召集团队成员参与直播策划。考虑到艺考期间校内有多个考点，记者"单兵"作战难以覆盖。为全方位展现中传艺考工作，团队在前期策划时便决定采用5路信号，包括3台手机和2台摄像机，所有信号通过云端汇聚，由导播在全媒体运行中心进行信号切换和调度。此次直播的亮点是利用手机软件的视频连线功能，使得寒假中在老家的两位在校生与身处校园的记者进行了直播连线，实现了三方对话。另外，考虑到该直播的收看用户主要是"学生"和"家长"，因此，在直播中增加了"中传，我想对你说"的版块，在线上，图文直播间实时互动"点亮"网友寄语；在线下，团队在校园考点设置"寄语墙"供学生和家长留言，直播还设计了礼品发放的环节，力图带动观众的积极性，以此增强直播的趣味性和人情味。

（四）宣传推送

策划时鉴于2019中国传媒大学艺考复试尚未开始，无法获取现场照片，因此团队联系了中国传媒大学官方微信公众平台的工作人员，选用了2019年中国传媒大学艺考初试的照片作为直播的海报。在直播开始前一周，直播小组成员陆续返校，顺利完成了直播的前期准备工作。一般情况下，在直播开始前，团队还需要收集物料，制作宣推内容。出镜记者和摄像负责踩点，收集现场照片发回后方制作直播海报，微信运营小组负责宣传推送文案的撰写，介绍直播的详细内容，进行直播预告。

中期，即为直播发起阶段，在这一阶段直播团队将会提前进行彩排，在设备、信号检测无误后，发起正式直播。前方记者和摄像进行现场报道，后方导播切换画面，图文编辑负责后台互动、直播云剪。直播过程中，辅导老师会全程进行辅导。

直播后期即直播结束，小组需要完成的工作有：编辑直播精彩片段，生成直播沉淀；整理后台数据（观看量、互动量）并进行备案；留存工作照片，以便招新宣传；进行直播复盘，总结工作经验。

策划者简历：

王帅天，现任中央广播电视总台新媒体中心特别产品制作部编导、配音。中国传媒大学 2016 级本科生，在校期间曾任中国传媒大学电视台新媒体部东街 1 号 LIVE 直播组组长，带领团队进行了《直击 2019 中传"新"艺考》《中国传媒大学 2019 新生开学典礼》《2017 中传学生记者节出镜记者班现场直播》等新媒体直播报道。

报道者说：

各位好，我是田尹男。

回看 48 教门口前后大概二十分钟的采访报道视频，已经是我两年前的作业了，还是得感慨一下当时做作业真挺用功的。很感谢我对待每一次作业都那么认真的习惯。在这次东方卫视主持人比赛刚刚结束的现场采访环节，我的表现也几乎得到了评委们的一致好评。从来没有白费的努力，采访、连线、报道，有没有下功夫，其实观众一看就知道。

我个人觉得，我的连线部分值得推荐的做法有两点：一是打磨采访提纲，二是考虑好播出效果。

提纲的重要性不必多说，其实是和播出效果紧密相连的。当确定了是三人同时出小窗之后，问什么问题与两个人都有关、都有话说、都是目标用户想听的，是我提问的出发点。于是，"两个人同属动画学院，但却是不同的专业方向，在艺考前的培训和进校后的课程上有什么异同"成了我的第一个问题。前几个问题铺好路，后面的对话就相对流畅了。这需要采访前对采访对象做足够多的了解，针对他们的资料找到信息连接点。

不知道大家有没有看出来，连线部分两位同学，他们各自展示的动画作品和一大盒马克笔，都是我们根据采访前的沟通，自己准备好的。考虑到三人连线如果干唠，会显得枯燥，我提前问了他们有没有可展示的、成型的作品或者平时练习的作业。帮他们筛选完展示物品，我也和他们沟通了在镜头前怎样实物解读效果更好，同时对连线时的聊天气氛也有所提醒。看起来我们好像很熟的样子，其实直播前两三天我们才刚加了微信。

采访前的沟通是必要的，但我一般不会把采访提纲完整地给被采访对象看。我会和他们一起捋采访的前半部分，至于后半部分的细节追问或者深度挖掘，我会留到直播时再去问，在之前几个问题建立起的熟人话场后，以便抓取他们的真实反应。比如"设计一套字母漫画需要多久""最多一天要握多长时间的笔"，这些问题都是直播当天，他们需要"真思考"的问题。

回看时觉得我的话语有些碎，毕竟不是面对面交流，有信号的延迟，所以语言交锋利落些会更好，不用对采访对象的每句话都给反应。表演痕迹略重，估计观众心领神会，能把准备好的东西大方展示就可以，不必做出惊讶、惊喜状。希望以后能做得更好。

记者简历：

田尹男，中国传媒大学2020级广播电视专业播音主持艺术学方向硕士在读。中央广播电视总台《2019主持人大赛》新闻类全国30强，东方卫视《主播有新人》新闻类全国三强，北京卫视《为你喝彩》2020新春特别节目主持人，百度百科《史记2020》年度峰会主持人，优酷《对白》白岩松首场个人主题演讲主持人。曾获纪念改革开放四十周年首都高校大学生演讲比赛一等奖、纪念五四运动一百周年首都高校大学生演讲比赛一等奖等荣誉。

第八章 突发事件移动视频直播报道

移动视频直播以策划型报道为主,在前期策划时,报道者尽力在信息密度输出上有所倾斜。作为移动端新闻内容生产的标配,视频直播在突发事件的报道中同样发挥重要作用。

突发事件发生时,一场小屏直播如果可以快速启动?出镜记者叮以进入核心现场、后方团队在产品运营和维护上倾注一定人力的话,通常会在社交平台上引起高度关注。2016年11月6日河北保定6岁男孩聪聪跟着父亲在地里收白菜时,不慎掉落枯井中。之后107个小时,知道消息的人们从四处赶来,先后启用百余辆挖掘设备,进行了几乎不停歇的救援。新京报"我们视频"前后派出4位记者深入现场做了超长时间的直播。

该直播荣获新京报2016年度新闻报道奖视频直播金奖,在其内部的颁奖词中是这样介绍该场直播报道的:

一次普通的井下救援,因6岁男童生死未卜、各界人士参与、关注成为当日热点,这一热点具备天然直播价值。11月7日晚,事发34小时后,男孩救援无突破性进展,现场的救援力量加大,新京报"我们视频"第一时间派出两名直播记者抵达现场,当晚20点开始直播至凌晨,流量上百万。

11月8日,增派两名记者,采取直播加短视频、航拍加摄影等多种传播方式,白天黑夜持续直播。直播页面第一时间登上腾讯新闻要闻首条、先后被人民日报客户端、凤凰网、头条新闻、澎湃新闻等转发。

截至107个小时救援结束,直播累计时间达65.5个小时,创直播历史新高,最后直播流量达1077万,是首次突破千万流量的直播题材。评论达到70万+、网友互动、记者现场采访、追问、连线专家等诸多采访形式融合使用。冬季华北平原的低温，给直播设备以及记者体能皆带来严峻考验。在严酷的救援环境下，记者充分发挥了其专业性，呈现出最全面的直播效果。

新京报"我们视频"在移动端视频领域始终处于行业前沿，2019年新京报"我们视频"成立三周年之际，新京报副总编辑"我们视频"总经理王爱军在公众号《新京报传媒研究》的一次采访中，提到了"我们视频"的报道口号："用直播短视频和小视频覆盖所有的新闻现场。"他解释说："这个口号不是说说而已，我们还是想努力实现它。我们的理想是，在发生重大事件的时候，人们都会自然想到看新京报怎么说，新京报'我们视频'怎么报道。"

新京报视频部主编、新京报"我们视频"执行制片人刘刚在介绍新京报视频直播情况时说过，一旦发生重特大新闻，他们要求团队半小时之内启动直播。这一快速操作的背后是团队报道能力的综合体现。本节笔者一共介绍四个案例，既有自然灾害报道，也有事件事故报道。突发事件的移动视频直播的操作难度远远大于策划型报道，对直播团队的专业化操作，对出镜记者新闻素养和报道能力有着更高的要求。

第一节 移动视频直播之火灾报道

【案例一：高层大火 10 人遇难——天津公寓火灾事故现场直击】

直播时间：2017 年 12 月 1 日 11 点 52 分 37 秒开始

直播时长：4 小时 08 分 33 秒

出镜地点：天津城建大厦楼下

视频来源：腾讯新闻

https://v.qq.com/x/page/g0512280v90.html

出镜记者：新京报"我们视频"记者马骏、常卓瑾、胡骁南

视频构成：

时 间	内 容
第一小时	马骏在城建大厦楼下报道，采访了围观的天津市民、火灾现场附近的警察、小商亭中的一对老年夫妇等。 在直播进行到 23：10 左右，播放了航拍画面。 新京报另外一路记者常卓瑾在天津第二附属医院住院部的二楼、医院外做报道。
第二小时	记者常卓瑾在医院的报道，没有什么进展。 下午 13 点 01 分开始马骏的报道出现了新信息，一位实名举报的大厦住户找到了马骏，该住户的手机里有这座大厦装修时违规操作的视频和图片。 采访完这位先生，马骏回到现场，报道了最新情况。介绍了消防车和消防队员。 重播马骏之前对那位主动爆料的住户先生的采访。
第三小时	持续报道消防人员清理设备的情况。 重播马骏之前对那位主动爆料的住户先生的采访。 马骏在现场对消防人员进行报道。 采访现场的天津市民。
第四小时	下午 14 点 59 分记者胡骁南接过马骏的直播话筒开始做报道。 他赶到北京百合建业建筑工程有限公司所在地。 装修公司的耿总接受记者胡骁南的电话采访。 重播马骏之前对那位主动爆料的住户先生的采访。 马骏在核心现场做收尾报道。

报道分析：

2017年12月1日凌晨4时许，位于天津河西区友谊路与平江道交口城市大厦38层发生火灾。新京报"我们视频"从12月1日中午11点52分37秒开始进行直播，到下午16点01分45秒结束直播，直播时长共计4小时8分33秒，直播观看以及直播回看用户9.3万。

一、未知中摸索出有价值的信息

这是一场突发事件调查性报道，如此典型的报道案例难得一见。将这场直播最终定义下来并不是在直播前就有所计划的，是直播在"未知"摸索前行中，通过一个个新闻现场挖掘出来的，在出人意料的情况下完成的。小屏直播信息冗余，信息密度先天不足，一旦出现突发情况，就会使得所有的等待变得物有所值，就像这场直播，关键信息就是在等待中挖掘出来的。

二、多现场·接力棒式直播报道

这场四个小时的报道是由新京报三位记者，分别在天津、北京两地三处新闻现场交叉进行直播报道。马骏在天津城市大厦火灾现场、常卓瑾在天津第二附属医院住院处、胡骁南在北京百合建业建筑工程有限公司外。

第三处直播点值得一提，马骏在天津核心现场采访到的一位住户提到了施工队所属的公司。身在北京大本营的新京报记者胡骁南，赶到了该公司所在地对该公司的主管领导进行了电话采访。从天津新闻现场采访到的最新消息，挖掘出了另一个新闻线索，于是，直播中就出现了另一个新闻现场。"现场发现现场""现场挖掘现场"的报道思路，从报道调度来说，这是直播决策者智慧的体现。

三、出发前，不知道是否可以直播？

突发事件的小屏直播优势就是启动快，担任此次直播报道任务的是刚刚加入新京报"我们视频"的原甘肃电视台记者马骏，这位在甘肃兰州家喻户晓的出镜记者，总是出现在突发事件的新闻现场。刚刚加盟新京报，他就遇到了大突发事件。

火灾发生于凌晨4时许，据马骏本人介绍说，他当天上午9点多知道发生了火灾，当时社里尚未决定是否做直播。但是，有一个信息是明确的，那就是先去现场看看，上午 9 点 25 分他出发了。10 点 07 分他已经买到了去天津的动车票，车次是 C2585 次，北京南——天津，开车时间 10 点 27 分。

　　据马骏介绍说：在去天津的高铁上，他被告知到了现场可以做直播了。他立刻调试设备，到了现场，直播就开始了。北京时间 11 点 52 分 37 秒，新京报"我们视频"直播启动，从传统媒体转型到新媒体的资深记者马骏，第一次以新京报"我们视频"记者的身份，开始了小屏直播报道，也开启了自己职业生涯的又一次转型。

　　四、直播时，不知道要做多久的直播！

　　小屏直播的窗口期是无限的，这跟大屏直播的有限窗口期截然不同。马骏在说到这场直播时，也说到了这个问题——我都不知道直播要做多久？

　　从第一个小时有效信息甚少的现场来看，这场直播的可看性似乎没有那么强，第二小时当那位出现在现场、主动爆料的住户把最硬核的视频素材和图片资料展示给马骏的时候，他清楚地意识到这场直播最有价值的信息等来了。最为关键的信息口子已经撕开，接下来，还有许多信息会在直播调查中被挖掘出来。事实证明，在直播的第四个小时，身在北京的记者胡骁南在装修公司的采访让整场直播完成了一个漂亮的闭环调查，堪称完美的一笔。

　　五、长直播，如何应对一切的未知？

　　就像马骏说的那样，"我也不知道到直播多久"，小屏直播的优势是同步到最后。这样的直播优势，对出镜记者来说，需要大量的信息填充进去。更何况直播中，很多情况是无法预测、无法保证直播效果的。

　　老记者的观察优势、职业经历，在这样的突发事件中凸显出来。在第二个小时的直播报道中，马骏采访了自称是大厦住户的一位先生，他在给马骏展示自己所拍摄的视频时，马骏说："我发现你的朋友圈里都是关于这栋大厦的情况，特别是 10 月 3 日拍摄到的视频中，烟杆全部用塑料袋包裹上了。"马骏的这一段采访中，充分展现了他作为老记者的观察能力。

对这位先生采访结束后，马骏又返回了现场，看到消防车出现。常年跑新闻现场的他，对水罐消防车、泡沫消防车的出现很快给出了判断。要不就是还有余火，要不就是收拾工具，从后来的现场看，属于第二种情况。13：26左右就高层火灾救援需要的消防技术支持，马骏做了详细的报道，这些报道内容的丰富性与他长年跑消防等突发新闻现场有关。

在第一个小时的直播中，记者常卓瑾所在的现场有些"不配合"。院方的工作人员请她离开重症监护室所在的楼层，对方不论是态度还是理由，都是合情又合理。这对于想获取有价值信息的记者来说，实在是不利。这姑娘也不着急，尽量在交流中去获取自己想要的东西。

记者胡骁南对公司管理层耿总的采访是此次直播报道的另一个亮点。从采访内容上来看，一是请他就之前住户提到的问题予以回应，二是对他所看到的新闻现场予以介绍。这一段十几分钟的报道可谓是直播中最接近事实真相的一段采访。胡骁南同学的表现可圈可点。

报道者说：

关于这次直播，马骏说：头一天报到，第二天一早，就到现场，直播一场全国关注的突发事件，对我来说确实是个不小的考验。设备现场领、环境不熟悉（第一次去天津）、新京报直播流程不熟悉、后期同事不认识。这对我来说，有点儿赶鸭子上架。事实上，越是这样，对我来说，越是没有过多的牵绊，越能自在地应对。因为我知道，我一张嘴代表的就是新京报，用户对于我所谓的这些理由，即便是说了，其实意义也不大。

这次直播的亮点，绝对是对核心住户的采访，能够采访到住户纯属意外。采访之前跟他没有任何沟通，完全直播状态，细心的用户还是可以发现我在采访时的用心之处的。我的问话，还是有些技巧的。在补充他叙述内容的同时，尽可能地向观众传递更多的专业信息，后来央视新闻频道播出时，截取了大量我的同期声，原因就在于此。（当晚央视新闻频道《东方时空》播出了马骏直播中的这段采访片段。）这些同期声恰恰是重点中的重点。我对于核心信息的再确认，一方面是让采访对象明确自己说了什么,另一方面也是让用户知道,这些内容很重要。

其实回顾这次天津大火的直播,在有限的空间里(始终在起火大楼下),我尽可能地为网友提供丰富的信息,撑起了直播时间,采访到了关键人物,呈现了不少细节,我对自己的表现是比较满意的。但是,也暴露出了不少问题。例如没有更好地发挥单机小屏直播优势,口语描述、信息表达还需要再严谨一些。在直播过程中,对背景的交代还需要再详细、准确一些等。总而言之,这是我在新京报视频报道部的第一次直播,对我个人来说,确实是值得总结和细心体会。也希望广大同行多提出宝贵意见。

简单来说,前方记者现场采访,拿到增量内容和背景信息后,向儿个方向发力:

1. 现场直播内容实时云剪,生成点播;

2. 精剪单独发布。比如马骏对住户的采访在当晚的央视新闻中播出;

3. 直播中有些无法实现的内容,我们拿到一手的画面,对直播进行补充;

4. 住户提到很多关键信息,需要进一步补充完整,后方记者查询到曾经举报的内容,发现网上确实有过举报,我们截屏使用;采访同时提到了施工方的背景信息,一家施工方是北京的企业,我们查询到公司地址,安排胡骁南去探访,做了背景延展。

这场直播还有一位记者的报道非常关键,那就是胡骁南,恰恰是他在第四个小时直播中采访到了涉事的装修公司,才会使得这场直播完成了一个漂亮的闭环调查。笔者就直播中的相关问题,对他进行了采访。

问题一:你是什么时候接到刘刚(新京报视频部主编、新京报"我们视频"执行制片人)的指令,去那家公司做采访的?

胡骁南:直播进行到一半,刘刚给我打电话,让我去探访北京这家公司的。

问题二:直播中我们看到,你在车里先给这家公司前台打了一次电话,对方明显是不愿意让你上去采访的,你是怎么想的?最终成功地可以进入公司采访？

胡骁南：出发前我给对方打过一次电话，确认一下地址。记忆中对方抗拒的态度并不坚决（一般来说，很多企业没有遇到过这样的事情，可能应对经验并不多），接电话的是前台工作人员，我似乎也没管他们同不同意，反正先出发吧！

即便是大事件，也不是所有突破都会面临很大困难，用"天眼查"查到地址、电话，拨通电话和去现场，也许就是好运气的开始。

当对方说先过来吧，我就过去了，我打电话说已经到楼下了，问怎么上去，然后我就上去了。他们看到我在拍摄，有一点儿愣住了，但是也没有表现出什么强硬的、抗拒的态度，我当时判断他们更多的是拿不定主意，不知道怎么应对我这位记者。这种时候，对于记者来说可能就是机遇，可以把控现场的局面，我就直接告诉他们，我正在直播，这句话的内在语可以起到一定"压迫"或"控制"作用。

然后我提示她，新京报作为媒体代替网友向你们提问，如今事情这么不明朗，你们公司需要站在企业的角度，给民众一个明确的态度，这对你们有好处。这两位只是普通员工，面对这样的情况一时拿不定主意。按照事实情况来说，领导确实不在，于是他们就给领导打了电话，他们这么做也是合情合理的，这个事情，他们的身份是无法回应的，他们也不会给自己揽事。后来，有个小伙子就进了两趟办公室，第一趟好像是说不在，后来短暂周旋之后，就把电话给我了。

问题三：进入公司之后，前台有两位工作人员，你看到这个场景之后，如何把控现场，最终让他们帮你联系到公司的负责人耿总？

胡骁南：我主要是抓住他们不知道怎么应对我这一点了，可能我既是"麻烦"本身，又是他们唯一可以依赖的帮助者。我的采访目的是了解真相，有问题聊问题，主要是想了解更多最新情况。

问题四：与这位耿总在电话里进行沟通，能拿到他的电话，能跟他对上话，从采访行为本身来说，你已经算是成功了，因为无论他回答什么，

你都算是采到这个人了，那你的核心采访目的是什么？

胡骁南：第二个小时我的同事马骏采访的是举报者，而我这边采访的耿总是此时此刻身在核心现场跑上跑下忙着处理事情的人，能抓住这个参与处理善后事宜的核心人物，对于整场直播来说，意义重大。采访他，我们肯定会了解更多最新情况，比如建筑的基本构造、布局、起火物，人员伤亡状况及现状，事后处理的进展，等等。

关于如何去做采访，胡骁南还跟笔者分享了这些经验。

其实，采访最需要避免的是让对方开始防范记者，这个防范的产生，有些原因是来自记者。比如记者与其说话时的神态和语调，一下了让对方紧张、警惕起来。在这方面我其实是有个隐藏的小心思，我这个人平时说话比较慢条斯理的，一般人跟我说话，很少产生防范心理，更不会想到我是个记者。

在正式采访开始前，我会尽量以一种日常、关切、平和、不反常的姿态介入，以"大事化小"的沟通姿态去跟对方展开对话。即便采访已经开始，只要对方持开放性的态度，我就会把这种姿态延续下去。甚至在一些采访比较艰难的监督案件报道时，倘若对方很自然进入我营造的聊天空间里，他们就会说大白话、大实话，等我们把新闻上线分发出去，他们才反应过来是怎么回事。我可能无意中营造出一种类似茶余饭后接单位同事电话的氛围，采访对象的坦诚很多时候是意料之外的，我只能"偷着乐"，继续问下去。这些采访之所以可以成功完成，在我表明记者身份之后，对方还是愿意跟我聊下去，一部分应该是得益于我交流时平和的语气。

记者简历：

马骏，新京报视频报道部记者，曾任甘肃电视台文化影视频道主编、记者。

2014年中央电视台地方部最佳出镜记者，2012年获得中国"金鹏奖"，2008年被评为抗震救灾报道先进个人，报道的新闻多次获得甘肃新闻奖、甘肃广播影视奖、北京新闻奖等，2015年被评为"兰州人的十大面孔"。

16年的资深一线记者,几乎参与报道了甘肃近几年所有的突发事件报道。包括兰州石化爆燃事故、玉树地震、舟曲泥石流,业界评论他,"哪里有新闻,哪里就有马骏"。出镜节目多次在中央电视台、凤凰卫视、亚洲卫视、东方卫视等平台播出,在新京报期间,参与报道了杭州保姆放火案、重庆万州公交车坠江、四川木里森林大火、武汉新冠肺炎疫情等诸多国内重大突发事件,多次获得部门及报社嘉奖。

胡骁南,现新京报我们视频直播导播(原记者)。2016年12月起加入移动新闻直播事业,深度参与"90后"小夫妻千里骑行、香港首位女特首见面会、金堂洪灾、宜宾爆燃、"五周杀人"案、霍金去世等各类题材直播,部分场次流量达600万以上。对前后方业务均有较多实践。

第二节 移动视频直播之地震报道

【案例二:新疆精河6.6级地震武警新疆总队直升机飞赴震中】

直播时间:2017年8月9日

直播时长:39分44秒

出镜地点:新疆博尔塔拉蒙古自治州精河县

视频来源:央视新闻客户端

https://v.qq.com/x/page/y3228ryIo8s.html

出镜记者:总台记者信任

视频构成:

时间	报道内容
00:00—00:12	直播头图
00:12—06:00	直升机上做报道
06:00—15:00	从直升机下来,等待车辆的过程中

续表

15:00—22:20	乘车前往临时指挥部，车行进过程中
22:20—最后	在村干部的介绍下对临时指挥部进行了报道

报道分析：

2017年8月9日7时27分，新疆博尔塔拉州精河县发生6.6级地震，震源深度11千米。央视新闻中心地方部新疆站记者们快速赶赴新闻现场，在突发事件发生之际，三路记者利用小屏直播发回报道。这其中出镜记者信任完成的《新疆精河6.6级地震武警新疆总队直升机飞赴震中》的直播报道，可谓是小屏直播突发事件报道中的优秀案例。

一、巧妙的空间转移

这场小屏直播报道最大的亮点就是报道空间的多次转移，直播开始是在即将降落的直升机上，接下来信任从直升机转移到地面，随后，她和同事跟随救援人员乘坐车辆再次转移，在转移的途中，她根据自己沿途的观察就此次6.6级的地震震中的情况做了目击式的报道。最后他们来到一处临时指挥部，在这里一切都是未知的，信任的这段报道是在未知中进行的。

从空中到地面，从地面到行进的车中，从行进的车中到临时指挥部，短短不到40分钟的时间里，信任完成了多个报道空间的转移。从直升机中俯瞰的视角到降落到地面的平视的视角，这一空间移动与转换是小屏直播这一传播方式最好的体现。

二、车中移动做报道

从直升机下来，与前来接应的救援人员取得联系之后，信任一行与救援人员一起坐车赶赴震中。沿途看到了一些土坯老房子因地震而垮塌，有着一定小屏直播经验的信任，此时拿出来"所见即所得"的报道策略，将自己通过车窗看到的灾区情况，一一报道出来。

由于摄像记者坐在副驾驶位置，信任注意到了这一点，特别问了一下同事，是否可以看得清楚车窗外的情况。接下来，她发挥了自己近距离观察的优势，把自己看到的情境报道出来。

三、关切地问贴心地采

在没有任何预采的可能下，小屏直播中的采访对于记者来说，可谓是最难的任务了。

到了临时指挥部所在地，信任看到避难的当地灾民，幸运的是遇到了村干部杨洋（音译），在她的带领下，两人在村子里绕了一圈，看到灾民情绪平稳，吃着西瓜在休息。有医护人员、通信部门、包村干部正在接收救援物资。这一圈走下来，大概了解了一些基本情况。

信任对杨洋的采访内容丰富，从地震发生时到接收医疗救助，从村里的医疗帐篷到村干部忙前忙后，一边走一边采。信任这一路走下来的即兴采访提问恰当，值得我们认真拉片学习。每一个职能部门在救援时忙什么，工作中有哪些困难，将她的提问一一列举出来，便会知道记者进入这样的灾区现场做类似人物的采访应该如何设计问题。

四、关注网友暗藏互动

看完这近 40 分钟的直播报道，我们来梳理一下信任的成功之处。笔者认为她对新闻现场的处理，良好地体现在她的报道内容上和准确的语态上。

1. 在直升机上，跟网友说明机内噪声大，她说："我得大声说话"（跟网友说明自己身处现场的特殊性）。

2. 在救援人员整理设备时，她说：你们忙吧，我到这边说（不给救援人员添乱）。

3. 在直升机起飞时，自然地说，我的眼睛迷了。

4. 在乘车前往下一个报道点的时候跟网友说，之前这一段路没有测试过信号，很有可能卡顿。

5. 在车里移动时，问自己的同事，看得见吗？（以上这两点，说明信任在直播时将网友的视角作为第一任务来完成）

6. 从直升机下来，坐车到震中，一到指挥部，脚刚一沾地了，立刻说："我有点蒙"那时那刻的生理反应即刻表达出来，感受非常真实。

7. 在采访村干部杨洋时,用自己的地震经历跟对方聊天。看到杨洋腿上受伤了,但是又需要杨洋陪着自己去村里转一转时,体贴地说,你的腿可以吗?(自己的报道行为放在第二位)

8. 在知道包村干部正在干活时,她说:"要是忙,我们就不去打扰了。"

这其中,最为关键的是多次在直播中,在信息低谷时,她机智地跟网友介绍直播的主题以及相关的背景信息。乘坐救援车前往下一个报道点时,在车中移动时,一时没有什么新信息进来,她就把之前做的那场直播中,何大队长介绍的直升机的情况总结性地介绍了一下。用刚刚做过的内容来填充正在报道的现场,在一个逻辑链条下,这一波增量信息反而使得这一时段的报道内容丰富起来。

突发事件做小屏直播的难度可想而知,然而这一信息传播方式带给我们的新闻现场与以往截然不同,信任这次"从天而降"的报道,给我们诸多的启示。

与策划型直播不同的是,突发事件的小屏直播,遇到好现场,信息像瀑布一样倾泄下来,这时候更需要知晓小屏直播的传播特点。

报道者说:

关于这场直播的报道背景,信任是这样介绍的。在这档直播之前,她刚刚完成了一档《新疆精河 6.6 级地震直升机待命》的直播报道,时长是 20 分钟,通过采访何大队长了解到直升机在救灾中如何发挥作用,采访了救援人员,介绍了一些救援设备。经过两个小时的飞行,信任和同事随着救援队赶到震中,她的第二场直播是从即将降落的直升机上开始的。

一场关于地震的突发事件报道,直播竟然是在直升机上开始的,这样的操作着实令人惊讶。信任说,她的搭档是一位经验丰富的摄像老师,考虑到信号的稳定、拍摄的安全等诸多因素之后,两个人商量直播在直升机降落前开始。这样极具现场感的直播画面,让这场直播一下子与众不同起来。

这场直播的最后一部分内容是信任在安置点做报道,初来乍到的信任对现场完全是陌生的,她说,从直升机下来还没有弄清楚准确降落的地点,紧接着就坐车来到了这里。来到安置点之后,看到这里的一些救援力量,她想做一些具体的报道,此时她需要一位信息支持者。她环顾四周,正好看到几位村民在附近。这一堆人中,有男有女,有老有少,是采访男的,还是采访女的?这时候她凭借多年的采访经验,她选择了女性。在采访上了年纪的,还是年轻一点的?她选择了年轻人。于是,她走上前去跟其中一位年轻女性搭讪起来,没想到这位竟然是村干部,无形中她帮了大忙。后来在这位村干部的带领下,信任把安置点中重要的几个职能部门走了一个遍,将安置点的最新情况做了报道,现场信息十分丰富。

记者简历:

信任,出生于1987年10月,精通哈萨克语、英语、俄语等,2010年毕业于复旦大学行政管理专业,取得法学学士学位。同年进入中央电视台工作。2010年12月24日前往哈萨克斯坦首都阿斯塔纳(现改名努尔苏丹)参与组建央视驻阿斯塔纳记者站,并担任首任记者,负责中亚哈萨克斯坦、乌兹别克斯坦、吉尔吉斯斯坦、塔吉克斯坦及土库曼斯坦五国的新闻报道工作。

2014年6月卸任回国后,在央视新疆站担任记者。曾参与报道上合组织峰会、2013年哈萨克斯坦空难、新疆反恐报道等,《谎言包装下的"迁徙圣战路"》获得2016年第二十六届中国新闻奖国际传播类二等奖(集体奖)、2016年获得中央电视台2016年度标兵、2019年获得2019年"新春走基层"活动增强"四力"中央新闻单位先进个人。

第三节 移动视频直播之台风报道

【案例三:台风"白鹿"登陆闽粤沿海风高浪急——台风"白鹿"福建东山县登陆直击台风风眼现场】

直播时间:2019年8月25日8点01分

直播时长:2小时32分51秒(节选一开始的48分36秒)

出镜地点：福建漳州东山县南门湾景区附近

视频来源：腾讯新闻

https://v.qq.com/x/page/t32280c2zyp.html

出镜记者：新京报"我们视频"记者贾洁卿

视频构成：

时间	内容
00:00—01:36	卫星云图
01:36—38:40	站在福建东山县海边，报道海浪、风速、云量、雨量，采访了镇上的居民、志愿者、店家等
38:40—最后	与网友互动

报道分析：

贾洁卿的移动视频直播报道经验非常丰富，作为新京报"我们视频"的主力记者，她经常出现在各个新闻现场。此次报道台风"白鹿"，她所在的新闻现场是福建漳州东山县，在直播一开始的48分钟时间内，她站在海边对潮水的姿态、雨量的大小、风速、云量等各个天气因素进行了细致的报道。对于处于台风眼的东山县的普通民众、志愿者、海鲜馆的店主进行了采访。

新京报"我们视频"的小屏直播非常注重与网友的互动，在直播进行到38分钟左右的时候，贾洁卿开始跟网友进行互动，就网友在公屏上的留言进行回复，直到这一阶段报道的结束，镜头转向下一个报道点。

一、描述细致信息饱满

站在东山县海边的贾洁卿，一口气报道了14分钟，在进行第一个有效采访之前，她身在所处的新闻现场对周遭所有可以跟台风有关的信息进行梳理与报道，观察细致，信息丰富。

笔者注意到她在一定的时间范围内对海水的浪高、海浪拍岸的频率等进行详细描述，总结下来这海水就是又急、又高、又大。说完了海浪，她把关注点放在了"风"上,从增量信息关于台风眼过境的天气情况说起,将此时此刻关于"风"的信息报道出来,风吹头发的变化、风吹麦克风网友可以听到的声音。她从风又说到云量,细心的用户会发现她报道的动线是从低到高。在报道告一段落的时候,她发现天气出现了新的变化,于是在第7分钟的时候,将海浪的最新变化又报道出来,浪高已经达到了三四米的高度。在直播的过程中,将某一信息点的变化随时进行更新,这就是小屏直播的报道特点。

贾洁卿在做报道时,对增量信息的使用可谓是信手拈来,从镇上居民谈起台风登陆之前的天气变化自然地说到报道团队从厦门开车过来,为了安全起见,本来两个小时的车程最终开了三个小时才到。这样组织信息点进行报道,其目的都是为了说明台风登陆对民众生活产生了哪些影响。

二、直播采访随机应变

除了利用自身观察报道现场信息之外,贾洁卿在直播中还采访了镇上的居民、志愿者和海鲜饭馆的工作人员。

第一个采访对象是一位开小三轮车的居民,贾洁卿的采访重点是前几天岛上的天气情况,原来前天这位渔民还在海上打鱼呢。直播进行中的采访就会遇到各种突发情况,跟这位打鱼大哥没说几句话,对方就开车走了。贾洁卿立刻对刚才的采访进行梳理,按照专业操作来说,贾洁卿此时对之前的采访信息进行打隔断,帮助用户梳理有效信息。

在海边贾洁卿一行遇到了志愿者,第一位女性的志愿者刚说不到两句话就害羞起来,不想接受采访,她把活动组织方的主任推给了记者。就像刚才那位突然终止接受采访的小三轮车的居民一样,直播采访中这种看似不配合采访的行为随时都会出现,这种情况对记者来说,显然是见怪不怪,顺势采访便是。当话筒对着这位主任,贾洁卿的第一个问题与对方的身份紧密相关,"这样的天气,我们都需要注意什么呢?"随后,报道组也被劝导不要在海边附近走。现场的同期声中,可以清晰地听到大喇叭里的宣传语。

三、网友互动结合现场

贾洁卿结束了对海鲜餐馆的采访之后,开始与网友展开互动。这样的报道行为既符合移动视频直播的传播规律,"无互动,不直播";还可以有效增加直播的信息量,天南海北的网友,说着跟台风相关的信息,这些信息就像导火索一样,可以使得直播报道内容丰富起来。

第一个网友的留言是提醒报道团队注意安全,这个留言有效拉近了记者与网友之间的关系,"你为我报道,我为你担心"。第二位网友说自己是从另外一个直播间过来,说那边的风小、雨在下,并没有这么严重之类的话,甚至说记者在瞎说。面对这样的"负面留言",贾洁卿没有选择视而不见,而是根据台风的基本常识矫正网友的认知。事实上,网友的留言大多是情绪性的,可是看到这些情绪性留言的其他网友有时候也会被带跑偏,这就需要内容输出者发现苗头,尽力矫正。当贾洁卿说完台风眼的相关知识点的时候,她看到现场的工作人员把一些道路标志摆到了路中间,现场的这一变化,她立刻捕捉到并同步报道出来。于是,形成了与网友互动、观察现场,两个报道线并驾齐驱的情况。

随后,贾洁卿发出了征集令"台风是否对你所在的城市产生影响"?这一征集令的好处是:网友把自己身边发生的事情发到公屏上,记者根据信息内容选取有效信息放到直播中来,这样的操作即完成了互动,也让互动为直播的内容提供有效信息。

报道者说:

我国部分沿海地区每年都要遭受到台风灾害的影响,给民众的生产生活带来了损失,严重的时候还会造成人员的伤亡。新京报"我们视频"记者贾洁卿多次参与过台风报道,笔者就一些专业问题对其进行了采访,以下是采访内容。

问题一:台风属于突发事件中的自然灾害报道,直播前你都会做哪些前期准备工作?小屏直播的报道时间会比较长,你会将哪些信息放进来?我发现这段报道一开始,你对海浪、风、云等天气因素报道得非常细致。

贾洁卿：跟台风有关的信息很多，包括天气、交通、当地防汛指挥部、沿海情况以及历史故事等。记者需要了解关于台风的相关专业知识，否则没有办法就现场出现的情况做出科学的、正确的解释。

台风登陆前，它的一些动态信息是可以预见的，包括它的运动轨迹，登陆地点等。一般情况下，我会选择使用一款非常方便的小程序，就是"台风路径"，相关信息都会及时发布和更新，比如风速、风力中心百帕参考位置、未来的趋势等，越临近台风登陆的时间，信息的准确度越高。但是台风也有"狡猾"的时候，上次我们报道台风"巴威"，它的登陆点预报说是在我国辽宁省的丹东市，我们就在那儿候着，结果第二天台风路径偏移到朝鲜那边了。

另外，我们还会关注中央气象台的消息，在台风来临的时候，中央气象台的更新也会比较频繁。再者，我们还会联系当地的防汛指挥部，他们做防汛工作多年，经验十分丰富，他们做的应急预案，我们也需要了解。作为本地的防汛部门，他们对辖区内的情况了如指掌，比如当地的哪一区域容易形成积水，与往年台风相比，今年哪里可能会有隐患，这些信息对我们也有用。直播前我们会跟他们有所接触，了解情况。有些台风来势汹汹，政府会组织力量提前做一些转移工作，可以做一场台风来临前的直播。如果不做的话，我会考虑做一个小片，在直播中转场的时候使用。

以上是关于背景信息的准确情况，至于说出镜报道的地点，我一般是这样考虑的。选择在城区的主干线或者是标志性建筑旁，台风的话会选择在海边，这次就是在东山县的风景区，正好就在海岸边上。我会去看一看海边海浪的变化情况，海浪的高度，昨天和今天的对比中有什么变化。通常我一定会提前一天去直播地点，仔细观察。观察的时候，会利用上参照物，比如堤坝。我还会去一些避风港的地方，那里一般都会有回港避风的船只，也会遇到渔民，就可以通过采访跟他聊一聊获得信息，比如他打鱼这些天，海上天气如何，回来以后天气如何等，从中去发现哪些有变化，这是跟"水"有关的信息。

信息的类别中还有一个是道路信息，火车站、机场、客运站、高速公路等台风天气时是否会停运等。如果这个城市只有我一个直播点，我就会把这些信息说上。如果有我的同事在交通枢纽直播，那我就一句带过。

我还会关注一些历史事件，这是我在丹东做"巴威"台风直播的时候得到的一个启发。直播前一天，我偶然间发现，每隔一段路，就会有一个"门洞"，还标着编号，出于好奇我在网上查找了一下，发现这个叫"坝门"。作为鸭绿江畔的重要城市，如何抵御洪水是丹东亟须解决的重要难题。20世纪20年代初，丹东饱受水患困扰，丹东防洪坝早在那时就开始修建。平时坝门会打开供道路通行。有洪涝天气时就封堵坝门，防止洪水进城。

另外，就是农作物了，庄稼之类的受灾情况也需要考虑。

当然，灾害天气下，最重要的是关注"人"，如灾害前人员转移情况、人员受灾情况等。

就像您说的小屏直播时间很长，要填满时间还需要其他的设计，所以一般情况下，我们会设置两路记者来报道台风，灾情严重的时候，我们就会设置多路报道。

台风从形成到登陆是一个过程，它有一个潜伏期、暴发期、衰退期，持续的减弱到最后消除。这个过程作为亲历者的我是可以通过自身的体验感受到的，这些感受都可以作为报道的内容来用。台风来临之前，通过台风路径图，你能够感受到在七级风圈、十级风圈，不同的风圈里是什么样的感受。记者需要把自己的感受用语言外化出来，一般我还会用到一个设备，就是直播中我用到的测量台风风速的测速仪，从这个仪表上我们发现数据的变化。至于说台风直播怎么做，还要根据台风的情况而定，台风影响力不大的话，可能上午直播台风的暴发期，下午就可能进入它的衰退期了。有的台风势力很强，在一地徘徊持续一两天，我们会考虑发起多场直播。

当然，直播中还有一类信息不可少，就是警示、温馨提示的信息，比如呼吁民众做好应对台风的准备，包括一些注意事项等。

问题二：直播中的采访，不可预测的情况很多，看你这次直播时第一个采访对象是一位开三轮车的大哥，这个人说着说着就走了。第二个采访对象是志愿者组织的主任，他也是没怎么说完也走了，关于直播中的采访，你有什么经验跟我们分享？

贾洁卿：在直播现场，每一个元素都是鲜活的。直播中最重要的因素就是人，鲜活的人。在直播开始之前，我会去观察一下四周，有这样的报道意识还得益于之前听了央视记者蒋林来社里跟我们做的业务分享。

我先观察周围的人，通过他们的着装，他们自身的一些属性，先给这些人在心里做一个人物画像。在直播开始前先找人家聊一下，这个聊的目的有很多。我会先表明自己的身份，问问他什么时候过来的，到这儿做什么。我不会一开始张嘴说要采访他，我需要先把把脉。把完脉之后，觉得这个人适合在直播时采访，我才会邀请他参与直播。如果对方还不知道怎么回事，你就说要采访他，那他一定会紧张的。虽然有些人也答应接受采访，直播一开始，你发现人没了，这种情况也是有的。其实他就为了刻意回避我们。所以说，之前的聊，有了解情况，"审核"采访对象等诸多目的。

很多人是在直播时，现场临时去抓来做采访的，一搭话你需要快速判断，这个人健谈吗？愿意在镜头前说话吗？在现场有的人围观你，看着你直播，还愿意凑过来，不躲闪，也会很快融入谈话场，那就采访他。但是，像这次台风的直播，我遇到的这两位就是不太愿意聊，或者是此时他们都比较匆忙，确实有自己的工作在身，那你就赶紧直接切入核心问题去问。这样，即便是他一会儿走掉，你想拿到的东西，也已经拿到了。

当然还会遇到一些人，确实不想接受采访，那怎么办？你就得有一套自身化解尴尬的方法，我一般会说"没关系，可能他面对镜头比较腼腆"类似的话语，也算是用一句话给彼此一个台阶下。

问题三：你曾经接受"趣看"的邀请，就直播中如何做互动跟同行分享了一些自己的经验，这次关于如何做互动，笔者也想让你跟我们分享一些经验。

贾洁卿：关于互动，需要根据不同的直播主题、直播情况来选择不同的方式。比如做演播室访谈的话，这边采着嘉宾，主持人不可能那边看网友留言。毕竟人的注意力是有限的，如果频繁地看手机读网友的留言，也会打乱采访的节奏。还有一点是我们现在的直播会在很多平台分发，每个平台的留言和有效评论各不相同，主持人如果在直播的时候，在不同的平台去寻找有价值的评论，显然不现实，这时候我们会安排一位同事做这事。这位同事，他可能一边负责图文，在不忙的时候，摘出来一些优秀的评论，他通过耳机或者在工作群里@提醒我们，这条评论可以念出来跟网友互动，以这样的工作方式完成直播中的互动。

接下来，我说一下策划型直播的互动吧！这种直播需要提前设置话题，包括每一部分、每一时段，话题的设置一定是可以让很多人有话说的，容易答出来的，但是不需要写很多字的那种。还有一些话题是需要将情感因素放进去的，比如说："摩托车大军回家"这个主题，网友会有感而发，也可能愿意多打字。除了留言，还可以晒图片，比如腾讯新闻的评论区是可以上传图片的。在图文区域，编辑可以把网友上传的留言、图片作为置顶信息用。

最近，视频号在这一部分功能上有了新的举措。图文编辑可以把网友的留言放大字号同时拉到视频区域，这样网友就会看到自己的评论"上墙"了，视觉上就像弹幕一样。这样的上墙功能有效地提升了网友的互动意愿。有些平台还可以点赞，我们一般希望网友给某一具体行为或者表达点赞，而不是机械地要求对方进直播间就点赞，我们不希望网友盲目点赞。

相对来说，策划类直播的互动还好设计和实施，而突发类的直播"互动"起来，不好掌握火候。做不好，就容易把主题带跑偏。

依据经验，突发事件的直播，我会选择跟现场有关的元素作互动。比如泉州某酒店坍塌的直播，我们的第一场直播时间长达4个多小时，为了增加互动，我看到现场有很多机械设备，于是，抛出一个互动话题："大家可以看到现在画面当中有很多工程设备正在作业，此时此刻画面中的设备它在救援中所起到到的作用是……各位网友知道这是什么设备吗？"我会这样先抛出来一个问题，网友接住问题后，回答这是什么设备，这样一场跟现场有关的互动就操作出来了。

还有一点就是我们的直播是一个"通知、告知"栏。比如说在坍塌的时候，有人在找家属。找朋友或者是家属，朋友在看直播的时候，想通过我们找在现场的人，或者是希望通过我们去核实哪个人。我觉得这个互动非常有含金量，也非常有意义。

记者简历：

贾洁卿，新京报"我们视频"记者，从事小屏直播报道3年半左右。曾参与500余场小屏直播，如远望7号船执行"天问一号"海上测控系列、摩托车大军系列、武汉重启系列、北京两会两会访谈系列、长5遥5火箭发射、泉州酒店坍塌系列、上海杀妻藏尸案、北京大兴机场通航、白鹿、利奇马、巴威等多场"追风"系列等直播报道工作。曾获新京报2020年度视频直播奖金奖，2019年度北京新闻奖一等奖、二等奖。

第四节 移动视频直播之洪水泥石流报道

【案例四：四川成都市大邑县洪水泥石流直播】

直播时间：2019年8月21日晚上18点46分开始

直播时长：44分37秒（节选一开始的9分36秒）

出镜地点：四川省成都市大邑县西岭镇云华村

视频来源：四川观察

https://v.qq.com/x/page/b09212orkqh.html

出镜记者：原四川观察主持人、记者杨东昊（现新京报"我们视频"记者）

视频构成：

这段报道时长9分多钟，报道内容具体如下：

四川观察的观众们，你们好，我是主播东昊。我现在所在的位置就是四川省成都市大邑镇西岭镇的云华村。我脚下这一条已经被山洪冲得七零八碎的公路，出现多处垮塌的公路就是双鸳路，这也是通向我身后西岭雪山景区唯一的一条进出的交通要道。现在，这条公路上已经出现了多处的垮塌，大家看我身后，这是一个正在抢通的画面（场景）。

在这儿，我给大家准备了一个（线路图），由于条件限制，用手画出来的一个线路图，请摄像师把这个镜头推到这个图上来。现在我来说一下这个五角星，这个五角星就是我们现在所处的位置，是其中的一处垮塌点，（也）就是我身后正在抢通的这个点位。从我这个位置到山上的滑雪场，景区滑雪场的位置，这中间大概能有3公里的距离。从我们这个位置到滑雪场中间这3公里之间，还有两处垮塌的地方。现场抢修的应急抢险人员跟我们说，从我们现在这个点位，画五角星的位置，到山上中间这三个点（位置），第五处五角星的位置正在抢通，现在还没有抢通。

大家看我身后正在抢通的现场，我们从应急抢险救援的队员那里了解到了抢险计划。预计从今天开始，今、明两天抢通整条公路。抢通的顺序是从山下的云华村向山上的景区（进行），现在已经抢通了四个，第五个正在抢通过程中。

大家看，我给介绍一下，这个抢通的具体实施方案。在我身后，这是一个大型的翻斗车在向这个地方（垮塌处）运渣土。再把摄像机调向远方，我们看渣土车后边，其实还有一台墨绿色的挖掘机在这里进行作业，它的作用是什么呢？是把这个道路上已经堆积的大型石块儿和木障、其他的杂物清理干净。然后，由大型翻斗车把碎石渣块运到这里来。这样会有一个问题：为什么一个挖掘机在那里清理杂物和石块儿，而这两辆翻斗车要往这里运送石块呢？原因很简单，因为挖掘机要把大的碎石清理干净。大家看这个桥面，其实已经被山洪冲断了，要靠这个翻斗车向这个地方运送碎石块和沙土，填充到已经断了的这个桥面上，形成（结实的）道路，然后再由后边的墨绿色挖掘机，用它的铲子，把已经运过来的碎石块给压实，这样的话，就可以保证车辆通过。

我们刚刚从山下到这儿来的时候，发现还是有游客出来的。这个时候可能有人会问：为什么有游客下来，而不是把游客全都接下来呢？原因有这么几个：第一就是从山上到山下这段距离，道路还没有完全抢通，还是处于一个相对危险的状态。看我身后就能知道，这个桥梁，其实是被冲断的（桥）。我脚下的路，其实（是还没有被）冲到的桥梁，也已经是被冲得七零八落了，随时有可能因为这个水流的冲击力，发生二次垮塌，因此，还不能够把所有的山上被困的旅客（游客）全部都接下来。

第二个原因就是我们可以看到这个水流依旧湍急，山上的游客有年轻人、老人和小孩儿，有各个年龄段的人。我们刚刚看到从山上下来的（只有）年轻人，这段路只能是身强力壮的年轻人（自己）下来，老人和小孩儿还不具备这个能力从上面下来，要想把他们全部地集中接下来，只能是先抢通路面，然后我们的小型面包车从这里开上去，把老人、孩子，还有所有滞留在景区里的游客，全部都接下来。

那我们现在看翻斗车正在工作，我身后的这条河流依旧湍急。我们能看到，由于昨夜和今天上午的强降水导致水流量非常的大，冲击力也非常的大，这个时候可能会产生第三个问题，就是冲击力大。到底会有多大？你看这些河道里面中间的大石头，水流并没有把它们冲动啊？但是我要告诉大家，我现在这个位置，时不时就会听到河水下面，发出沉闷的撞击声，是河水裹挟的石块撞击到已经堆积在这里的大石块，形成的那个撞击声。这些大石块，您可别忘了，这都是早些时候就是由这个水冲下来沉积在这里的。由于现在雨已经停了，天也稍稍的有点放晴，河水的水位下降，冲击力有所减缓，才冲不动这些大石头，堆积在这儿。那一会儿，我们向山下走会发现更多的这个垮塌的路面和石块，我们现在先向下走。

山下呢，现在成立了应急抢险救援指挥部。我这里收到的情况是从8月21号开始，就是今天的凌晨4：13，大邑县气象台发布了暴雨橙色预警，随后三点钟，凌晨三点的时候发布的这个暴雨橙色预警，随后在今天凌晨的 4:13，大邑县气象台将这个暴雨橙色预警从橙色修改为红色预警。红色预警是一个什么概念呢？我国应急响应预警，尤其这个汛情暴雨预警分为四个级别，分别是一、二、三、四级。从严重到轻分别是一、二、三、四级，对应的是红色、橙色、黄色和蓝色，也就是说红色已经是一级预警，是最高级别的预警。大邑县的花水湾现在的降水量，累计降水量已经达到了 100 毫米以上，预计未来三小时会有强降雨。

现在我们看天，虽然上午的时候有一些放晴，雨已经停了，但是预计未来三小时还会出现强降雨的情况。大邑县部分乡镇现在的累计降雨量也已经超过了 100 毫米。截至到昨天晚上 8 点，8 点到今天早上 7 点，全县累计降雨量高达 251.2 毫米，算是特大暴雨的级别。100 毫米的降雨量，其实，就算是大暴雨的级别。100 毫米的降雨量是什么概念呢？我给大家说一下，可能我们平时听到的降雨量都是以毫米做为单位，但是今天我们把这个毫米换成厘米，100 毫米就是 10 厘米，251 毫米，就是 25.1 厘米。那这个降雨量的概念是，未经蒸发、渗透、流失，积累的水层深度。就是说，降雨时随着降雨时间向后推移，地面积水的厚度深度达到了 10 厘米，这是全县的累计降雨量，最深的地方达到了 25 厘米。10 厘米相当于什么概念？大家平时都用手机，提个大家比较熟悉的手机，就是苹果公司的 iPhone5 手机，这款手机的手机长度就是 12 厘米。那降雨量我们可以去想象一下，已经达到了这个手机长度，大概是这么长，一拃长的这样的一个深度，能没到哪儿呢？我们来看一看，我穿的是雨靴，大概能没到我脚踝这个位置，25 厘米可能还会往上没。

那现在我们顺着这个山，通向景区的这条双鸳路，我们继续向下走，看看下面还有一处垮塌比较严重的地方。那我们从相关部门了解到，双鸳路是通向山上西岭雪山景区的唯一的一条进出道路，看，现在在我头顶上是救援的直升机。刚刚我们从山下的云华村上来，今天应急指挥部也是设置在云华村的村委会。我们从应急抢险指挥会议听到了一个信息，有可能会派出直升机向景区投放物资，那可能刚刚飞过的直升机就是运送物资的直升机。

那现在我们来说说，这个西林雪山山里面的情况。游客们有没有受伤？到底怎么样了呢？说暴雨导致的这个景区道路损毁，部分通讯已经中断，我们现在所在的双鸳路，这一路段的供电是已经恢复了，但是我的手机现在仍然是没有信号，打开手机显示的是"无服务"三个字。截至到昨天晚上 8 点，景区游客及其工作人员都没有收到任何人员伤亡的情况。由于通讯已经中断，所以说现在我们还没有办法获取到景区游客和工作人员他们现在的情况，目前只有截止到昨天晚上 8 点的一个数据。所有的游客已经从危险区域疏散，集中安置到了一个安全的区域，分别是山门，比如说游客中心，然后山地酒店，山顶日月坪的首峰别苑，从这三个地方撤下来的，疏散下来的游客全部安置在了景区滑雪场的映雪酒店，这也是一个相对安全的地方。这个消息我们是从西岭雪山官方的微博收到的消息，截止到现在为止，这个官方微博还没有发布更新的消息，可能因为这个通讯中断，网络也中断的缘故。

报道分析：

杨东昊的这段现场报道在九分钟的时间里，从道路抢修说起，通过天气等背景信息过渡到降水深度，现场信息与背景信息有机结合。利用简易图把现场复杂情况说清楚，借助苹果手机的高度和脚踝来具体说明降水达到 12 厘米到底是多深。

一、简易图：信息可视化的使用

直播一开始，心细的网友就会发现杨东昊所在的现场很特殊，他身后一边是湍急的河水，一边是正在抢修的工程车。显然，他已经进入核心现场了。用户通过手机屏看到的新闻现场是有限的，由山洪引起的泥石流的形成是复杂的，造成的垮塌点散落在各处。要把现场复杂的情况说清楚，将散在各处的信息点串连起来，一张平面的图示就可以解决问题。从滑雪场、双鸳路再到云华村，一张简易图把三处重要的事发现场串联起来，杨东昊采用了的是信息可视化的报道手法。

二、现场信息与背景信息叠加报道

小屏直播的报道时间比较长，对于记者而言，身处新闻现场可以根据现场情况组织报道内容。还可以根据自己手中掌握的背景资料，将现场观察到的内容与背景资料有机地结合起来，也就是我们所说的利用信息增量做报道。就拿杨东昊的这场直播来说，他一方面介绍现有两辆翻斗车和一台绿色的挖掘机正在抢修被洪水冲垮的路面和桥体，另一方面将自己从指挥部获得的抢修方案、从山上自己走下来的游客等情况穿插地报道出来。这样报道的手法，可以有效增加现场信息的含量，有助于网友了解抢修和救援情况。

三、信息的具象化呈现

在说到当地降雨量的时候，杨东昊把毫米换算成了厘米，为了更加具体说明12厘米的降水量到底有多深，他用苹果手机的高度和自己的脚踝来说明问题。通过他细致的描述，网友可以直观的认识到12厘米到底有多深。这里记者与摄像之间的配合显得尤为重要，当杨东昊把手放在脚踝的位置时，摄影记者及时将镜头推近，让网友可以看得更加清楚。

报道者说：

2019年6月毕业后，杨东昊来到四川电视台工作。他以《四川观察》主持人、出镜记者身份多次走进灾难新闻现场。他曾报道长宁地震、简阳泥石流、汶川泥石流等。这次他来到四川省成都市大邑县，这里由于暴雨暴发了山洪，这一天是2019年的8月21日。

一、突发事件：无准备中出发做准备在路上

灾难现场突如其来，大邑县这次是由于暴雨引发了山洪，从我们收到消息到拿好装备准备出发，只有不到一个小时的时间，这一个小时我主要是用来做协调工作，主要是调配摄像、车辆以及与应急部门做报备，还需要确定哪条路线可以到达灾区等。对于出镜记者来说，出镜报道需要用到的一些资料，则是从上车到灾区的这一路上，逐步整理出来的。

二、到达现场之前——建立信息通道获取最新信息

由于灾区通讯中断，消息更新变得困难。深处灾区外围的我们，不能

实时掌握灾区里的情况。这时候想起上课时宋老师提过的"信息逆流",记者需要依靠后方大本营提供信息,支持前方的记者。

虽然有了信息源,但是信息却少得可怜。当时我已经获知的信息主要有:大邑县突发暴雨引发山洪、西岭雪山景区有游客被困山上、气象预警累计降水量达到100毫米、两名民警牺牲、一名民警失联等。

除此之外,我在微博等平台上关注了"大邑应急""大邑气象""西岭雪山景区""大邑西岭"等官微,从这些官微发布的信息获取最新内容。只要手机有信号,就立马刷新相关网页。同时请求后方的导播和编导继续搜集信息发给我。通过这些信息通道,尽最大可能把已知的和最新的情况搜集、整理出来。

三、到达现场之后——权威发布了解信息现场信息鲜活给力

作为媒体记者,依托官方获取信息是必选动作。这么做主要是从两方面考虑,一方面是官方信息相对准确,不会出错,不会产生误报;另一方面是只有相关部门最清楚抢险方案、具体实施策略。官方信息可以从现场指挥者获得,也可以从救援人员队员(在可以接受采访的前提下)处获知。

在现场,我从指挥部了解到这条公路是进出景区唯一的公路,预计今明两天(21—22日)抢通,全长大约14公里,共有7处坍塌。而我在最前方现场了解到,被冲毁的断点需要用碎石和沙土填充,铺设一条简易的路,供救援车辆通过上山接人。

有了官方的这些消息,用来做报道的素材是远远不够,新闻现场往往是最鲜活、最真实也是网友最想要看到的。比如当地民众说:昨夜的雨有多大,电线杆都冲倒了,"轰隆"一声,等等。还有一些冒险上山的人,这些人是被困游客的家属,他们说昨天(8月20日)半夜就已经和家人失去联系了,家里的两位老人和孩子都在山上,原是到山上去避暑的,现在被困。

从官方到民众,信息的多方获取使得身为前方记者的我,心里有了底气,做小屏直播与电视大屏直播不一样,大屏是买一篮子菜,精心做两三道。

小屏直播是买一篮子菜，要做流水席，谁来吃都能吃得饱。

四、直播前最后准备——信息内容的排列与顺序

哪些信息是五颗星，最重要级别；哪些信息是三颗星，次重要级别；哪些内容是与现场镜头配合着给出，哪些内容是可以作为过渡，伴随性补充出来，这些都需要记者迅速整理出来。

报道小组的直播线路从山上的现场朝山下的指挥部移动，我想信息就从新闻现场过度到背景资料。把现场的信息排在第一位，现场的人放在第二位，山洪信息放在第三位，背景信息放在第四位，把画面镜头无法呈现的景区游客安置情况放在第五位，作为机动信息，随时可以插入报道的是现场突发情况。

信息排序如下：

现场信息：

（1）道路情况、抢通进度、抢通方案

（2）被困游客家属、个别下山游客

（3）山洪的水位、湍急的程度

背景信息：

（1）暴雨时间、预警级别、降水量、天气情况

（2）景区里的游客伤亡和安置情况

（3）临时突发情况

五、直播中的技巧——合适位置合理呈现

设置问题、回答问题、引领观众、现场走位。

在解释信息之前，可以设置节点性质的问题。比如现场一台挖掘机在清理路面石头，一台翻斗车却往路面上倒石头；已经有人从山上下来，为什么不把所有人都接下来？看似矛盾的情况，从报道策略上来说，这里需要记者主动提问，在回答提问时，把信息说出来。自问自答的方式，让观众的思维跟着记者的思路走现场。

专业术语、做好解释、一次听懂、恰到好处。

背景资料里有很多专业名词，如暴雨红色预警，降雨量100毫米等，观众不是专家，不清楚红色有多严重，不知道100毫米是什么概念。这时候就需要记者进行适当的解释。如何解释呢？暴雨预警从最高级别到最低级别，分别是一、二、三、四等级，对应的是红色、橙色、黄色、蓝色。红色是一级预警，最严重的。100毫米，把它换算成10厘米，iPhone5手机的长度是12厘米，比手机矮两厘米就是降雨量的积水深度，这样说出来，网友可以做到一目了然。

在灾区做直播报道，有一条禁忌：不能因为报道阻碍救援。因此我需要找到既能保证我和摄像师人身安全，又不给救援人员添麻烦的地点进行直播。在6分20秒的时候，我们身后缓缓停下一辆翻斗车，事实上，我们的位置是路边的停车带，这辆翻斗车是原本要停在这里，为其他车辆让路。

原来是在宋老师的课上学现场报道，在前辈的视频里看他们怎么做现场报道，而在开始工作之后，进入到真实的现场，对新闻的感觉完全不一样了。在长宁的地震现场，我看到了"真人版教科书"蒋林是如何调度摄像师进行报道的；在泥石流的现场，看到其他媒体的SNG记者是如何运用道具进行报道的。

新闻现场的实践，是最好的学习课堂。我很幸运，课堂里有宋老师指导，一毕业就有机会到达新闻现场，把课堂学到的东西运用到实践中去。与记者的报道相比，在日夜工作的救援人员是最值得尊敬的人，没有他们的辛苦付出，就不会有灾后的重建。

记者简历：

杨东昊先后连线专访丁真、新疆昭苏女县长、西藏冒险王家属、张志超案当事人、百香果女孩案当事人等社会热点中的重点人物，引起广泛关注。其中丁真采访频频登上微博、抖音、豆瓣、B站等热搜榜。获得中央电视台、人民日报、环球时报等央媒点赞和关注。除此之外，杨东昊还负责采编四川观察全媒体内容矩阵，策划在四川观察抖音账号，策划制作的

《四处观察摄像头大揭秘》获得 4300 万播放和 175.8 万点赞。与李雪琴、黄雅莉、"猴哥说车"等联合搭档直播，探索直播带货，客单销量在同级别新闻账号中位居前列。

第五节 移动视频直播之事件事故类报道

【案例五：成都 49 中学生坠亡事件视频公布 记者抵达事发学校】

直播时间：2021 年 5 月 13 日

直播时长：18 分 14 秒（腾讯新闻视频）

出镜地点：四川成都 49 中教学楼内

视频来源：腾讯新闻

https://v.qq.com/x/cover/mzc002009xhv55j/l32451b2cq3.html

出镜记者：总台记者蒋林

背景介绍：

2021 年 5 月 9 日成都 49 中一名 16 岁学生小林同学坠亡引发舆论高度关注。2021 年 5 月 11 日晚，新华社记者连夜采访学校、教育局、公安部门、家属等多方关键人士，对事件来龙去脉进行了初步还原。

2021 年 5 月 9 日小林同学坠楼前的时间线：

18 时 16 分	小林从所在班级教室后门离开
18 时 24 分 53 秒	小林进入学校负一楼水泵房，停留 12 分钟，并有数次割腕的自残行为。其间情绪低落
18 时 39 分 44 秒	小林出现在实验楼 5 楼走廊尽头
18 时 49 分 28 秒	监控上出现小林的坠楼身影
18 时 56 分	学校食堂员工发现坠楼的小林，并随即拨打了 120 急救电话
18 时 56 分	成都市第六人民医院救护车一车 4 人出发赶往现场
19 时 06 分	救护车到达现场紧急施救

续表

19时08分	学校食堂员工拨打了110报警电话
19时31分	抢救无效,救护车回到医院,结束出诊

5月9日20时44分,学校通知小林家长到学校旁边的跳蹬河派出所沟通协商。当天晚上9点多,他带着相关老师与小林父母见了面,小林的班主任由于情绪激动没有参与见面沟通。随后,公安机关按照非正常死亡案(事)件处置流程,将小林的遗体运送至殡仪馆法医检验室保存。记者从殡仪馆获悉,小林遗体至今仍在殡仪馆保存,不存在网传遗体被擅自火化的情况。

事发后,警方走访调查数十名学校师生后了解到,小林在学校与他人关系不错,未发现其在学校内与老师、同学存在矛盾或受到体罚、辱骂、校园欺凌的情况。事后,警方在小林的随身物品中找到一张写给一位女生的纸条,通过技术比对查明系小林本人书写。

但警方通过调取小林生前使用过的手机数据发现,2020年6月,小林和好友在QQ聊天中写道"天天想着四十九中楼,一跃解千愁",今年5月,他用QQ号转发给朋友的聊天记录中有自我贬低的言论,表现出自我否定、多虑的情况。一些学生在警方调查中反映小林平时性格相对内向。

5月13日中午11点20分许,《成都49中学生坠亡事件视频公布 记者抵达事发学校》直播开始了,总台记者蒋林在学校负责人的带领下重走了小林同学坠亡前在教学楼的路线。

报道分析:

这段18分钟的小屏直播报道,蒋林在学校相关负责人的带领下,以监控录像为依据,重走了小林同学从班级教室后门离开到实验楼5楼走廊尽头,坠亡前在教学楼内的行动路线。细心的网友会注意到蒋林在直播中,时不时地会看手机。每到一处,他都会对照看一下相关信息,以确保自己所在的现场与小林生前所走路线的一致。

无论是教室后门还是水泵间,蒋林所到之处都会下意识地去寻找监控设备所在的具体位置，以确认公布的视频是从哪台监控设备、哪个方向拍下的。细致地寻找，缜密地表述，在舆论高度关注下的这场直播报道，对于蒋林来说，这一路走下来不容易。从镜头中，我们可以看到成都49中2019年修建的教学楼，无论是硬件设施，还是软件设备，条件很不错。在教学楼很多地方，蒋林都注意到有"禁止翻越"等提醒性的信息牌张贴在显要位置。提醒、告知的义务，学校已经做到了。

直播时，由于信号时不时会出现卡顿，每当卡顿时都会播小片，小片的内容是小林在不同时间节点、不同地点被监控录像拍下的行动轨迹。由此可见，蒋林的这段报道充分体现了主流媒体在舆论高度关注时，其新闻报道的社会价值——验证、检证一切相关信息，满足公众对事实真相的渴求。

这段报道让人印象深刻的是蒋林的语态，直播一开始，网友会注意到他的声音低沉而舒缓。虽然事情已经过去好几天，成都49中学已经恢复了日常教学。可是，这里毕竟有一个年轻生命刚刚逝去，新闻现场基调的准确把控使得蒋林一张嘴，就让观众的心情凝重起来。身处这里，回想5月9日下午18时的小林，在人生的最后几十分钟的时间里，这位高二的学生的内心几度挣扎，善良的人们多么希望这位年轻人可以停下匆忙的脚步。

这段现场报道是新华社就事件相关信息公布后，央视的首次报道，也是来自主流媒体的第一个全方位的直播报道，对社会舆论的回应有着极其重要的意义。

后 记
（一）

宋晓阳

积累十多年，历时五个多月的写作，《大小屏现场直播报道案例教程》与您见面了。

感 谢

在此深深地感谢蒋林、刘庆生、刘威、李欣蔓、张鹏军、贾林、张晟、王跃军、刘晓波、焦健、王春潇、杨春、任秋宇、高珧、张楚雪、何盈、刘骁骞、张颖、杨东昊、吕小品、孙继文、李小萌、付子晴、王帅天、田尹男、马骏、胡骁南、信任、贾洁卿（按照案例的出场顺序），各位记者朋友以及我的学生们，没有你们的大力支持，就没有我在业务上的探索，更不会有这本书的诞生。谢谢你们无私的分享与专业化的思考。读者一定注意到，这本书中有些报道分析后面附有《报道者说》版块。这些宝贵的《报道者说》使得读者有机会了解出镜记者的创作思路与自我沉淀。这些经验的提炼与总结，对于学习者来说弥足珍贵。

感谢编辑任逸超老师，书稿提交得零零碎碎，给您的编辑工作带来了诸多不便，在此深表歉意。

当这本书写成之后，邀请蒋林为本书撰写序的想法，就在我的脑海中挥之不去。我在微信上跟他沟通时，他的第一反应竟然是"我哪有这个能力啊"，哈哈。

感谢挚友蒋林。

感谢我的研究生马靓，移动视频直播部分的扒词工作是由她辛苦完成的。

多谢我的学生刘威，他负责该书电视新闻现场报道部分的扒词、一部分报道分析的撰写工作。

教　学

"现场报道哪家强，中传播音宋晓阳"，2003年从日本留学回国任教，至今已经18年了。从本科生到研究生，近20年的专业探索和教学实践，中国传媒大学播音学院的学生们让我实现了很多教学设想。在口语传播领域，特别是广播电视口语表达、现场报道方面，良好的平台，优秀的生源使我积累了丰富的教学经验。

在本科阶段的教学中，大一下学期解读视频的阶段，我们要求学生以第一视角的方式，边拍边说，有点Vlog的影子，这是我们在口语表达阶段最早跟现场报道有关的训练内容。

大三下学期口语表达的诸多内容中，我们设置了"现场调查与报道"的训练版块，以一位主播直播连线三四位记者的形式进行，选题注重新闻性、社会性。从前期踩点、勘察现场、做功课、画简易图再到课上的直播演练，学生们在长达五六分钟的报道中，体验着新闻现场。

虽然媒体一线，大小屏直播报道运作方式不同，但是对于培养播音、新闻专业的学生来说，现场报道这一部分的训练思路和方法，可以在基本能力的培养上下功夫。如果在新闻选题、报道目的、画面呈现、语言组织、用词准确等训练要点上做到位，学生的基本报道能力是可以训练出来的。人才培养时需要强调的是：作业远远低于播出标准，要有将"作业"变成"作品"的意识。

思　考

此次出版的《大小屏现场直播报道案例教程》一共选取了大屏电视新闻报道35条，小屏直播报道11场。这些案例是笔者十几年收集到的经典案例，2016年我创办了专业知识公号《晓阳特训营》，不定期推送相关专业文章，书中很多案例都是公号曾经推送的内容。

2013年4月20日四川芦山地震，当时还是成都电视台SNG记者的蒋林与央视新闻频道的一场连线改变了他的职业生涯，"连线哥"蒋林引起了业界、学界的高度关注，2014年蒋林加盟央视，被誉为"行走的教科书，业界标杆"的他,给我们带来了一个个生动的现场,鲜活的人物。记得那年趁着他来北京开会,我请他来传媒大学与学生交流,并对他进行了两个小时的专业专访。这次专访也成为我们探讨业务的固定形式被保留下来,直到现在我们也会进行专业长谈。他在业务上的很多思考,影响着我。

2016年春,腾讯新闻推出了移动视频直播,从此各个主流媒体以及各新闻机构开始发力小屏直播报道。面对移动端传播崭新的媒体生态,从传统媒体到新型新闻机构,媒体人探索的脚步急促、探索的范围愈加宽广。新京报"我们视频"与腾讯新闻合力,成为这一领域的领头羊。文字调查记者出身的四川人、新京报"我们视频"执行制片人刘刚成为业界的"杠把子",他的团队为这一领域摸索出诸多值得借鉴的标准和打法。其专业性和市场化的运作方式为后来者指明了方向。

2018年春,笔者应字节调动媒体合作部的邀请,为其举办的媒体人讲座授课,当时给我的命题是:移动端传播的人格化表达。从此,我的研究由移动视频直播向短视频转型,随着视频时代移动端视频产品的轮廓逐渐清晰起来,出镜记者以完全不同的身姿出现在新闻现场,这其中的Vlog新闻尤其值得关注。央视记者张竣成为这一领域的探索者和行业标杆。移动端传播、人格化表达、沉浸感、社交性、感受性、讲述感,这些以往从来没有进入我们思考范畴的专业概念帮助我们去理解新的报道方式。

2008年由我本人撰写的《出镜记者现场报道指南》一书出版,引起学界、业界高度关注。相信这本《大小屏现场直播报道案例教程》,可以带给您更多专业思考。出镜记者从大屏向移动端平移,不变的是"以上,是记者来自现场的报道"。

本书所用案例跨越时间较长,报道中关于记者的表述各不相同,加之三台合并,所以书中所有央视记者,我们采用了最新的、统一表述,即"总台记者",在此予以说明一下。

2021年5月于北京

后 记
（二）

刘威

  1992年10月1日，记者高丽萍在天安门广场向大家做现场报道。真正意义上的出镜记者现场报道这一报道形式在国内的电视屏幕上出现。2001年的"9·11"事件，2003年的伊拉克战争，在激烈的媒体竞争中，让我们看到了什么叫作：得"现场"者得"天下"，也看到了现场报道在重特大突发事件报道中的巨大优势。2008年汶川地震，前线记者的报道为我们记录下了一个个与时间赛跑的生死瞬间。此后，随着中央电视台全国记者站的逐一建立，各路记者第一时间出现在各大新闻事件现场，我们的电视正式进入"直播时代"。现场报道也在电视荧屏上迎来了春天。到今年2021年，近30年的时间，与西方的电视报道相比，我国新闻的现场报道发展时间不长，但其发展是迅速的。这离不开每一位记者的敬业与付出。

  电视大屏的现场报道共收录了35条优秀案例分析。该部分由刘威部分执笔，宋晓阳统筹修改完成，时间跨度从2010年到2020年。既有"东方之星沉船事故"这样轰动全国的突发事件，也有像"国庆70周年庆典"这样的历史时刻；有像"北京停车三分钟须熄火"这样的常态新闻报道，也有"关注候鸟越冬"这样的策划型直播报道；有像"川航成功迫降"这样的"无现场"的现场报道，也有像"大兴安岭森林大火"这样深入核心现场的报道。选取案例时，我们希望从不同角度、不同层面尽可能多地涵盖现场报道的各种类型，但由于笔者水平有限，难免有疏漏，还望广大读者见谅。大屏部分中，除了系列报道外，其他内容每个案例都有记者报道的全部文字内容，方便读者做文本分析，同时配以视频链接，读者可以观看。

  我们希望通过案例的分析和记者们的回忆、讲述，探寻现场报道的规律，提供可借鉴的报道方法，总结宝贵的实战经验。

在此要特别感谢我的恩师，同时也是本书的作者宋晓阳副教授。自2008年进入中国传媒大学起，一直跟随宋老师进行专业学习。从读书到进入中央电视台工作再到高校任教，这一路走来宋老师在专业方面给予了我非常多的启发和帮助。本书从策划到写作再到最后的修改，也离不开宋老师的悉心指导。本书的写作过程中多次与宋老师就经典案例进行了深入探讨，这也是笔者重新进行专业梳理，提高专业认知的过程。再次感谢宋老师在十几年来孜孜不倦的教导。

感谢蒋林、刘庆牛、刘威、李欣蔓、张鹏军、贾林、张晟、王跃军、刘晓波、焦健、王春潇、杨春、任秋宇、高珧、张楚雪、何盈、刘骁骞、张颖、杨东昊、吕小品、孙继文、李小萌、付子晴、王帅天、田尹男、马骏、胡骁南、信任、贾洁卿，共计29位记者贡献的经典案例（按案例呈现先后排序）。他们之中有的已经离开了原来的工作岗位，奔赴人生新的旅程，有的依然奋斗在新闻报道的一线，让我们期待他们更多的优秀报道。

感谢他们在一个个新闻现场担负起的社会责任。

感谢他们本着负责、敬业的态度为我们报道事实，记录历史。

感谢他们用自身不断的努力和实践为后来者提供的可参考的学习样本。

2021年5月19日于成都